Sheila Cassidy

Die Dunkelheit teilen

Sheila Cassidy

Die Dunkelheit teilen

Spiritualität und Praxis
der Sterbebegleitung

Herder
Freiburg · Basel · Wien

Titel der Originalausgabe:
Sharing the Darkness - The Spirituality of Caring.
Foreword by Jean Vanier
First published in 1988 by Darton, Longham and Todd Ltd
Reprinted 1988, 1989 (three times) and 1990

Umschlaggestaltung: Neil McBeath, Kornwestheim
Umschlagmotiv: Edvard Munch, Das kranke Kind, 1885–86.
Oslo, Nasjonalgalleriet

Alle Rechte vorbehalten – Printed in Germany
© der deutschen Ausgabe Verlag Herder
Freiburg im Breisgau 1995
Textverarbeitung: G. Scheydecker, Freiburg im Breisgau
Druck und Bindung: Freiburger Graphische Betriebe 1995
ISBN 3-451-23737-7

Für meine Lehrer

George Pickering,
der mich lehrte, Ärztin zu sein

Michael Hollings,
der mich lehrte zu beten

Jim Drewery,
der mich lehrte zu überleben

Inhalt

Geleitwort

Zum ersten Mal hörte ich von Sheila Cassidy, als ich ihr Buch *Audacity to Believe* (Das Wagnis zu glauben) las, in dem sie aus ihrem Leben in Chile erzählte, wo sie als Ärztin gearbeitet hatte. Sie erzählt von ihrer Arbeit unter den Ärmsten der Armen. Eines Tages wurde sie von Freunden gebeten, einen Mann mit einer Schußwunde zu behandeln, einen verletzten Revolutionär, der sich vor der Geheimpolizei versteckte. Das war in den Augen der Militärs eine unverzeihliche Tat, und aus diesem Grunde wurde sie eingesperrt und gefoltert. Ich war tief bewegt, als ich von ihrem Glauben und ihrem Mut angesichts furchtbarer Ängste und Schmerzen las.

Als ich, von neuem inneren Frieden erfüllt, das Buch niederlegte, wußte ich, daß ich eines Tages der Frau begegnen würde, die es geschrieben hatte.

Wir korrespondierten, und dann trafen wir eines Tages zusammen: Sie kam und verbrachte einige Tage hier in der L'Arche-Gemeinschaft in Trosly, nicht weit von Compiegne in Frankreich. Dort las ich nicht ihre Worte, sondern ich hörte sie selbst reden. Es war offensichtlich, daß sie sich seit dem Ende von *Audacity to Believe* weiterentwickelt hatte und gewachsen war.

1978 kehrte Sheila der Medizin den Rücken und trat in ein kontemplatives Kloster ein. Nach dem Gefängnis erschien es ihr nötig, in ein anderes Gefängnis zu gehen, nun offen für das Gebet und für den Himmel. Aber das war nicht ihr endgültiger Weg. Jesus ist ein phantastischer Lehrer. Er hat sie zu größerer Erdverbundenheit, Gewöhnlichkeit und Kleinheit geführt. Sie übernahm dann als medizinische Leiterin die Verantwortung für ein Zehn-Betten-Hospiz für todkranke Menschen in Plymouth, England.

Dieses Buch ist die Geschichte ihrer Reise in diesem Hospiz. Es handelt von sterbenden Menschen; es handelt von

Pflege und Liebe. Und es handelt von ihrer eigenen persönlichen Reise, von der Art, wie Gott sie durch ihre eigene Zerbrochenheit führt.

Wenn ich Sheila in der L'Arche-Gemeinschaft zuhöre und wenn ich dieses Buch lese, dann spüre ich die tiefe Verbindung zwischen ihrer eigenen Zerbrochenheit und der Zerbrochenheit der sterbenden Menschen, die sie pflegt; ebenso wie auch eine Verbindung zwischen der Zerbrochenheit geistig behinderter Menschen und der Helfer in der L'Arche-Gemeinschaft besteht.

Diese Bemerkung erscheint vielleicht sonderbar, möglicherweise ein wenig unverschämt und unangebracht. Muß man denn nicht sehr heilig, weise und gesund sein, um sterbenden oder geistig behinderten Menschen nahezustehen? Muß man denn nicht ein ganz besonderer und wunderbarer Mensch sein, damit man „schmutzigen", „nutzlosen" und übelriechenden Menschen nahe sein kann? Ich vermute, so sehen die meisten Leute die Helfer in der L'Arche-Gemeinschaft oder die Belegschaft in Hospizen für die Sterbenden. Doch merkwürdigerweise ist es nicht so. Um – wie auch immer – behinderten Menschen nahe zu sein, mit ihnen zusammenzuleben und die Gemeinschaft mit ihnen zu genießen, muß man mit den eigenen Behinderungen in Tuchfühlung stehen, mit ihnen leben lernen und, ich wage sogar zu sagen, die Gemeinschaft mit ihnen genießen. So ist es für Sheila, wenn sie leidenden Menschen zuhört; sie muß fähig sein, auch auf alles Leid und auf alles Sterbende in ihrem eigenen Wesen zu hören. Können wir wahrhaft barmherzig mit anderen umgehen, wenn wir nicht gelernt haben, uns selbst gegenüber barmherzig zu sein?

Was wir in unserer L'Arche-Gemeinschaft leben, ist in sehr vieler Hinsicht ähnlich dem, was Sheila und viele andere in der Hospiz-Bewegung leben. Ich nehme an, das ist der Grund, warum ich mich tief mit ihr und ihrer Vision der Liebe und Pflege verbunden fühle.

Ich finde dieses Buch besonders schön, weil es von Menschen in äußerster Armut, Kleinheit und Verletzlichkeit handelt; nicht von denen, die so tun, als seien sie groß und stark, die erfolgreich sind und Preise gewinnen und doch auch nur ihre Ängste und ihre Verletzlichkeit hinter Masken verbergen. Dieses Buch handelt von Menschen, die sehr erdverbunden und sehr verletzlich sind; Menschen, die keine Masken mehr tragen, weil sie nicht einmal mehr die Kraft aufbringen, um sie sich vors Gesicht zu halten. Es handelt auch von den Menschen, die wahrhaft für diejenigen sorgen, die verletzlich geworden sind und sterben. Diese Pfleger machen ihre eigenen tiefen Ängste durch. Sie sind selbst sehr verletzlich geworden. Auch sie verstecken sich nicht mehr hinter Masken, Masken aus medizinischer Technik oder festgelegten Formeln. So oft stehen sie mit leeren Händen da und fühlen sich machtlos. Sie lassen sich anrühren und ihr Herz öffnen. Sie sind nicht nur fachkundig, was alle Ärzte und Pfleger sein müssen, sondern sie sind auch barmherzig.

Es ist nicht zu übersehen, daß Sheila mit Jesus geht. Aus dem Gefängnis führte er sie ins Kloster, aus dem Kloster zu den Sterbenden. Ihre Reise ist einfach und schön; es ist eine Reise in und zu den Seligkeiten. Sheila findet ihre Kraft in der guten Nachricht der Evangelien. Doch sich selbst offenbart sie in diesem Buch nicht als eine ganz besondere, sondern eher als eine ganz gewöhnliche Frau, die aber weiß, daß sie von ihrem Gott geliebt ist. Ist das nicht das innerste Geheimnis der Evangelien? Daß wir alle gewöhnlich sind, in Kleinheit geboren und dazu bestimmt, in Kleinheit zu sterben. Aber wir sind geliebt und haben einen Auftrag zu lieben. Jenes Nardenöl, so köstlich und teuer, auf die Füße Jesu zu gießen, der bald sterben muß, ist dasselbe, wie sich selbst auszugießen auf die Menschen, die morgen sterben werden und heute anscheinend nutzlos sind.

Das Geheimnis, das Sheila uns offenbart, das Geheimnis, das sie in ihrem täglichen Leben und Gebetsleben gelernt hat, besteht vielleicht darin, daß die Armen und Schwachen nicht nur Objekte der Fürsorge und Liebe sind und noch weniger nutzlos und überflüssig oder als Problem und Belastung zu sehen sind, sondern daß sie dazu bestimmt sind, für uns alle eine Quelle des Lebens zu sein. Wenn wir ihnen nahekommen, bringen sie uns auf eine geheimnisvolle Weise

zum Wesentlichen. Sie rufen uns zur Wahrheit, zur Kompetenz, zur Barmherzigkeit und zur Ausrichtung auf die Mitte.

Dies ist ein wahrhaft kostbares Buch, das nicht nur für
Leute in der Hospiz-Bewegung oder in der L'Arche-Gemeinschaft wichtig ist, sondern für alle, die in einem
Pflegeberuf arbeiten, und für uns alle, die wir berufen sind,
füreinander zu sorgen.

Jean Vanier

Auf der Suche nach einer Spiritualität

Einleitung

Wie so viele Kinder impulsiver, unsystematischer Mütter wurde auch dieses Buch durch einen Zufall empfangen und in chaotischen Verhältnissen aufgezogen. Der erste Same wurde 1985 gelegt, als ich eingeladen war, einen Vortrag über das reichlich zweischneidige Thema „Die Spiritualität des Pflegers" zu halten. Ich brauchte lange, um hinter die Bedeutung dieses Titels zu kommen, doch schließlich entschied ich mich für den Aspekt „Die *spirituelle Stellung* des Pflegers" und machte mich daran herauszuarbeiten, wie denn diese aussehen sollte. Der erste Gedanke, der mir kam, war das Bild des Pflegers als Hebamme: jemand, der einem sterbenden Menschen hilft, in ein neues Leben geboren zu werden. Eine andere Gedankenlinie war, daß es eine österliche Spiritualität sein müsse, eine Vision, die sowohl Tod als auch Auferstehung umfaßt. Am Ende jedoch nahm ich Zuflucht zu meinem Lieblingsvers aus dem Buch des Propheten Micha:

„Es ist dir gesagt, Mensch,
was gut ist und was der Herr von dir fordert,
nämlich Gottes Wort halten
und Liebe üben und demütig sein
vor deinem Gott."

Micha 6, 8

Das „Recht üben" sah ich als eine Verpflichtung zur fachlichen Kompetenz, das „Güte lieben" als einen Ruf zur Barmherzigkeit und das „Demütig gehen" als ein Verneigen vor Gott und dem Mysterium des Leidens. Nachdem ich auf diese Weise einen Rahmen gefunden hatte, arbeitete ich mein Thema aus, und der Vortrag wurde pünktlich gehalten. Zwischen der Ausarbeitung eines Vortrages und dem Schreiben eines Buches liegt jedoch ein Quantensprung, wie ich im Laufe des folgenden Jahres mühsam lernen mußte. Ich sage dies zur Erklärung, denn die Umstände, unter denen das Buch geschrieben wurde, hatten erheblichen Einfluß auf seine Form und seinen Charakter. Als größtes Problem stellte sich das der Kontinuität heraus, denn da ich voll berufstätig bin, muß sich meine schriftstellerische Tätigkeit auf Zugfahrten und Wochenenden beschränken. Was am Sonntagabend nicht fertig ist, muß bis zum nächsten freien Wochenende brachliegen, was dazu führt, daß der Fluß der Gedanken und die Stimmung, in der sie niedergeschrieben wurden, nur schwer wiederzufinden sind.

Ein weiteres Problem war, daß das Buch auf halber Strecke einen ganz unerwarteten Richtungswechsel vollzog: Was sein Dasein als Untersuchung über die „Spiritualtät der Pflege Sterbender" begonnen hatte, erweiterte sich, so daß es alle betraf, die in Pflegeberufen oder -diensten tätig sind – vielleicht sogar alle Christen. Die Veränderung kam am Osterfest, das ich in der L'Arche-Gemeinschaft in Trosly Breuil bei Paris verbrachte. Dort, als Außenstehende in dieser Gemeinschaft, erkannte ich klarer als je zuvor den prophetischen Charakter der Pflege an Menschen, die unter ökonomischen Gesichtspunkten nutzlos sind. Es ist ein Ausgießen kostbarer Ressourcen, unserer köstlichen Salben auf die Behinderten, die Verwirrten, die Ausgestoßenen und die Sterbenden, das in großer Klarheit die Liebe Christi in unserer Zeit offenbart. Es ist diese uneigennützige Fürsorge, diese einseitige Liebeserklärung, die das Evangelium vollmächtiger verkündet, als Bischöfe und Theologen es tun. In ihr vollzieht sich immer aufs Neue das Schauspiel in dem Haus in Bethanien, als Maria das Alabastergefäß mit dem kostbarsten Öl nahm und es über Jesu Haupt goß. Manchmal frage ich mich, ob Maria oder Jesus sich der vollen Bedeutung dieser aufsehenerregenden öffentlichen Geste der Liebe bewußt waren. Vielleicht handelten sie, wie die Pfleger unserer Tage, instinktiv aus ihrem wahren Innersten heraus, erkannten eine Not und machten sich auf, sie zu lindern, was es auch kosten und welche Folgen es auch haben mochte.

Dieses Buch handelt also nicht von der Bedeutung und von den Kosten der Pflege. Es erhebt nicht den Anspruch, das Thema gelehrt oder gar erschöpfend zu behandeln, sondern es ist eher ein Vortasten, eine Reihe von Reflexionen aus dem Inneren heraus, aus dem Auge des Sturms. Da ich meine eigenen Erfahrungen mit Kranken und Sterbenden gesammelt habe, stammen die meisten Illustrationen aus diesem Bereich, doch ich glaube, daß die Gedanken, die daraus hervorgehen, und die Lektionen, die daraus zu lernen sind, für einen viel größeren Leserkreis von Bedeutung sein können, ja für all jene, die sich – aus welchem Grund auch immer – zu leidenden Menschen hingezogen fühlen.

Der Titel *Die Dunkelheit teilen* stammt von der Witwe des anglikanischen Schriftstellers J. B. Phillips, die über die schwere Depression ihres Mannes schrieb: „Jack fand sich gemeinsam mit Michael Hollings in der Dunkelkeit", und „in der dunklen Erfahrung seines Leides konnte er nur Michaels Worte wiederholen: ‚Es gibt keinen Ausweg, nur einen Weg nach vorn.'"

Was also ist der Kern dieses Buches; für wen ist es geschrieben? Wenn ich ehrlich bin, vermute ich, daß es für mich selbst geschrieben ist, weil es da Dinge gab, die ich sagen, Gedanken, die ich durchdenken wollte. Vor allem anderen entspringt es einer tiefen Überzeugung, daß wir berufen sind, heilig zu sein, den Herrn, unseren Gott, von Herzen, Verstand und Geist zu lieben und unseren Nächsten wie uns selbst. Die meisten von uns müssen diesen Ruf zur Heiligkeit gerade da ausleben, wo sie stehen, mitten hineingestellt in die Gesellschaft des 20. Jahrhunderts. Dies ist kein Buch für Leute, die sich berufen fühlen, aus einer Welt, die sie als böse empfinden, zu fliehen, sondern für die unter uns, deren Berufung es ist, die angeborene Güte in gewöhnlichen Leuten zu entdecken, das Gesicht Christi in allen Menschen. Ich glaube, diejenigen, die mit den Behinderten, Enteigneten und Sterbenden arbeiten, sitzen wie bei einem Boxkampf auf den teuren Plätzen direkt am Ring: Wir sehen aus nächster Nähe die Spieler, die ihrer Weltgewandtheit und ihrer Verstellung entkleidet sind, ihrer wärmenden Oberbekleidung, mit der die Menschen ihre Nacktheit, ihre Verwundbarkeit und ihre Schande bedecken. Und somit haben wir gewiß auch die Pflicht, von der Wahrheit zu berichten, die wir sehen: daß die Tatsachen freundlich sind, daß die Blinden sehen, die Lahmen gehen, die Aussätzigen gereinigt werden und die gute Nachricht den Armen verkündigt wird – daß das Reich Gottes unter uns ist und daß darin unsere Hoffnung liegt.

Und wenn es sich fügen sollte, daß Sie, der Sie dieses Buch zur Hand nehmen, krank sind oder gar auf den Tod zugehen, dann hoffe ich, daß Sie Frieden schließen werden mit dem, was ich schreibe, denn es stammt nicht aus Büchern, sondern aus meiner eigenen Erfahrung des Pflegens und Gepflegtwerdens. Vor allem anderen habe ich gefunden, daß die Welt sich nicht aufteilt in Kranke und diejenigen, die sie pflegen, sondern daß wir alle verwundet sind und daß wir alle in unseren Herzen jene Liebe tragen, die für die Heilung der Völker bestimmt ist. Was uns fehlt, ist der Mut, uns aufzumachen und sie weiterzugeben.

1
Vom Faden abgeschnitten

Die Spiritualität des Freundes

Ich sprach: Nun muß ich zu des Totenreiches Pforten
fahren in der Mitte meines Lebens,
da ich doch gedachte, noch länger zu leben. ...
Meine Hütte ist abgebrochen und
über mir weggenommen wie eines Hirten Zelt.
Zu Ende gewebt hab ich mein Leben wie ein Weber;
er schneidet mich ab vom Faden.

Jesaja 38, 10. 12

Auf der Suche nach einer Spiritualität für die, die Sterbende pflegen, stellen sich als erstes die Fragen: „Wer sind die Leute, die da gepflegt werden? Wie sind sie? Was kennzeichnet sie, was hebt sie aus ihren Mitmenschen heraus?" Die Sterbenden, und damit meine ich auch all jene, die an einer unheilbaren Krankheit leiden, sind im Kern Menschen auf einer Reise. Sie sind ein entwurzeltes, enteignetes, an den Rand gedrängtes Volk, das voll Furcht dem Unbekannten entgegenwandert. Die Umstände und die Geschwindigkeit der Reise kann unterschiedlich sein – manchmal ist die Fortbewegung kaum wahrzunehmen, wie bei den beweglichen Fußböden auf dem Flughafen Heathrow – doch manchmal rattert der Zug auf den Schienen durch die Nacht und wirft seine verwirrten Fahrgäste hin und her mit dem ganzen Schrecken der Eisenbahnlinie nach Auschwitz. Vor allem sind die Sterbenden allein, und sie sind ängstlich.

Paradoxerweise werden diese Ängste nur selten ausgesprochen, so stark ist das Bestreben, sich nicht unterkriegen zu lassen, oder der Wunsch, die Menschen, die ihnen am nächsten stehen, zu schützen. Die Gedichte des sechzehnjährigen Indianermädchens Gitangali, die man fand, nachdem sie an Krebs gestorben war, geben uns einen kleinen Einblick in diese einsame, verborgene Welt der Sterbenden:

> Heute nacht, wie in anderen Nächten,
> Wandere ich allein
> Durch das Tal der Furcht.
> O Gott, ich bete,
> Daß du mich hörst,
> Denn du allein weißt,
> Was in meinem Herzen ist.
> Hebe mich aus diesem Tal der Verzweiflung,
> Und befreie meine Seele.

Gitangali aus: *I'm Walking Alone*

Was sie mehr als alles andere wollen, ist, daß ihnen dieses Schicksal nicht widerfahren soll, daß es sich als böser Traum herausstelle, daß sie gerettet, geheilt, durch Pusten von Schmerzen befreit und gesund gemacht werden. Doch da das nicht sein kann, wollen sie, daß jemand sie tröstet, ihre Hand hält, sich mit ihnen dem Unbekannten stellt. Sie brauchen einen Kumpan, einen Freund.

Die Spiritualität derer, die Sterbende pflegen, muß also die Spiritualität des Kumpans sein, des *Freundes*, der neben ihnen geht, ihnen hilft, mit ihnen redet und manchmal einfach nur mit leeren Händen dasitzt, wenn er viel lieber davonlaufen würde. Es ist eine Spiritualität der *Gegenwart*, die damit zu tun hat, in der Nähe zu sein, aufmerksam zu sein, verfügbar zu sein, einfach *da* zu sein.

In diesem Zusammenhang ist es interessant, sich die Bedeutung des Wortes *Kumpan* vor Augen zu führen, denn sie verschafft uns eine tiefere Einsicht nicht nur in die Rolle, sondern auch in die Erfahrung des Pflegenden. Der Kumpan ist einer, mit dem man das Brot teilt; und die Sterbenden klagen wie der Psalmist:

Denn ich esse Asche wie Brot
und mische meinen Trank mit Tränen.

Psalm 102, 10

Wer den Sterbenden ein Kumpan sein will, muß deshalb in
ihre Dunkelheit eintreten und wenigstens einen Teil ihres
einsamen und furchterregenden Weges mit ihnen gehen. Das
ist die Bedeutung des Wortes *Mitleid*: Sich *mit* in das Leid
des anderen hineinnehmen zu lassen, ansatzweise ihren
Schmerz, ihre Verwirrung und ihre Verlassenheit zu teilen.

So betrachtet, erscheint die Pflege für Sterbende als ein bis
zur Unmöglichkeit entmutigende Aufgabe. Wer außer Narren und Heiligen würde sich freiwillig Tag für Tag unerträg-
lichem Schmerz und Leid aussetzen? Und doch gibt es natürlich Menschen, die das tun: Warum? Wer weiß. Ich nehme
an, die naheliegende Antwort ist, daß es eine Berufung ist.
Manche Menschen fühlen sich zu dieser Art Arbeit hingezogen. Sie glauben, dafür begabt zu sein, und entdecken, daß es
eine unendlich lohnende Aufgabe ist. Sie ist nicht leicht –
weit gefehlt; aber irgendwie bekommt man hundertfach
zurück, was man hineingegeben hat.

Was für Menschen sind das, die sich berufen fühlen, Sterbende zu begleiten? Auf der psychologischen Ebene braucht
man drei grundlegende Eigenschaften: Die erste ist ein star-
ker, bodenständiger Pragmatismus, der nicht zurückweicht
vor dem Eindruck der körperlichen und geistigen Auflösung
von Menschen; die zweite – und die halte ich für ebenso
wichtig – ist ein übergroßer Sinn für Humor, denn Leben und
Tod sind eine schreckliche Tragikomödie und, wie man sagt:
„Es wäre zum Lachen, wenn es nicht zum Weinen wäre." Die
dritte Eigenschaft ist eine ganz besondere Form von Empfindlichkeit: eine Verwundbarkeit für die Schmerzen anderer, die oft, aber nicht immer, von eigener Leidenserfahrung
herrührt.

Auf der religiösen Ebene ist vielleicht die wichtigste Gabe
der Überblick über die ganze Wirklichkeit des Passha-Ge-
schehens – die Fähigkeit, *mit derselben Schärfe* die harte

19

Wirklichkeit des Leidens *und* die alles Denken überschreitende Wahrheit der Auferstehung, des Lebens nach dem Tod, zu sehen. Man muß die Fähigkeit entwickeln, mit beiden Beinen fest auf dem Boden der Wunden und der Brechschalen zu stehen, dabei aber den Blick über das Chaos des Hier und Jetzt hinaus auf eine Zukunft unvorstellbarer Hoffnung zu richten. Vor allem anderen muß man tiefer in seinem Innern davon überzeugt sein, daß der Tod nicht das Ende, sondern der Anfang ist.

Aus diesem Gedanken des Todes als Geburt ergibt sich das Bild des Pflegers als *Hebamme*. Wenn der Tod in Wirklichkeit die Geburt zu einem neuen Leben ist, dann ist der Pfleger jemand, der die kreißende Person begleitet, tröstet, ermutigt, während das neue Leben aus dem alten hervorgeht. Zu beobachten, wie Menschen an geistlicher Statur zunehmen, ist einer der aufregendsten Aspekten der Arbeit mit Sterbenden – wie überhaupt in jedem Dienst. Doch Wachstum ist immer das Werk des Geistes – man kann es nicht erzwingen; man kann nur versuchen, eine Umgebung zu schaffen, in der es sich ereignen kann, wenn es soll. Und es ereignet sich tatsächlich: Scheinbar ganz gewöhnliche Menschen wachsen allmählich über ihre menschlichen Grenzen der Furcht und des Eigeninteresses hinaus, bis ihre ganze Sorge anderen gilt. Sie werden irgendwie durchscheinend, leuchtend, brennend wie Kerzen im Dunkeln.

Während ich dies heute schreibe, denke ich an drei Patienten, die sich gegenwärtig im Hospiz befinden: Da ist Arthur, der alte Londoner Schlepperkapitän aus Gravesend, der sich Sorgen macht, seine Frau könnte einen schrecklichen Fehler begangen haben, indem sie ihr Zuhause in London aufgab. Er ist traurig darüber, daß er sterben muß, und er haßt es, wenn sein Bein schmerzt – aber seine eigentliche Sorge gilt *ihr*. – Dann ist da Margaret, eine Frau in den Fünfzigern, die durch den Krebs in ihrer Wirbelsäule von der Hüfte abwärts gelähmt ist und sich nicht um sich selbst Sorgen macht, sondern darum, daß ihr Mann Gordon ohne sie nicht zurechtkommen könnte. – Und schließlich ist da natürlich auch Andrew, ein aufgeweckter Dreizehnjähriger, dem es vor allem darum geht, für seine geschiedene Mutter der Mann im Haus zu sein und eifrig Bilder zu malen, die er verkauft, um Geld für unser Bauvorhaben zu beschaffen. Das sind nur drei Menschen, die wir im Augenblick pflegen. Ich könnte noch viele andere nennen. Eigenartigerweise sind es die Selbstsüchtigen, die die Ausnahme bilden und von denen wir immer überrascht sind.

Ab und zu werde ich gefragt, ob mein Kontakt mit soviel Leid mich nicht an der Existenz Gottes zweifeln läßt. Vielleicht sollte man das erwarten – aber ich kann dann immer nur lächeln und zu erklären versuchen, daß durch diese Arbeit meine Überzeugung von der Existenz eines allmächtigen, unendlich liebenden Gottes, der die ganze Welt in seiner Hand hält, nur noch tiefer geworden ist.

Diese Überzeugung teilen, wie ich weiß, viele Menschen, deren Leben und Arbeit sie täglich in unmittelbaren Kontakt mit dem Leiden bringt. Natürlich, da gibt es manches Aufblitzen von Zorn, Momente, in denen Herz und Verstand hinausschreien: „Warum, warum? Was für einen Grund kann es geben für diesen ungeheuerlichen Schmerz, diese Not, diese Ungerechtigkeit?" Und doch gibt es mitten im Schmerz jene Lichtstrahlen reinster Freude, jene Taten der Großherzigkeit, der Selbstlosigkeit und des Heldentums, in denen das Antlitz Christi sichtbar wird.

Nach meiner Erfahrung sind diejenigen, die in der Pflege tätig sind, sei es für Alkoholiker, Drogensüchtige, Behinderte, Arme oder sonstwie ihres Lebens Beraubte, zu einer besonderen Erfahrung Christi und seines Reiches berufen. Sie sind berufen, an dem Dienst des Heilens, der Vergebung, der Fußwaschung teilzuhaben – und indem sie das tun, verwickeln sie sich in das ganze Drama des erlösenden Leidens. Eine solche Tätigkeit kann wie das Zusammentreffen mit einer großen Welle sein: Sie kann Sie unerwartet treffen, so daß Sie kopfüber gewirbelt werden, verängstigt, die Lungen voller Wasser und den Mund voller Sand. Nach einer Weile dann lernen Sie, wenn Sie für diesen Dienst geeignet sind, mit der See fertig zu werden. Manchmal lassen Sie sich von den Wellen tragen, manchmal ducken Sie sich gerade rechtzeitig und tauchen blind in das dunkle Wasser ein – und manchmal erwischen Sie den falschen Zeitpunkt und werden wieder einmal durcheinandergewirbelt. Dann, wenn Sie schon denken: „Jetzt ist es aus mit mir", tauchen Sie auf und staunen, daß Sie noch am Leben sind.

Ich möchte Ihnen das Gedicht nicht vorenthalten, dem ich diese Bilder von den Meereswellen entnommen habe. Geschrieben hat es eine amerikanische Missionarin, die ich nicht lange vor meiner Verhaftung in Chile kennenlernte. Sie zeigte mir das Gedicht, und es gefiel mir so gut, daß ich es mir abschrieb und in der Tasche des weißen Kittels aufbewahrte, den ich im Krankenhaus trug. Wenn alles ruhig war, nahm ich es heraus, las es erneut und dachte darüber nach, was sie damit meinte. Als ich verhaftet wurde, blieb das Gedicht sicher in meinem Spind im Krankenhaus verwahrt, und als der britische Konsul sich erbot, einige meiner Sachen abzuholen, um sie zurück nach England zu bringen, bat ich ihn, nach dem Gedicht zu suchen. Er fand es – das einzige meiner Papiere, das der Geheimpolizei entgangen war. Hier ist es:

Ich baute mein Haus am Meer.
Nicht auf dem Sand, wohlgemerkt,
nicht auf dem bröckelnden Sand.
Und ich baute es aus Felsen.
Ein starkes Haus
an einem starken Meer.
Und wir wurden gute Bekannte,
das Meer und ich.
Gute Nachbarn.
Nicht, daß wir viel geredet hätten.
Wir begegneten uns schweigend,
respektvoll, mit gebührendem Abstand,
doch wir blickten unsere Gedanken über den Zaun
aus Sand.
Stets der Zaun aus Sand unsere Barriere,
stets der Sand zwischen uns.

Und dann eines Tages
(und ich weiß immer noch nicht, wie es geschah)
kam das Meer.
Ohne Warnung.
Ohne Willkommen sogar.
Nicht plötzlich und schnell,
sondern ein Schieben über den Sand wie Wein.
Weniger wie fließendes Wasser
denn wie fließendes Blut.
Langsam, aber fließend wie eine offene Wunde.
Und ich dachte an Flucht, und ich dachte an Ertrinken,
und ich dachte an den Tod.
Doch während ich dachte, kroch das Meer weiter,
bis es meine Tür erreichte.
Und ich wußte, es gab weder Flucht
noch Tod noch Ertrinken.
Denn wenn das Meer zu Besuch kommt,
hört ihr auf, gute Nachbarn zu sein,
Gute Bekannte, auf sichere Entfernung
freundliche Nachbarn.
Und tu tauschst dein Haus gegen ein Korallenschloß,
Und du lernst, unter Wasser zu atmen.

Carol Bialock

Das Merkwürdige ist, daß ich während der ganzen Zeit, die ich in Chile verbrachte, das Meer in diesem Gedicht als ein Bild für die Gegenwart Gottes verstand – für die Art, wie er unser Leben in seine Hand nimmt. Doch als ich es einem befreundeten Mönch zeigte, sah er das langsame Ansteigen des Meeres als das allmählich Eindringen der Schmerzen der Welt in unser Bewußtsein. Erst jetzt, zehn Jahre später, fange ich an zu verstehen, was er meinte, als er sagte, das große Geheimnis bestehe darin, daß beides in Wirklichkeit dasselbe sei.

2

Ein Streit aus Liebe

Der prophetische Dienst der Helfer

Der Streit eines Propheten mit der Welt ist, wie der Robert Frosts, tief im Innern ein Streit aus Liebe. Wenn sie die Welt nicht liebten, würden sie sich vermutlich nicht die Mühe machen, ihr zu sagen, daß sie auf dem Weg in die Hölle ist. Sie würden sie einfach gehen lassen. Ihr Streit ist Gottes Streit.

Frederick Buechner: *Wishful Thinking*

1982 verlagerte ich die Stätte meiner beruflichen Tätigkeit aus der Krebsabteilung des Plymouth General Hospital in ein kleines Hospiz für Sterbende, in dem ich medizinische Leiterin wurde. Meine Arbeit im Krankenhaus hatte bereits eine Menge Pflege sterbender Menschen beinhaltet, so daß ich, als mir die Stelle im Hospiz angeboten wurde, den Wechsel nicht als eine dramatische Richtungsänderung sah. Doch in den folgenden Jahren wurde mir bewußt, daß das Hospiz immer stärker in eine prophetische Beziehung zum breiten Strom der medizinischen Pflege tritt. Ich muß gleich betonen, daß weder das Hospiz diese Rolle bewußt einnimmt, noch irgend jemand sie ausdrücklich artikuliert, aber ich glaube, daß es dennoch wahr ist. Wir sind auch nicht einzigartig, denn im ganzen Land üben Hospize einen Einfluß auf das Denken und Handeln der Mediziner aus, der in keinem Verhältnis zu ihrer Größe steht.

Sie sind in der Lage, diese prophetische Funktion auszuüben, weil sie drei wichtige Kriterien erfüllen: Sie sind aus dem breiten Strom der Gesellschaft herausgenommen und leben und arbeiten in einer gewissen Distanz zu ihr; sie haben die kontemplative Muße, um über die Probleme nachzudenken, vor denen sie stehen; und sie suchen sich diese Rolle nicht selbst aus, sondern äußern eine Wahrheit, die sie einfach nicht zurückhalten können. Wie der Prophet Jeremia beklagen sie sich bitterlich:

Herr, du hast mich überredet,
und ich habe mich überreden lassen.
Du bist mir zu stark gewesen und hast gewonnen ...
Des Herrn Wort ist mir zu Hohn und Spott geworden
täglich.
Da dachte ich: Ich will nicht mehr an ihn denken
und nicht mehr in seinem Namen predigen.
Aber es ward in meinem Herzen
wie ein brennendes Feuer,
in meinen Gebeinen verschlossen,
daß ich's nicht ertragen konnte;
ich wäre schier vergangen.

Jeremia 20, 7–9

Wenn wir die prophetische Rolle der Hospiz-Bewegung betrachten, ist es wichtig, daß wir uns die Bedeutung des Wortes „Prophet" klarmachen, denn es wird oft falsch gebraucht und daher mißverstanden. Frederick Buechner, der Verfasser eines durchschlagenden kleinen Büchleins voller theologischer Definition namens *Wishful Thinking*, schreibt: „Prophet bedeutet *Sprecher*, nicht Wahrsager. Derjenige, für den der Prophet in seiner unermeßlichen Kühnheit zu sprechen beanspruchte, war der Herr und Schöpfer des Universums. Es gibt keinen Hinweis darauf, daß irgend jemand jemals einen Propheten mehr als einmal zum Essen zu sich nach Hause gebeten hätte."

Demnach sind Propheten Menschen oder Gruppen, die sowohl zum *Zuhören* als auch zum *Reden* berufen sind. Sie müssen auf Gott, auf die „Zeichen der Zeit" und auf die Schreie der Unterdrückten hören; und wenn sie die Botschaft verstanden haben, müssen sie reden, was immer es sie persönlich kostet. Propheten sind nicht heiliger als irgend jemand anders. Oft sind sie sehr tief verwundete Menschen – doch wie Jeremia oder Jesaja stellen sie ihr Verwundetsein in den Dienst Gottes. Wenn sie die Stimme hören, die fragt: „Wen soll ich senden? Wer wird unser Bote sein?", dann hören sie sich zu ihrem eigenen Entsetzen antworten: „Hier bin ich, sende mich" (Jesaja, 6, 8).

Christen sind vertraut mit den prophetischen Büchern des Alten Testamentes, und die poetischeren Passagen aus Jesaja, Jeremia, Amos oder Hosea werden von so mancher kultivierten Kanzel deklamiert. Es ist leicht, die Propheten auf die gleiche Weise zu zähmen wie das Evangelium und dabei aus dem Blick zu verlieren, wie bedrohlich das, was sie zu sagen hatten, für die gewesen sein muß, die es hörten. Es kann Amos nicht leicht gefallen sein, die folgende Botschaft von Gott an sein Volk weiterzugeben:

Weh denen, die des Herrn Tag herbeiwünschen! ...
Ich bin euren Feiertagen gram und verachte sie
und mag eure Versammlungen nicht riechen.
Und wenn ihr mir auch Brandopfer und Speisopfer darbringt,
so habe ich kein Gefallen daran
und mag auch eure fetten Dankopfer nicht ansehen.
Tu weg von mir das Geplärr deiner Lieder;
denn ich mag dein Harfenspiel nicht mehr hören!
Es ströme aber das Recht wie Wasser
und die Gerechtigkeit wie ein nie versiegender Bach.

Amos 5, 18. 21–24

Es ist eine Tatsache, daß prophetische Botschaften beinahe per definitionem unwillkommen sind, weil sie den akzeptierten Status quo in Frage stellen. Buechner schreibt: „Die Propheten waren berauscht von Gott, und in der Gegenwart ihrer schrecklichen Trunkenheit hat sich niemand je wohl gefühlt. Ohne das geringste Taktgefühl schimpften sie über

Heuchelei und Korruption, wo immer sie sie fanden. Sie waren der Schrecken der Könige und Priester."

Heute sind die Propheten genauso lästig. *Amnesty International* ruft seine Wahrheit über Gefangenschaft und Folter von den Dächern und schreibt beharrlich aufdringliche Briefe an vielbeschäftigte Politiker und Diktatoren. *Greenpeace* kommt mit seinen albernen Regenbogen-Booten wichtigen Atomtests in die Quere, und die Lobby gegen das Rauchen weist unermüdlich auf die fünf Milliarden Pfund Profit hin, die die britische Regierung jährlich aus der Zigarettenwerbung schlägt. In der medizinischen Welt ist es nicht anders. Ausgerechnet jetzt, wo die Regierung sich bemüht, unser armseliges Gesundheitswesen in Ordnung zu bringen und effektiver zu gestalten, muß sich *natürlich* das Pflegepersonal über die emotionalen Bedürfnisse der Kranken auslassen und Forderungen nach mehr Mitteln für so lästige und unproduktive Gruppen wie die Alten, die Behinderten und die Sterbenden stellen.

Ich selbst spielte vor einigen Jahren in einem kleinen Scharmützel gegen die Goliats vom Gesundheitsministerium die Rolle des David. Die Regierung hatte beschlossen, die Gesundheitskosten zu senken, indem sie die Liste der auf Verschreibung erhältlichen Medikamente um ungefähr neunzig Prozent kürzte. Der Gerechtigkeit halber sei erwähnt, daß es sich im großen und ganzen um eine vernünftige Maßnahme handelte, nur daß sie in ihrer Begeisterung auch einige Medikamente strich, die für unsere Arbeit lebenswichtig waren. Eines davon war ein Abführmittel, das für werdende Mütter und alle Patienten, die starke Narkotika gegen ihre Schmerzen brauchten, zur Standardbehandlung gehörte. Wir protestierten wütend. Wir gaben Interviews vor der Presse, schrieben Briefe an die Regierung, alles vergeblich. Am Ende belagerten wir das Gesundheitsministerium. Es war eine bemerkenswerte Erfahrung: Zehn von uns Ärzten fuhren nach London zu einem Gespräch mit dem Gesundheitsminister, und wir stellten unseren Standpunkt so überzeugend und nachdrücklich dar, wie wir konnten. Leider waren wir einem erfahrenen Politiker nicht gewachsen, und er entwand sich geschickt jedem unserer Versuche, ihn festzunageln, so daß wir düster murmelnd den Heimweg antraten. Schließlich jedoch war der Protest so verbreitet, daß das Medikament wieder in Umlauf kam; unsere Mühe war also doch nicht umsonst.

Wenn es auch anstrengend war, muß ich zugeben, daß es mir Spaß machte, mich mit den gesichtslosen Riesen von Westminster anzulegen – besonders, als wir unsere Sache gewonnen hatten! Viel schwieriger ist die Situation, wenn man sich mit seinesgleichen im Widerstreit befindet – mit den Männern und Frauen, denen man täglich am Mittagstisch oder auf den Fluren des Krankenhauses begegnet. Von Zeit zu Zeit kommt es vor, daß wir im Hospiz in einen unangenehmen und schmerzlichen Loyalitätskonflikt zwischen den Bedürfnissen eines bestimmten Patienten und den ungeschriebenen Regeln der Berufsetikette geraten. Normalerweise geht das so vor sich: Ein Freund oder Verwandter eines Patienten ruft im Hospiz an und bittet um Hilfe, weil jemand Schmerzen leidet oder durch die Haltung seiner behandelnden Ärzte verstört ist, die sich weigern, ihre Fragen offen zu beantworten. Die unter Medizinern korrekte Antwort auf eine solche Frage ist: „Tut mir leid, da kann ich nichts machen. Sie müssen sich an Ihren eigenen Arzt wenden." Doch wenn die Not groß ist, dann fällt es schwer, sich „korrekt" zu verhalten, und man steht vor der schwierigen Entscheidung, sich mit einem Kollegen anzulegen oder hinter seinem Rücken zu manövrieren. Natürlich ist es immer besser, offen zu sein, aber das kann zu harten Worten und Gefühlen führen, denn viele Ärzte sind sehr besitzergreifend, was ihre Patienten angeht, und verbitten sich jegliche Einmischung von außen.

Ein solches Problem läßt sich offensichtlich nicht endgültig lösen, denn trotz all unserer Bemühungen, uns an die Spielregeln zu halten, schlagen sich immer noch Leute zu unserer Tür durch und suchen bei uns die Hilfe, die sie anderswo nicht finden konnten. Unter diesen Hilfesuchenden sind natürlich auch solche, die nie zufriedenzustellen sind und ihre Nöte von Arzt zu Arzt schleppen, weil sie nicht in der Lage sind, den Rat, den man ihnen gibt, oder die Tatsache, daß man nichts tun kann, um ihnen zu helfen, zu akzeptieren. Doch wenn man diese Leute außer acht läßt, gab es auch viele, denen wir helfen konnten, und Nöte, die wir lindern konnten, trotz unserer wirklich sehr bescheidenen Mittel. Werfen wir einen Blick auf einige der häufigsten dieser Nöte, die schon durch ihr schieres Vorhandensein auf einen Fehler in unserem bestehenden Gesundheitssystem hinweisen.

Das Erste und Offensichtlichste, das sich Menschen von der Hilfe eines Hospizes erhoffen, ist die Linderung ihrer qualvollen Schmerzen (das kann man niemandem verdenken, denn Schmerzen trocknen die Kräfte aus und machen sich im Bewußtsein breit, bis der Betroffene völlig von ihnen überwältigt ist und sich nur noch den Tod wünscht). Schmerzen sind bei fortgeschrittenem Krebs sehr verbreitet (obwohl nicht unvermeidlich), und doch bekommt man sie in einer Hospiz-Situation stets schnell unter Kontrolle. Warum? Warum ist es im Krankenhaus nicht der Fall? Haben wir etwa spezielle Instrumente oder Techniken, die gewöhnlichen Menschen nicht zur Verfügung stehen? Absurderweise lautet die Antwort: nein. Wir benutzen die gleichen Medikamente, dieselben Techniken und praktisch keinerlei hochentwickelte medizinische Geräte. Alles ist eine Frage der Erfahrung in der Diagnose und in der Handhabung einiger sehr verbreiteter Medikamente sowie eines gewissenhaften Achtens auf die Einzelheiten. Vor allem aber steckt dahinter eine Einstellung, die sagt: „Schmerz ist seelenzerstörend und überflüssig, und wir werden nicht ruhen, bis er gelindert ist."

So ausgedrückt, klingt das alles sehr selbstgerecht. So ist es nicht gemeint. Ich bin ebenso unwissend in anderen Bereichen der Medizin wie manche meiner Kollegen auf dem Gebiet der Schmerzkontrolle bei Sterbenden. Darum sind wir ja Spezialisten. Meine Klage richtet sich nicht gegen einzelne Ärzte, sondern gegen ein Regierungssystem, das für Waffen oder Steuererleichterungen für Reiche stets Geld übrig hat, während Menschen in staatlichen Krankenhäusern liegen und sich vor Schmerzen krümmen, die gelindert werden könnten.

Doch die Not der Sterbenden rührt nicht nur von den Schmerzen und unangenehmen Symptomen her, sondern von viel grundlegenderen Problemen, wie etwa der unangemessenen Verlängerung eines unerträglichen Lebens und einer Art der Behandlung von Menschen, die – ganz unbeabsichtigt – furchtbar schmerzhaft ist. Eine Sache, die mir im Laufe der letzten Jahre völlig klar geworden ist, ist, daß Ärzte in manchen Situationen nicht anders können, als das Leben von Menschen zu verlängern, die ganz offen wünschen, sie wären tot. Die Gründe dafür sind sehr komplex, aber ich möchte versuchen, sie zu entwirren.

Nehmen wir an, eine Frau erkrankt an Eierstockkrebs. Der Tumor wird in einer Operation entfernt, und anschließend erhält sie eine Chemotherapie, um die bösartigen Zellen zu vernichten. So weit, so gut. Sie wird entlassen, und während der nächsten zwei Jahre geht es ihr gut, und sie ist glücklich. Dann kehrt der Krebs zurück. Diesmal wissen die Ärzte aus der Erfahrung mit anderen Patienten, daß sie die Frau nicht heilen können. Sie versuchen, mit anderen Anti-Krebs-Medikamenten Zeit herauszuschinden, aber sie fühlt sich dabei furchtbar, und die Medikamente nützen nichts. Sie verliert an Gewicht und Kraft, so daß sie sich bald nicht mehr selbständig von der Stelle rühren kann. Dann blockiert der Tumor den Darm. Was sollten die Ärzte jetzt tun? Sollen sie operieren und ihr vielleicht noch einen Monat Leben verschaffen, oder sollen sie ihre Schmerzen und Beschwernisse lindern und sie „in Würde sterben" lassen, ohne Infusionen und Drainagen und künstlichen Darmausgang? Sie müssen die individuellen Bedürfnisse ihrer Patientin abwägen.

Einer unverheirateten alten Dame jagt vielleicht nichts soviel Angst ein wie die Entwürdigung einer Operation und die Abhängigkeit von Verwandten, die sie nicht haben wollen, während ein verheirateters Paar vielleicht jeden Preis zahlen würde, um noch ein paar Wochen zusammen zu sein. Man kann da kein allgemeines Gesetz aufstellen, sondern nur das Grundprinzip formulieren, daß jeder Patient das Recht hat, als Individuum behandelt zu werden. Nur indem man offen mit den Leuten über ihre Situation redet, kann man erfahren, daß den meisten die Qualität ihres Lebens wichtiger ist als die schiere Zahl ihrer Tage.

All das erscheint so offensichtlich. Was geht denn dann schief? Warum wird die Krebsbehandlung zu so ungeheuerlichen Grenzen getrieben, und warum müssen sich alte Menschen schweren Operationen unterziehen, wenn sie sich nur wünschen, ihr Leben würde in Frieden zu Ende gehen? Eines der großen Dilemmas, in denen Ärzte stecken, ist, daß sie in der Krebsmedizin meistens im Grenzbereich arbeiten und Medikamente einsetzen, die vielleicht eine zehn-, zwanzig- oder dreißigprozentige Heilungschance versprechen. Wenn das Medikament wirkt, sind sie die Helden und bekommen Blumensträuße; wirkt es nicht, murmelt jeder, es sei kriminell gewesen, dem Betroffenen so viel Leid zuzumuten, wenn er nun doch gestorben sei. Ich danke Gott, daß ich solche Entscheidungen nicht treffen muß.

Ein weiterer Faktor jedoch ist, daß wir als Ärzte von der Wiege an eingetrichtert bekommen, Krankheiten zu bekämpfen und Leben zu retten. Das wird uns zum tief verwurzelten Instinkt, zur zweiten Natur. Die Krankheit ist der Feind, und der Tod ist die äußerste Katastrophe. Wenn es unseren Patienten besser geht, fühlen wir uns gut, bestätigt, erfüllt. Sterben sie, fühlen wir uns schlecht, schuldig, als Versager. In vieler Hinsicht ist diese Konditionierung eine gute Sache: Sie spornt uns an, endlose Stunden zu arbeiten und bis zur Erschöpfung für die Rettung von Leben zu kämpfen. Sie treibt uns um drei Uhr morgens aus dem Bett, um Kindern auf die Welt zu helfen oder betrunkene Autofahrer zusammenzuflicken; und wenn Kopf und Herz zu ausgelaugt sind, um noch einen Pfifferling dafür zu geben, ob der Patient lebt oder stirbt, dann treibt sie uns an, mit Autopilot weiterzuarbeiten. Wie soll man da von uns erwarten, in einen anderen Gang zu schalten und der Natur ihren Lauf zu lassen, die weiße Fahne zu hissen, dem Feind nachzugeben?

31

Natürlich müssen wir das, und wir tun es auch; aber es fällt uns nicht leicht. Lungenentzündung, Blutverlust und Wasserverlust, die klassischen Formen des Todes, sind alle durch Behandlung zu beheben, selbst wenn ihre tieferliegenden Ursachen es nicht sein sollten. Wir müssen eine neue Form erlernen, die Medizin auszuüben, eine Zurückhaltung, die es dem Menschen erlaubt, *heute* einen sanften Tod zu sterben, anstatt ihn wiederzubeleben, damit er eine weitere schmerzerfüllte Woche lebt oder morgen einen schwereren Tod stirbt. Und natürlich müssen wir, wenn wir uns zurückhalten, anstatt zu kämpfen, erklären, warum wir es tun – den Familien, den Schwestern und Pflegern, unseren Kollegen und vielleicht auch unseren Patienten selbst. Man wird uns vielleicht nicht verstehen, man wird uns vielleicht schuldig sprechen, vielleicht wird man uns sogar verklagen. Es fällt nicht leicht, eine Behandlung einzustellen; es ist soviel leichter, in die Schlacht zu ziehen, weiterzukämpfen, so daß, wenn dann der Tod trotz unserer Infusionen und Drainagen und Maschinen kommt, die Beistehenden sagen werden: „Die Ärzte waren wunderbar. Sie haben getan, was sie konnten."

Ganz langsam lernen wir, daß der Umgang mit unseren High-Tech-Kanonen nicht bedeutet, daß wir alles tun müssen, was uns möglich ist. Dazu gehört, daß wir einen anderen Ansatz wählen, daß wir die ganze Person behandeln, daß wir über die Behandlung verhandeln und beratschlagen und sie auf das Individuum zuschneiden. Dazu gehört, daß wir uns zur Verfügung stellen, die Fragen der Menschen zu beantworten; daß wir an ihrem Bett sitzen, Diagramme zeichnen, mit zornigen Verwandten reden und vor allen Dingen zugeben, daß es nicht in unserer Macht steht zu heilen – daß wir nicht Gott sind.

Und dazu gehört natürlich auch das Erlernen neuer Fertigkeiten: wie wir mit altbekannten Medikamenten anders umgehen und wie wir wirksamer miteinander kommunizieren können. Dazu gehört, daß wir uns mit Rollenspielen und Video-Feedback zum Narren machen und lernen, daß wir Dinge schlecht machen, von den wir dachten, daß wir unübertroffen darin wären. Und das Schlimmste: Dazu gehört, daß wir diejenigen in unsere Elfenbeintürme einlassen, die wir immer als lästige Scharlatane betrachtet haben: die Praktiker der alternativen Medizin. Wir müssen lernen, die nützlichen paramedizinischen Behandlungsmethoden von den magischen zu unterscheiden: Das Lesen im Kaffeesatz sollten wir weiterhin ablehnen, aber den Nutzen der Meditation, der Entspannungstechniken und der Psychotherapie sollten wir richtig einschätzen und festhalten. Wir müssen lernen, Ärzte für den *ganzen* Menschen zu werden, weil unsere Patienten ganze *Menschen* sind. Das verlangt viel mehr Zeit und Energie von uns. Es zerstört unsere schützenden Hierarchien, unser Gefühl der Allmacht. In unseren Korridoren der Macht hat eine Invasion stattgefunden, und wir müssen Demut lernen!

Ein anderer Bereich, in dem uns im Hospiz die Rolle eines Fürsprechers zufällt, ist die Art und Weise, in der Patienten immer wieder als Gegenstände statt als Menschen behandelt werden. Vielleicht sollte ich das noch einmal anders ausdrücken, denn weder ich noch meine Kollegen würden je einen Patienten als „Gegenstand" betrachten. Aber aus einer Reihe von sehr komplizierten Gründen behandelt Ärzte und Pflegepersonal Menschen auf eine Weise, die ihnen das *Gefühl* vermittelt, sie würden als Gegenstände betrachtet. Daß dies so ist, kann nicht bezweifelt werden. Ich habe diese Erfahrung selbst gemacht und diese Klage von vielen Patienten gehört. Die treffendste Äußerung zum Thema stammt von einer Dame, die vor einigen Jahren in unserem Hospiz starb; sie sprach von den jüngeren Krankenhaus-Ärzten wütend als von „Handlangern, die sich über einen streiten, während sie vorbeigehen". Die arme H. schäumte vor Wut. Die jungen Ärzte wären sehr erstaunt gewesen, wie sie auf ihre Patientin wirkten, denn sie arbeiteten, um ihr zu helfen, und bemühten sich, den Krankheitsverlauf zu verstehen und herauszufinden, wie sie ihr Leiden am besten lindern könnten. Für dieses Mißverständnis zwischen Ärzten und ihren Patienten gibt es, glaube ich, drei Hauptursachen; und obwohl es schwierig sein dürfte, es ganz und gar aufzulösen, kann doch einiges unternommen werden, um die daraus resultierende Unzufriedenheit zu vermindern.

Das erste Problem liegt im „System" – in der Notwendigkeit der Effizienz im Umgang mit einer großen Zahl von Patienten. Dieses Problem besteht schon seit langer Zeit, und man kann sich kaum vorstellen, daß es einmal verschwinden würde. Wenn wir unsere Mittel und unsere Ausrüstung effizient einsetzen sollen, dann müssen viele Menschen gemeinsam in den Kliniken sein, sich in Bücher eintragen zu lassen und so weiter. Leider müssen sie normalerweise auf den Arzt warten, weil es unmöglich ist vorherzusagen, wie lange eine Konsultation jeweils dauern wird, und weil wir alle Menschen behandeln müssen, bei denen das notwendig ist. Den meisten Leuten macht das nicht viel aus. Was ihnen jedoch gegen den Strich geht, ist das depersonalisierende Verfahren, entkleidet und in Krankenhauskittel gesteckt zu werden, bevor sie den Arzt zu Gesicht bekommen. Ein Patient, der einen Arzt zum ersten Mal aufsucht, wird sich bewußt oder unbewußt auf eine Weise kleiden, daß er so wirkt, wie er gesehen werden möchte. Seine Kleider sind eine Körpersprache, durch die er mitteilt, wer er ist: ein individueller Mensch mit eigenem Geschmack und eigenen Ideen. Wenn wir von den Leuten verlangen, ihre Kleider abzulegen und eine Uniform anzuziehen, *bevor* sie dem Arzt begegnen, nehmen wir ihnen etwas von der schützenden Rüstung, die sie für diese schwierige Begegnung brauchen. Ja, wir depersonalisieren sie, behandeln sie als Gegenstände und vermindern ihre Fähigkeit, sich effektiv mitzuteilen, weil sie nervös und verlegen werden.

Ebenso ist der Patient oft gehemmt, wenn bei einer medizinischen Untersuchung eine dritte Partei anwesend ist. Dabei spielt es keine Rolle, daß diese dritte Partei eine professionelle und freundliche Krankenschwester ist: Ihre Gegenwart wird die Interaktion zwischen Arzt und Patient verändern und die Kommunikation behindern.

Warum also tun wir es dennoch? Meistens liegt es natürlich daran, daß wir eine unmögliche Arbeitslast in einen viel zu geringen Zeitraum quetschen müssen. Der zweite Grund ist, daß die meisten Ärzte sich des gefühlsmäßigen Unbehagens ihrer Patienten nicht im mindestens bewußt sind. Sie sind höflich und freundlich, der Patient lächelt zurück, und alles scheint in bester Ordnung zu sein. Erst wenn man die Leute *fragt*, wie sie die Konsultation empfunden haben, kommt die Wahrheit ans Licht: daß nämlich viele Menschen zornig, gedemütigt oder sonstwie unzufrieden mit der Art sind, wie sie behandelt wurden.

Doch es gibt auch noch ein drittes Problem, das wesentlich subtiler und daher sowohl faszinierend als auch bedrohlich ist, nämlich die Frage der „Distanzierung". Mit „Distanzierung" meine ich die Art und Weise, wie Ärzte und Schwestern ganz unbewußt Patienten auf Abstand halten, damit sie, die Pfleger, mit dem ständigen, täglichen Kontakt mit dem Leiden fertig werden können. Solche Distanzierung geschieht auf zweierlei Weise: zum einen durch die Art, wie wir die ärztliche Versorgung organisieren, zum anderen durch die Art, wie wir im Einzelfall mit einem Patienten umgehen. Die erste Form, die das System betrifft, werde ich hier untersuchen, die zweite im achten Kapitel.

Um die Distanzierung zu verstehen, müssen wir von einer grundlegenden Prämisse ausgehen: Das Leben ist unfair und behandelt manche Menschen ausgesprochen grausam. Wir alle wissen das, weil wir Familien, Freunde und Nachbarn haben und weil wir entweder Zeitung lesen, Radio hören oder fernsehen. Die meisten Menschen haben jedoch nur einen sehr begrenzten Kontakt zum Leiden. Ihre Eltern sterben, vielleicht kommt ein Freund bei einem Motorradunfall ums Leben, oder ein Arbeitskollege erkrankt an Krebs. Eine Weile werden sie davon berührt, aber dann kehren sie zum „normalen" Leben zurück. Für Ärzte, Schwestern, Sozialarbeiter und andere Leute jedoch, die mit Gesundheitsfürsorge zu tun haben, ist der Kontakt mit dem Leiden das *Normale*. Ich sehe jeden Tag Männer und Frauen, deren Leben durch unheilbaren Krebs durchkreuzt wurde. Viele von ihnen sind vollkommen verzweifelt: alte Ehepaare, die sich so sehr liebten, daß sie von allen anderen ausgeschlossen blieben, werden plötzlich getrennt; Mütter von winzigen Kindern verwelken und sterben langsame, verstümmelte Tode, Tag und Nacht gefangen mit den stinkenden Geschwüren, die ihnen statt Mund oder Brust oder Genitalien gewachsen sind. Das ist in der Tat grausam, und wir finden es sehr hart.

Wie also werden wir, die Pfleger, damit fertig? Wir haben verschiedene Methoden, damit umzugehen. Die wichtigste ist, daß wir unsere Arbeit beherrschen, so daß wir alles Nötige tun können, um die Kranken zu behandeln. In der Lage zu sein, etwas zu *tun*, ist ein wunderbarer Schutz vor Schmerz. Zum anderen schaffen wir eine professionelle Distanz zwischen dem Patienten und uns selbst. Wir tragen eine Uniform, die uns Status und Schutz verleiht. Wir untersuchen die Patienten auf *unserem* Territorium, damit *wir* uns wohl und als Herr der Lage fühlen. Wir untersuchen sie zusammen mit einem Kollegen – einem anderen Arzt oder einer Schwester, so daß die Begegnung formell und in vorgezeichneten Bahnen verläuft. Und wir sorgen dafür, daß sie teilweise ihrer Identität entkleidet sind, wenn wir sie untersuchen, so daß wir ihnen als *Patienten* begegnen, nicht als Freunden oder Nachbarn.

Nun will ich keineswegs andeuten, daß irgend etwas von diesen Dingen falsch ist; ich stelle nur fest, daß sie mich von dem Leiden der anderen Person, das mich zu überwältigen droht, trennen und mich so davor schützen. Das Gegenteil von all dem wäre, einem leidenden Menschen auf *seinem* Territorium zu begegnen, wenn man allein und unfähig zu helfen ist. Dann tut es wirklich weh: Wenn man ihren Schmerz teilt, anstatt ihn zu lindern. Das verlangt uns viel ab, und wir können es nicht oft ertragen.

Die Realität der Pflegesituation sieht so aus, daß wir die Variablen verändern, je nachdem, wie die Bedürfnisse des Patienten sind und was wir uns im jeweiligen Moment zumuten können. Wenn ich mich stark fühle, dann gehe ich allein und ohne meinen weißen Kittel zu meinen Patienten und frage sie, wie sie sich *fühlen*, nicht nur körperlich, sondern auch emotional. Ich frage sie, ob sie Angst haben, ob sie traurig oder wütend sind, und ich frage sie, wie die Dinge zu Hause stehen. Das erfordert Zeit und eine Menge emotionaler Energie, die ich nicht für jeden Patienten aufbringen kann; also tue ich es für die, die es offenbar am meisten brauchen. Indem ich das tue, komme ich einem kleinen Bruchteil der menschlichen Bedürfnisse der Kranken, die ich pflege, entgegen.

An Tagen, an denen ich mich nicht sehr stark fühle, begegne ich den Leuten formeller und mit einer Schwester an meiner Seite. Ich frage sie nach den physischen Symptomen und überprüfe, wie weit die Krankheit fortgeschritten ist. Ich ordne Untersuchungen an, verschreibe Therapien und gehe dann weiter zum nächsten Patienten. So sind die Dinge nun einmal. Auch wir sind nur Menschen, und, wie Eliot sagt, die Menschheit kann zuviel Wirklichkeit nicht ertragen.

Was also hat die prophetische Hospiz-Bewegung dem breiten Strom der Medizin zu sagen? Vielleicht sind wir, wie die alten Propheten, die Fürsprecher der Unterdrückten. Wir hören auf die Schreie der Menschen und reden in ihrem Namen. Wir geben weiter, daß sie als normale, selbstverantwortliche Menschen behandelt werden wollen. Sie wollen, daß man ihnen ihre Krankheit in Worten erklärt, die sie verstehen können, und daß man die Behandlung mit ihnen abspricht. Sie wollen sich ihre Würde als Individuen bewahren und eine gewisse Kontrolle über ihr Leben behalten. Sie wollen an ihrer Pflege und an unseren Entscheidungsfindungen teilhaben. Sie wollen, daß wir ehrlich zu ihnen sind, warmherzig und bescheiden. Vor allen Dingen wollen sie, daß wir unsere Fachkompetenz mit *Barmherzigkeit* verbinden und daß wir, wenn wir mit leeren Händen dastehen, nicht zurückweichen, sondern mit ihnen gemeinsam in der beängstigenden Dunkelheit bleiben. Vor allen Dingen brauchen sie unsere *Liebe*.

3
Raum für Liebe

Die Sehnsucht der Kranken: menschliche Wärme

In der Welt ist Raum für die Liebe,
da ist kein Raum für Haß.
In der Welt ist Raum für das Teilen,
da ist kein Raum für Gier.
Da ist Raum für Gerechtigkeit,
kein Raum für Privilegien.
Da ist Raum für Barmherzigkeit,
kein Raum für Stolz.

John Harriott: *Our World*

Im vorigen Kapitel schrieb ich über die prophetische Rolle der Hospiz-Bewegung. Eines meiner liebsten und verlockendsten Denkspiele ist der Versuch herauszufinden, worin genau sich das Hospiz, in dem ich arbeite, so sehr von einem Krankenhaus unterscheidet. (Ich sollte hinzufügen, daß dies ein gefährliches Spiel ist, das viele Leute spielen und in dem sich ein Unerfahrener schwer verletzen kann, denn Vergleiche sind sowohl irreführend als auch herabsetzend.) Wie alle Propheten sind die Hospize aus dem breiten Strom der Gesellschaft herausgerufen, damit sie an der Peripherie ihre Wahrheit leben. Manchmal trägt ihr Lebensstil ihnen Blumensträuße ein, manchmal werden sie mit faulen Eiern beworfen, vielleicht ist sogar das Gleichgewicht zwischen beidem entscheidend, denn zuviel Lob kann korrumpieren, während zu wenig entmutigen und zerstören kann.

38

Was ist es, das Hospiz – alle Hospize – so sehr von Krankenhäusern unterscheidet? Die Zutaten sind doch dieselben: Ärzte, Schwestern, Patienten, Betten, Maschinen – all das findet man überall, wo Kranke gepflegt werden. Der Unterschied liegt in der Art, wie diese Elemente miteinander vermischt werden, oder, um ein anderes Bild zu gebrauchen, in der Wechselbeziehung zwischen den Figuren des Dramas. Diese Beziehungen sind anders, weil die *Philosophie* der Hospize anders ist. Diese Philosophie beruht auf der Überzeugung, daß Menschen – alle Menschen, wie weit es mit ihnen auch gekommen sein mag – unendlich wertvoll sind und daß ihre Behandlung auf ihre individuellen Bedürfnisse zugeschnitten sein muß. Wir behandeln nicht einfach einen Fall von Brustkrebs, sondern eine Frau namens Mary, ihren Mann John und ihre Kinder Sally und David.

Hier kommen wir zum Kern der Sache: Die Sterbenden sind Individuen, komplexe menschliche Wesen, deren physische, geistige, emotionale, geistliche und soziale Bedürfnisse Legion sind. Im Krankenhaus bieten wir der Spitze des menschlichen Eisberges eine hochwertige Behandlung: Wir diagnostizieren Krankheiten und versuchen, sie zu heilen. Wir kümmern uns um die grundlegenden physischen Bedürfnisse, soweit es unsere Mittel zulassen. Wir sind so geduldig und freundlich, wie es uns angesichts der Personalknappheit und des Arbeitsdrucks möglich ist. Wir versuchen, den Familien zu helfen, wenn sie in Schwierigkeiten sind, aber meistens wagen wir es nicht, die Büchse der Pandora voller menschlicher Angst und Not zu öffnen. Man erwartet von uns nicht, daß wir die Leute fragen, wie man sich *wirklich* fühlt, wenn man Krebs hat oder sterben muß. Man bringt uns nicht bei, ihre Hände zu halten, wenn sie einsam oder ängstlich sind, oder sie, wenn sie weinen, in unseren Armen zu wiegen, ihnen über das Haar zu streichen, sie festzuhalten, bis die Krämpfe nachlassen. Wir sind nicht dazu ausgebildet zu *lieben*. Oder besser gesagt, wir sind dazu ausgebildet, unsere Liebe zu *unterdrücken*, uns eigens für die Arbeit eine Schutzuniform anzuziehen: Eine Uniform, die uns in sicherem Abstand von unseren Patienten hält, so daß wir ihnen begegnen wie ein Fachmann seinem Kunden, nicht wie die zerbrechlichen menschlichen Wesen, die wir alle sind.

Könnte es sein, daß wir unseren Patienten unbewußt genau das einzige verweigern, wonach sie sich sehnen, die einzige Gabe, die wir zugeben in der Lage sind: unsere menschliche Wärme?

Liebevoll pflegen: Wie glatt einem das über die Zunge geht und Bilder von Krankenschwestern, die fiebrige Stirnen glätten, und von väterlichen Ärzten, die weinende Angehörige trösten, heraufbeschwört. In der Tat gehören diese Dinge und noch viele andere in der Welt der Sterbenskranken zu einer liebevollen Pflege. Wenn wir nach einer Spiritualität des Pflegers forschen, brauchen wir nicht weiter zu suchen als in den Evangelien, denn die Liebe Jesu gibt uns ein Vorbild für unsere eigene. Sie bestätigt unseren Eindruck aus dem zwanzigsten Jahrhundert, daß Lieben ein kostspieliges Geschäft ist, das von uns eine radikale Absage an menschliche Ekelgefühle und Vorurteile und eine Hingabe des eigenen Ich verlangt, mit denen wir ursprünglich oft nicht gerechnet haben. Wenn das zuckersüße Trösterbild des lieben Jesus ein geschmackloses Stück Kitsch ist, das den Blick auf die strenge und furchtbare Liebe des menschgewordenen Gottes verstellt, dann gilt das gleiche für eine sentimentale Vorstellung von Menschen, die Sterbende pflegen.

Liebe kann, besonders im Kontext eines Hospizes, eine sehr praktische und bodenständige Angelegenheit sein. Ich denke besonders an David, einen Junggesellen von etwa Ende vierzig, der, während ich dies schreibe, Patient in unserem Hospiz ist. David ist ein wunderbarer Mensch; einer von den Armen in unserer erfolgreichen, wohlhabenden Gesellschaft, der selbst den einen Besitz verloren hat, der ihm noch geblieben war: seine körperliche Unversehrtheit. Als er zu uns überwiesen wurde, war der Krebs in seinem Mund trotz Behandlung zurückgekehrt, und wo seine Zähne hätten sein sollen, hatte er ein schmerzhaftes, bösartiges Geschwür. Er kam regelmäßig zu mir in die ambulante Sprechstunde, stets in Begleitung einer jungen Krankenschwester aus der städtischen Psychiatrie, die ihn pflegte, aber er wollte sich nicht einweisen lassen, da er trotz seiner wachsenden Angst zu ersticken eifersüchtig über seiner Unabhängigkeit wachte. Am Weihnachtstag gab er nach und kam, um den Tag mit uns zu verbringen. Ich werde nie den Augenblick vergessen, als er mir eine Flasche Champagner und ein abgerissenes Stück Papier überreichte, auf dem er gekritzelt hatte: „Ich weiß alles zu schätzen, was Sie für mich tun." Ich fragte ihn, ob er ein wenig zu Brei zerkleinerten Truthahn essen könnte, und konnte meine Tränen kaum zurückhalten, als er antwortete: „Danke, aber ein wenig wässriger Haferbrei reicht mir völlig."

„Ein wenig wäßriger Haferbrei, danke." Seine Worte gingen mir den ganzen Tag lang nicht mehr aus dem Kopf, während ich das Weihnachtsessen kochte und mit den verschiedenen Mitgliedern meiner Familie aß. Wie hätte ich auch diesen Mann aus meinen Gedanken verbannen können, dessen Mund nicht mit Weihnachtsessen, sondern mit einem üblen nekrotischen Tumor gefüllt war?

Wir glaubten alle, David müsse bald sterben, und er selbst glaubte es auch, doch ganz nach der perversen Art der Gesichtstumore war er zwar grauenhaft verstümmelt, doch es gab nichts, was ihn tatsächlich getötet hätte. Heute, da ich dies schreibe, sind zwei Monate vergangen, und er lebt noch immer; eine hagere Gestalt, die zusammengesunken vor dem Fernseher sitzt, die Tücher und die Brechschale in den Händen. Wenigstens merkt er nichts von dem ekelerregenden Gestank seines Tumors, der den Raum erfüllt. Es ist schwer, die Haßliebe zu erklären, die uns mit diesen Gespenstern auf dem Fest des Lebens verbindet. Wir sind nicht immun gegen den Gestank von verfaulendem Fleisch, und wie jeder andere auch möchten wir am liebsten an die frische Luft fliehen. Auch wir können seine gemurmelten Worte nicht verstehen und müssen geduldig neben seinem Stuhl knien, während er sich abmüht, um ein paar Sätze auf seinen Notizblock zu schreiben. Schon lange haben wir einander eingestanden, daß wir uns wünschen, sein Leiden könnte ein Ende haben. Und doch ist da neben diesem

41

Wunsch in friedlicher Koexistenz mit unserem Abscheu eine echte Liebe für diesen gebrochenen Mann. Wir haben seinen Humor schätzen und seinen Mut achten gelernt, und wie Professor Higgins haben wir uns an sein Gesicht gewöhnt. Wir sind stolz darauf, daß er sich bei uns genug zu Hause fühlt, um die Zurückgezogenheit seines Zimmers zu verlassen und sein entstelltes Gesicht im Speisesaal zu zeigen, wo alle Welt hindurchgeht. Wie über andere auch murmeln die Leute über ihn: „Wie schrecklich. Wenn es ein Hund wäre, würde man ihn einschläfern lassen." Stimmt. Aber David ist kein Hund, sondern ein Mensch mit Krebs in seinem Mund, der seine letzten unsicheren Tage unter Freunden zu Ende lebt und dabei auf eine Weise geliebt und geschätzt wird, wie er es nie zuvor kannte. Er macht die Erfahrung, die in dem folgenden Gedicht von Sidney Carter beschrieben wird: *Die eine Überraschung, geliebt zu werden.*

Keine Revolution wird rechtzeitig kommen,
um dieses Mannes Leben zu verändern,
außer der einen Überraschung,
geliebt zu werden.
Er hat kein Interesse an Bürgerrechten,
Neo-Marxismus,
Psychiatrie
oder irgendeiner Form von Sex.
Er hat nur noch zwölf Stunden zu leben,
also mach dir keine Gedanken
um ein Mittel gegen Krebs, Rauchen, Lepra
oder Osteoarthritis.
Auf diesen herben Verlust für die Gesellschaft
gießt du dein kostbares Öl,
machst die Probe aufs Exempel
und lachst über die
dicke Ziffernblatt-Behäbigkeit
unserer Wirtschaft.
Du wäschst die Füße,
die morgen nicht mehr laufen werden.
Komm, Leichtigkeit der Liebe,

Zeig ihm, zeig mir
bei diesem letzten Schritt der Liebe
die Ewigkeit, wie sie springt und hüpft.

Durch dieses Ausgießen von Liebe auf Patienten wie David steht die Hospiz-Bewegung in einer prophetischen Beziehung zur Gesellschaft als Ganzes, denn sie beharrt auf dem Wert der Hirngeschädigten, Verstümmelten und Alten gegenüber einer Welt, die nur die Cleveren, die Schönen und die Sportler zu schätzen weiß. Erst kürzlich verbrachte ich einen Nachmittag mit einem jungen französischen Arzt, der, als ich ihm unser im Bau befindliches neues Hospiz zeigte, ausrief: „Ich hätte mir nie vorgestellt, daß jemand ein Haus bauen würde, das speziell dazu dient, Sterbenden Komfort zu bieten."

Wenn ich hier über Liebe rede, plädiere ich nicht für mehr Hospiz oder längere Arbeitszeiten, sondern über bestimmte innere Haltungen. Es geht darum, ein gewisses Maß an Einblick in die Welt der Patienten zu gewinnen – das, was die Psychologen Empathie nennen. Mit diesem Einblick geht eine erhöhte Feinfühligkeit für die Not des Patienten und ein Bemühen um Linderung einher – oder zumindest ein Bemühen, die Not nicht schlimmer zu machen. Im Kern hat dieses professionelle Lieben mit Fachkompetenz, Empathie und Kommunikation zu tun. Es geht darum, empfindlich für den Schmerz anderer zu werden – und deshalb auch sehr verwundbar. Für mich ebenso wie für viele andere ist das eine Art der Pflege, um die ich mich bemühe, die ich aber nur manchmal verwirklichen kann. Es ist eine kostspielige Art des Liebens, für die ich hundertfach entschädigt werde.

Eines der heikelsten Themen in der professionellen Krankenpflege ist das „Einlassen" auf die Person, die wir pflegen, den Patienten oder, im Psychologen-Jargon, den „Klienten". Es gibt kein Patentrezept dafür, „wie weit man gehen darf" beim professionellen Lieben, und wahrscheinlich wird jeder einzelne Pfleger mit verschiedenen Menschen und zu verschiedenen Zeiten unterschiedlich arbeiten, je nachdem, wieviel Zeit und persönliche Ressourcen zur Verfügung stehen.

Meine eigene Arbeit der Pflege an todkranken Menschen im Hospiz-„Stil" hat mich in eine spezielle medizinische Richtung geführt, von der ich vor zehn Jahren noch nicht geträumt hätte. Nachdem ich als Ärztin approbiert war, schlug ich die chirurgische Laufbahn ein. Ich bin geschickt mit meinen Händen und hatte vor, meine Fertigkeit einzusetzen, um Handverletzungen und Verbrennungen, Krebs und angeborene Mißbildungen zu behandeln. Anders ausgedrückt, ich war eine „Körper-Ärztin", die gerne Brüche heilte, Wunden zunähte und ganz allgemein zerbrochene Leute zusammenflickte. Der Gedanke, mich dafür zu interessieren, wie meine Patienten ihre Krankheit *empfanden*, kam mir einfach nicht: Meine Arbeit war die Diagnose und Heilung körperlicher Gebrechen, und um die Depressiven und Psychotischen würden sich schon meine Kollegen von der Psychiatrie kümmern. In meiner jugendlichen Arroganz schrieb ich, Psychologie sei nichts anderes als gesunder Menschenverstand, und davon meinte ich eine Menge zu haben. Heute treibt mir meine Unwissenheit die Schamröte ins Gesicht – obwohl ich weiß, daß mein Leben weniger kompliziert und meine Arbeit mit weniger Opfern verbunden war, bevor mir dämmerte, daß eine gute Medizin die Pflege des ganzen Menschen mit Körper, Geist und Seele erfordert.

Einem Arzt, der sich auf die Pflege Sterbender spezialisiert hat, werden normalerweise die „Fälle" überwiesen, in denen „nichts mehr getan werden kann" – wo Operation, Strahlentherapie und Anti-Krebs-Medikamente entweder von vornherein zwecklos sind oder nichts mehr nützen. In der Praxis jedoch (zum Glück für unsere Selbstachtung und unser berufliches Überleben) gibt es fast immer noch etwas auf der physischen Ebene, das man tun kann: eine feine Abstimmung der Schmerzlinderung oder ein Einsatz von Medikamenten, um unangenehme Symptome zu erleichtern. Doch wenn das getan ist, sind wir in der gleichen Lage wie unsere Kollegen – wir stehen mit leeren Händen da. Dann aber stehen wir vor der Aufgabe zu lernen, mit diesen leeren

Händen zu arbeiten: sie zum Trösten und zu einer anderen Form von Heilung zu gebrauchen. Teilweise besteht diese Art von Arbeit aus sogenannter „Beratung": einem sachkundigen Hören und Deuten der psychischen Probleme und Nöte der Patienten. Das entspricht der Tätigkeit von Psychologen, Psychotherapeuten und professionellen Ratgebern. Selbst innerhalb dieser kleinen Berufsgruppen gibt es Unterschiede in den Theorien und im persönlichen Stil, aber sie alle denken in den Kategorien Therapeut und Patient. Es handelt sich um eine professionelle Beziehung auf der Grundlage der psychischen Bedürfnisse der einen Person und der fachkundigen Reaktion auf diese Bedürfnisse der anderen Person. Die Distanz zwischen beiden ist sowohl für den Erfolg der Behandlung als auch für das Überleben des Therapeuten unverzichtbar.

Psychologische Arbeit mit Todkranken hat vieles mit anderen Formen von Beratung und Psychotherapie gemeinsam, doch die Beziehung verändert sich durch zwei Faktoren: Der erste ist die kurze Lebenserwartung des Klienten, der andere das Ausmaß des Verlustes, den er erleidet. Nach meiner Erfahrung, und ich bin weder Psychotherapeutin noch ausgebildete Beraterin, haben Menschen, die auf den Tod zugehen, ein besonders dringendes Bedürfnis nach menschlicher Wärme und ehrlicher, direkter Kommunikation. Mein persönlicher „Stil" hat sich im Laufe meiner Arbeit auf diesem Gebiet entwickelt und ist von einem Maß an Direktheit und Informalität gekennzeichnet, der in der normalen medizinischen Praxis ungewöhnlich ist. Im Laufe von zehn Jahren bin ich von einer großen Schüchternheit, was körperliche Kontakte angeht, dazu übergegangen, es als ganz natürlich zu empfinden, Patienten die Hand zu halten oder sie an meiner Schulter weinen zu lassen. Ich finde, daß dieser körperliche Aspekt des Tröstens ganz natürlich aus einer ehrlichen Kommunikation über schmerzliche Wahrheiten hervorgeht und keineswegs von der Dauer der Beziehung abhängig ist. Vielleicht kann ich das an einem typischen Beispiel illustrieren.

Es kommt recht häufig vor, daß ich gebeten werde, einen

Patienten in einer der chirurgischen Abteilungen in unserem großen Bezirkskrankenhaus zu besuchen. Dabei kann es darum gehen, die Einweisung des Patienten ins Hospiz zu erwägen oder auch Ratschläge für seine Schmerz- und Symptombehandlung zu geben. Nicht selten werde ich gebeten auszuhelfen, weil der Patient Schwierigkeiten hat, innerlich mit seiner Diagnose fertig zu werden, oder weil die Angehörigen den Ärzten verboten haben, ihm die Wahrheit über seine Krankheit zu sagen, und sich aus dieser Täuschung Spannungen ergeben.

Eine Sache, die ich gelernt habe, ist, daß diese Begegnungen nicht stattfinden sollten, wenn ich unter großem Zeitdruck stehe oder sehr müde bin. Inzwischen habe ich die innere Freiheit, in der betreffenden Abteilung anzurufen und zu sagen: „Tut mir leid, aber ich bin fix und fertig heute abend. Reicht es, wenn ich morgen komme? Dann kann ich es viel besser machen." Wenn die Sache dringend ist, gehe ich trotzdem, aber wenn nicht, lasse ich es sein, bis ich wieder besser in der Lage bin, einfühlsam zu arbeiten. Wenn ich in die Abteilung komme, frage ich stets die Schwester nach dem Patienten, bevor ich zu ihm hineingehe. Die Schwestern kennen den Patienten normalerweise viel besser als seine Ärzte und wissen häufig besser über seine Hoffnungen und Befürchtungen Bescheid. Doch wenn ich sie frage: „Weiß er Bescheid?" – womit ich natürlich meine, ob er weiß, daß er Krebs hat und daß er sterben wird –, dann schauen sie sich oft an und sagen: „Ich glaube, er weiß es, meinst du nicht? – aber er spricht nicht darüber."

Wenn ich dann mit so vielen Informationen wie möglich gerüstet bin, richte ich es ein, mit dem Betroffenen allein zu sprechen. Das erfordert oft ein wenig Organisation, aber ich habe lernen müssen, daß „tiefgehende" Gespräche hinter Vorhängen eine beunruhigende Wirkung auf die anderen Patienten haben können, die unweigerlich mit gespitzten Ohren im Bett sitzen, um selbst die geflüsterten vertraulichen Äußerungen aufzuschnappen. Es ist von entscheidender Bedeutung, daß man den Mut und die Autorität besitzt, darauf zu bestehen, daß der Patient in einen Rollstuhl gesetzt und ins Büro gebracht wird oder, wenn er nicht aufstehen kann, mitsamt dem Bett in einen Nebenraum gefahren wird; nicht nur, weil es wichtig ist, daß die anderen Patienten nichts hören, sondern auch weil sowohl der Berater als auch der Patient durch das Wissen, daß jemand anderes zuhört, in ihren Äußerungen sehr beschränkt sind. (Eine der Schwierigkeiten für Krankenschwestern in öffentlichen Krankenhäusern besteht darin, daß sie sich nicht befugt fühlen, darauf zu bestehen, daß ein Angehöriger das Zimmer verläßt, während sie mit dem Patienten reden. So haben sie mit den Kommunikationsproblemen in einem Dreiecksgespräch zu kämpfen, in dem häufig etwa ein allzu schutzbeflissener Ehepartner für einen Patienten anwortet, der durchaus in der Lage wäre, für sich selbst zu sprechen.)

Bin ich erst einmal allein mit einem neuen Patienten, so stelle ich mich vor, erkläre, daß ich auf Bitten seines Arztes hier bin, und bitte ihn, mir seine Geschichte zu erzählen. Die Tatsache, daß ich mit der Krankengeschichte und der Diagnose vertraut bin, ändert nichts an diesem Verfahren, denn sein Sinn besteht nicht darin, mich über Dinge zu informieren, die ich bereits weiß, sondern eine Beziehung aufzubauen und etwas von der unterschwelligen Eisbergmasse aus Trauer und Zorn an die Oberfläche zu bringen. Durch die Erzählung seiner Geschichte lerne ich den Patienten kennen, und durch mein Zuhören bekommt er ein erstes Bild von mir. Diese erste Begegnung ist entscheidend für die therapeutische Beziehung, und sie kann bis zu einer Stunde dauern – manchmal sogar länger. Doch das ist gut verwendete Zeit, denn in dieser Stunde lassen sich Bindungen des Vertrauens und der Offenheit aufbauen, die bei der späteren „Arbeit" als praktische Werkzeuge dienen. Alles hängt von der Qualität des Zuhörens ab: Der Patient muß aus meinen verbalen und nonverbalen Hinweisen die klare Botschaft empfangen, daß ich an ihm als Person ebenso interessiert bin wie an seinen körperlichen Problemen. Das bedeutet, daß ich ihm nicht nur aufmerksam zuhöre, während er spricht, sondern ihn auch um Erklärungen bitte, wenn ich etwas nicht verstehe. Während seine Geschichte sich entfaltet, mache ich mir Notizen, und wenn es nicht spontan herauskommt, dann frage ich ihn nicht nur danach, was passiert ist und was die Ärzte dazu gesagt haben, sondern wie er das in dem Augenblick *empfand* – und wie er es jetzt *empfindet*. Diese Erforschung der emotionalen wie der körperlichen Komponente der Krebsgeschichte ist der Schlüssel zur Entwicklung einer Beziehung, die dem Patienten eine Stütze ist. Oft ist es das erste Mal, daß ein Patient von einem Arzt – oder von irgend jemand sonst – gefragt wird, wie er sich in seiner Haut fühlt, und es kann gut sein, daß er anfängt zu weinen.

An diesem Punkt des Dialoges kann der Arzt oder Pfleger die Würde des Patienten noch stärker bestätigen und die Verbindung zwischen ihnen stärken. Patienten sind fast immer verlegen und beschämt, wenn sie in Gegenwart eines Arztes weinen – und vielen Ärzten fällt es schwer, damit umzugehen. Ich erinnere mich gut an einen in der Chirurgie tätigen Kollegen, der, als eine Patientin in einer Klinik zu weinen begann, ihr scherzhaft den Finger auf die Nase legte und sagte: „Aber, aber, Iris, wer wird denn ...?" Wenn ein Patient bei mir weint, rücke ich etwas näher zu ihm hin und lege ihm vielleicht die Hand auf die Schulter. Ich sage ihm, daß er ruhig ohne Hemmungen weinen soll – daß es ihm ganz und gar zusteht, traurig oder zornig oder verwirrt zu sein. Diese „Erlaubnis" zum Weinen ist nichts als eine Erlaubnis, ein menschliches Wesen zu sein und sich einem ganz normalen und heilsamen Gefühlsausbruch hinzugeben. Wenn die Tränen versiegt sind, und das ist normalerweise nach ein paar Minuten der Fall, fühlt sich der Betreffende fast immer besser und irgendwie getröstet, wenn auch von einem Fremden.

Manchmal geschieht es im Laufe eines solchen Gespräches, daß ein Patient mich fragt, ob seine Krankheit geheilt werden kann. Das ist *die* Frage – vor der sich so viele Pfleger fürchten und die so oft mit ausweichenden Plattheiten oder glatten Lügen beantwortet wird. Ich möchte die Frage der Aufklärung über die Diagnose erst an späterer Stelle erörtern; aber schon hier kann ich sagen, daß klare, direkte Fragen nach der Diagnose und den Aussichten eines Patienten *immer* eine ehrliche Antwort verdienen. Es ist niemals richtig zu lügen. Das bedeutet nicht, daß man immer brutal mit der Wahrheit herausplatzen sollte. Man muß sorgfältig zuhören, wonach der Patient fragt, und langsam antworten, Schritt für Schritt, wobei man stets die Reaktion beobachtet und aufhört, wenn es so scheint, als habe der Patient für den Augenblick genug zu verarbeiten. Wir alle müssen die „Kunst" erlernen, eine schlechte Nachricht zu bringen, und sie müßte eigentlich allen Ärzten und Pflegern während ihrer Ausbildung gründlich beigebracht werden.

Wir kommen auf die beiden wesentlichen Komponenten guter Pflege zurück: Kompetenz und Barmherzigkeit. Gut gemeinte Freundlichkeit reicht nicht aus, ebensowenig wie sorgfältig einstudierte Kommunikationstechniken: Beides zusammen jedoch kann Verzweiflung in Hoffnung und neurotisches Anspruchsverhalten in wunderbare Würde und Tapferkeit verwandeln.

Es ist eigenartig, wie sich dieser Ausdruck „mit Würde sterben" im modernen Sprachgebrauch bezüglich der Pflege Sterbender eingenistet hat. Mir geht er ziemlich auf die Nerven mit den stereotypen Bildern, die er heraufbeschwört, von Leuten, die in stiller, flüsternder Umgebung ihren letzten Atemzug tun, und von Krankenschwestern und Angehörigen, die auf Zehenspitzen in verdunkelten Räumen ein- und ausgehen. Ich verstehe Würde heute in einem ganz anderen Sinn, der mehr mit der Unversehrtheit der Persönlichkeit zu tun hat als mit einer äußeren Ordnung und Feierlichkeit. Einer der wichtigsten Aspekte meiner Arbeit ist es, Menschen zu helfen, mit ihrem bevorstehenden Tod umzugehen, indem ich mit ihnen ihre Ängste erforsche, die Mythen darunter entlarve und den echten wahrheitsgetreu ins Gesicht sehe. Ironischerweise ist „würdeloses" und „neurotisches" Verhalten bei Menschen, die vor dem Tod stehen, meistens eine Folge der Art und Weise, wie sie von ihren Pflegern behandelt wurden.

Als ich vor kurzem zusammen mit einem Kollegen in der

ambulanten Station des Krankenhauses Dienst tat, begegnete ich zwei Frauen mittleren Alters, die sich auf sehr würdelose Art benahmen, sich aggressiv, fordernd und absolut unvernünftig zeigten. Jede von ihnen war wie eine Bombe kurz vor der Explosion, besessen von Wut und Unzufriedenheit mit der Welt im allgemeinen und ihren Ärzten im besonderen. Zufällig hatten wir im Hospiz gerade einige Todesfälle, so daß ich mehrere leere Betten hatte; daher erbot ich mich, die Damen aufzunehmen, um „ihnen den Kopf zurechtzusetzen". Mein Kollege war ein wenig überrascht, da keine der beiden als todkrank eingestuft werden konnte, aber er war dankbar, daß ihm das Problem aus den Händen genommen wurde. Ich wies die beiden Frauen direkt von der Klinik aus ein und kam zurück, um die Funken sprühen zu sehen. Als ich im Hospiz ankam, waren sie bereits da, und es gab auch schon Ärger. Kates Tochter kam mir auf dem Treppenabsatz entgegen und sagte mir, Mary hätte seit ihrer Ankunft unaufhörlich geredet und triebe ihre Mutter zum Wahnsinn. Ich schaute in das gemütliche Dreibettzimmer, und da hockte eine sehr genervte Kate unglücklich auf ihrer Stuhlkante, während Mary vom angrenzenden Bett aus ihren Gefühlen Luft machte. Glücklicherweise war gerade unser Einzelzimmer frei, da sein Bewohner für ein paar Tage zu Hause war; und so bat ich Kate, was eine glatte Lüge war, um den großen „Gefallen", in ein anderes Zimmer umzuziehen, nahm sie sanft beim Arm und brachte sie außer Hörweite von Marys Geschimpfe.

Während der nächsten beiden Wochen „arbeiteten" die Schwestern, meine Mitärzte und ich mit Kate und Mary. Diese Arbeit bestand zu neunzig Prozent daraus, als Klagemauer zu dienen, geduldig und aufmerksam zuzuhören, während sie wieder und wieder die Geschichten ihrer Krankheiten erzählten. Das waren nur zu vertraute Geschichten von Furcht und Angst, die durch die Verschleierungstaktik der Ärzte über alles Maß hinaus gesteigert worden waren. Kates Wut war am größten. Sie litt an chronischer Bronchitis, hatte mehrere ihrer älteren Schwestern während ihrer tödlichen Krankheiten gepflegt und war dann selbst krank geworden. Da sie das Schlimmste befürchtete, fragte sie ihre Ärzte (in Sankt Anderswo, nicht in Plymouth, füge ich eilends hinzu) geradeheraus, ob sie Krebs hätte. „Sie tätschelten mir den Kopf wie einem kleinen Mädchen", erzählte sie, „und sagten mir, ich solle mir keine Sorgen machen." Doch Kate machte sich Sorgen. Ihre „Bronchitis" schien nicht besser zu werden, und auf die Antibiotika sprach sie nicht mehr so an, wie es früher der Fall gewesen war. Schießlich kam sie nicht mehr alleine zurecht und beschloß, zu ihrer Tochter nach Plymouth zu ziehen. Ihr Hausarzt gab ihr einen versiegelten Brief, den sie dem Arzt geben sollte, der sie in Zukunft betreuen würde. Zu Hause angekommen, schaute sich Kate den Umschlag an und öffnete ihn, zweifellos nachdem sie sich furchtsam nach rechts und links umgeschaut hatte. Im Inneren fand sie einen Brief, in dem von einer älteren Frau die Rede war, die an Lungenkrebs im fortgeschrittenen Stadium litt und bald zu einem Pflegefall werden würde. „Die Tochter weiß Bescheid, aber wir waren der Ansicht, es sei besser, der Patientin nichts zu sagen", las sie. Kate war nicht nur wütend, sondern sie fühlte sich auch gedemütigt. Es war *ihr* Körper und *ihr* Leben – und trotzdem hatten diese Leute sie im Dunkeln tappen lassen und sie behandelt, als sei sie ein Kind oder schon vollkommen unzurechnungsfähig. Kein Wunder, daß sie nicht die typische höfliche, unterwürfige, dankbare Patientin war, als sie zu uns ins Krankenhaus kam. Arme Kate! Es waren ihre Pfleger, die sie ihrer Würde beraubt hatten. Zwei Tage später war es schon eine ganz andere Frau, die auf dem Rasen des Hospizes saß, Trudy, die Hündin meines Assistenten Michael, streichelte und lächelnd für die Fernsehkamera posierte, die an diesem Tag zufällig das Hospiz filmte. Inzwischen wußte Kate, daß sie Krebs hatte und daß sie sterben würde – aber sie hatte ihr Leben wieder unter Kontrolle. Es war *ihre* Entscheidung, im Hospiz zu bleiben – und es war zwei Wochen später ihre Entscheidung, dreihundert Pfund auszugeben und eine weitere Verkürzung ihrer Lebenserwartung zu riskieren, indem sie mit einem Taxi nach London fuhr und sich von ihren Freunden verabschiedete.

51

Das Schwierigste für Kate wird kommen, wenn sie Stück für Stück ihre Unabhängigkeit aufgeben muß. Menschen mit feurigem Temperament wie ihr fällt es sehr schwer, den Verlust ihrer Freiheit, sich ohne Hilfe umherzubewegen, und schließlich die Schwäche, die es ihnen unmöglich macht, auch nur ihre Position im Bett zu verändern, zu akzeptieren. Wenn Kate schwächer wird, dann wird die Belastung für ihre Tochter größer. Sie wird eine enorme Geduld brauchen, um mit der Frustration, nicht helfen zu können, und der Trauer über den langsamen Niedergang ihrer Mutter fertig zu werden. Schon allein um ihrer Tochter willen hoffe ich, daß Kate, wenn ihre Zeit kommt, bei uns oder in irgendeinem anderen Hospiz sein wird, denn ihre Tochter wird alle Hilfe brauchen, die sie bekommen kann, um mit dem Zorn ihrer Mutter und ihrer eigenen Ohnmacht und ihren Schuldgefühlen fertig zu werden.*

Natürlich will ich nicht so tun, als hätte die Welt des Hospizes ein Monopol auf kundige und liebevolle Pflege. Dieselbe Qualität der Pflege findet sich in vielen verschiedenen Situationen: in einem allgemeinen Krankenhaus, in Heimen für geistig Behinderte, in Projekten für Drogenabhängige oder in Einrichtungen zur Behandlung von AIDS-Patienten. Ich denke besonders an die L'Arche-Gemeinschaften oder an meine Freunde Benedict und Lila, die ihr Heim mit einigen jungen Schizophrenen teilen. Benedict ist ein orthodoxer Priester, und er und seine Frau Lila haben acht Kinder. Seit zwanzig Jahren öffnen sie ihr Haus für Menschen in Not, und in den letzten zehn Jahren waren es junge Schizophrene aus den geschlossenen Abteilungen der psychiatrischen Krankenhäuser. Patienten, die in herkömmlichen Einrichtungen scheinbar nicht zu bändigen sind, werden in ihrem Haus irgendwie gezähmt, nehmen am Familienleben teil und beobachten das Wunder der Geburt von Lämmern. Da-

---

* Kate kehrte in ihr Zuhause in London zurück und starb friedlich im dortigen Hospiz.

mit wir uns nicht von der Sentimentalität und Schönheit dieser Vision fortreißen lassen, lassen Sie mich aus dem Gespräch zitieren, das ich mit Benedict führte, als ich zum ersten Mal mit ihm telefonierte. „Heute", sagte er, „ist mein fünfzigster Geburtstag, und ich habe ihn damit verbracht, Scheiße von der Schlafzimmerwand zu kratzen!"

Da wußte ich, daß wir verwandte Geister waren, denn die einzige Art von Heiligkeit, mit der ich umgehen kann, ist diejenige, die fest in der Wirklichkeit verwurzelt ist. Wie ich schon zuvor gesagt habe, ist Lieben ein kostspieliges Geschäft, und man braucht einen sehr irdischen Sinn für Humor, um zu überleben. Das folgende Gedicht eines englischen Benediktiner-Mönches gehört zu meinen Lieblingsgedichten, denn es enthält keine Illusionen über das Mühselige an der Jüngerschaft:

Salbe die Wunden
meines Geistes
mit dem Balsam
der Vergebung.

Gieß das Öl
deiner Ruhe
auf die Wasser
meines Herzens.

Nimm das Quietschen
der Enttäuschung
aus den Rädern meiner Inbrunst,
damit die Macht
deiner Zärtlichkeit
die Art glättet,
wie ich liebe.

Damit die Plage
des Gebens
bis zur Selbstaufgabe
und das Ausstrecken

der nackten Hand
nach einer Welt,
die verletzen muß,
täglich neu sich entfache
zu einem Aufflammen der Barmherzigkeit
– damit das Korn fröhlich falle,
  um im Boden zu bersten,
– und die Ernte reich sei.

Ralph Wright

4

„Ein neues Gebot gebe ich euch"

Jesu Art zu lieben

Liebe Kinder ...
Ein neues Gebot gebe ich euch,
daß ihr einander liebt ...

Johannes 13,33–34

In den nächsten Kapiteln möchte ich Jesu Art zu lieben nachspüren, wie sie sich in einigen der bekannten Evangeliengeschichten zeigt. Doch bevor ich mich dem Neuen Testament zuwende, möchte ich einen Moment lang zurückblicken auf das alttestamentliche Verständnis der Liebe. Warum, frage ich mich, sagte Jesus, daß sein Gebot der Liebe *neu* sei? Er und seine Jünger kannten sich in den Heiligen Schriften der Juden bestens aus und müssen mit der Theologie der Barmherzigkeit Gottes und seiner Vorliebe für die Armen, Leidenden und Unterdrückten vollkommen vertraut gewesen sein. Durch das ganze Alte Testament zieht sich das Thema der *Hesed*, der treuen Bundesliebe Gottes zu seinem Volk. Wir begegnen ihr zuerst im zweiten Buch Mose (Exodus), in den wunderbaren Geschichten von Moses Begegnung mit Gott auf dem Berg Sinai. Es ist wahr, Gott sagt Mose, er könne weder seinen Namen erfahren noch sein Gesicht sehen, doch in erstaunlichen, erschreckenden Momenten in der Wolke, wenn alle Israeliten in ihren Zelten kauern, offenbart sich Gott. „Der Herr, der Herr, Gott, barmherzig und gnädig, langsam zum Zorn und reich an Gnade und Treue" (Exodus 34,6).

Ich liebe diese reiche Gegenüberstellung von Bildern des geheimnisvollen, unerkennbaren Gottes vom Sinai und des Gottes, der barmherzig und gnädig ist. Bei Hosea finden wir die gleiche Botschaft in anderen, poetischeren Bildern ausgedrückt. Der Prophet vergleicht Gott mit einem Vater, der von Liebe zu seinem Kind trunken ist und es trotz seiner Nachlässigkeit und Ablehnung bedingungslos liebt:

Als Israel jung war, gewann ich es lieb,
Und aus Ägypten habe ich meinen Sohn gerufen.
Sooft ich sie rief, gingen sie von meinem Angesicht weg ...
Mit menschlichen Tauen zog ich sie,
mit Seilen der Liebe,
und ich war ihnen wie solche,
die das Joch auf ihren Kinnbacken anheben,
und sanft gab ich ihm zu essen.

Hosea 11, 1–4

Es lohnt sich, einmal in den Bedeutungsreichtum des hebräischen Wortes *Hesed* einzudringen, das an verschiedenen Stellen mit „Gnade", „(liebevolle) Freundlichkeit", „standhafte Liebe", „Beständigkeit" und „Treue" wiedergegeben wird. Dies ist das Wort, das in dem Abschnitt aus Micha 6, den ich als Rahmen für das Verständnis der Anforderungen an einen Pfleger gebraucht habe, mit *Liebe üben* wiedergegeben wird, und es erscheint wieder in den oben zitierten Zeilen aus dem zweiten Buch Mose. Das Interessante an diesem Wort ist, daß es sich, obwohl damit hauptsächlich Gottes Beziehung zu seinem Volk gemeint ist, seine Treue innerhalb der Bundesbeziehung, ebenfalls auf die umgekehrte Bundesverpflichtung *des Volkes* gegenüber Gott und untereinander anwenden läßt.

Ein Bund ist von seinem Wesen her eine Beziehung, eine Verbindung zwischen zwei Parteien, und Gottes Treue zu seiner Verheißung, sein Volk in Zeiten voller Härte und Not zu schützen und zu erhalten, legte auf das Volk die Verpflichtung, sich gegenseitig – und besonders die schwächeren Mitglieder der Gemeinschaft – zu unterstützen:

[Gott] schafft Recht den Waisen und Witwen und hat die Fremdlinge lieb, daß er ihnen Speise und Kleider gibt. Darum sollt ihr auch die Fremdlinge lieben; denn ihr seid auch Fremdlinge gewesen in Ägyptenland. Den Herrn, deinen Gott, sollst du fürchten, ihm sollst du dienen, ihm sollst du anhangen und bei seinem Namen schwören.

Deuteronomium 10,18–20

Diese Themen der Liebe Gottes zu seinem Volk und der Forderung, daß sie füreinander sorgen sollen, ziehen sich durch alle Bücher des Alten Testamentes. Mit besonderer Kraft und Klarheit treten sie in den Büchern der Propheten hervor, besonders bei den Schreibern aus dem achten Jahrhundert Amos, Hosea, Jesaja und Micha, die die Ungerechtigkeit und den rituellen Gottesdienst derer, die die Armen unterdrücken, brandmarken. Wie Amos nahm auch Jesaja in seiner Verurteilung jener, deren geheimes Leben im Widerspruch zu ihrer äußeren Frömmigkeit stand, kein Blatt vor den Mund:

Was soll mir die Menge eurer Opfer?
spricht der Herr ...
Und wenn ihr auch eure Hände ausbreitet,
verberge ich doch meine Augen vor euch;
und wenn ihr auch viel betet,
höre ich euch doch nicht;
denn eure Hände sind voll Blut.
Wascht euch, reinigt euch,
tut eure bösen Taten aus meinen Augen,
laßt ab vom Bösen!
Lernet Gutes tun,
trachtet nach Recht,
helft den Unterdrückten,

schaffet den Waisen Recht,
führet der Witwen Sache!

Jesaja 1, 11. 15–17

Man ist leicht versucht, dies als eine archaische Zornesrede
gegen die Menschen einer vergangenen Zeit zu lesen, aber es
erfordert nicht viel Phantasie, um es zum Beispiel auf einen
Dankgottesdienst anläßlich des Jahrestages eines militäri-
schen Schlages anzuwenden, wie er jedes Jahr in der chilenischen Hauptstadt Santiago stattfindet. Und in der Tat werden Predigten wie diese auch in unserer Zeit gehalten. Männer wie der Erzbischof Helder Camara aus Brasilien und der
südafrikanische Bischof Desmond Tutu haben überlebt, um
ein Stachel im Fleisch unterdrückerischer Regime zu sein.
Andere, wie Martin Luther King oder der polnische Pater
Jerzy Popieluszko haben den Märtyrertod erlitten, weil ihre
Liebe sie dazu trieb, Ungerechtigkeit anzuprangern. Der Erzbischof Oscar Romero aus El Salvador wurde ermordet, als er
eine Messe zelebrierte, nachdem er erst zwei Tage zuvor seinem Volk gesagt hatte:
    „Kein Soldat ist verpflichtet, einem Befehl zu gehorchen,
der dem Gesetz Gottes widerspricht. Niemand muß ein un-
moralisches Gesetz erfüllen. Jetzt ist es an der Zeit, daß ihr
euer Gewissen wiederfindet und daß ihr zuerst eurem Gewissen gehorcht, statt dem Befehl zu sündigen. Die Kirche,
die Verteidigerin der Rechte Gottes, der Menschenwürde der
Person, kann angesichts solcher Greuel nicht schweigen. Wir
wollen, daß die Regierung erkennt, daß Reformen, die mit soviel Blut erreicht werden, niemandem dienen. Darum: Im
Namen Gottes und im Namen seines leidenden Volkes, dessen Schreie jeden Tag klagender zum Himmel steigen, be-
schwöre ich euch, bitte ich euch, befehle ich euch im Namen Gottes: Macht Schluß mit der Unterdrückung" (zitiert
nach Desmond Keogh, *Romero, El Salvador's Martyr*).
    Wir könnten uns leicht damit trösten, daß wir in den
friedliebenden Ländern ja unsere Spenden an die Kirche
und an soziale Organisationen wie „Brot für die Welt" und

„Amnesty International" abführen und daß unsere Hände rein seien. Aber leider ist das Leben nicht ganz so einfach. Das Buch, das ich bei meinen Abendgebeten benutze, erinnert mich unangenehm an die Sünden einer wohlhabenden Gesellschaft, die ich so gerne vergesse: daran, daß ich meistens völlig blind bin für die Not und das Leiden außerhalb meiner unmittelbaren Umgebung; daran, daß ich höchstens einmal flüchtig an Umweltverschmutzung, Erosion und sauren Regen denke und daß ich mir, offen gestanden, nur um das Hier und Jetzt Gedanken mache, nicht um diejenigen, die in der Generation nach mir kommen. Wie der Rest unserer Nation trage ich mit an der kollektiven Schuld der Waffenproduktion, der Heuchelei, die über Naturkatastrophen wie Erdbeben jammert, während unsere Wissenschaftler in ihren Labors ihre Intelligenz prostituieren, indem sie Waffen erschaffen, die uns alle vernichten könnten. Wie der Rest meiner Landsleute lebe ich mein Leben in Komplizenschaft mit der Ausbeutung der Völker, die die Rohmaterialien für die Dinge produzieren, die meine äußerst bequeme Existenz ermöglichen. John Harriott schreibt:

Wir sollten in Trauer sein,
wir sollten in Tränen sein,
unsere Blenden ständig geschlossen.
Wir sollen Herren der Erde sein,
nicht Herren übereinander.

Aus: Our World

Wer ohne Sünde ist, der werfe den ersten Stein! Wenn das Bewußtsein meiner eigenen Untreue mich im Herzen krank macht, wende ich mich den für Donnerstag vorgesehenen Gebeten zu:

Liebender Gott, verschließe die Augen vor unseren Sünden ...
Mach uns heil, standhaft im Geist.

Gebrochen sind unsere Knochen, doch du kannst uns heilen,
und wir werden wieder vor Freude springen und tanzen.

Jim Cotter, aus: Prayer at Night

Jim Cotters Gebete sind durch ihre Poesie wie auch durch ihr Verständnis für menschliche Schwächen besonders beeindruckend. Es ist nicht leicht zu tadeln, ohne zu demütigen, Sünde zu verdammen, ohne den Sünder in Verzweiflung zurückzulassen. Ebenso, wie ein Pfleger das ganze Pascha-Geschehen von Tod und Auferstehung gleichzeitig im Blick haben muß, so muß ein Pfarrer Zucht, Vergebung und Hoffnung in einem Bündel zusammenfassen, so daß das Bewußtsein des Verwundetseins und der Sünde nicht zu einer Last wird, die uns erdrückt, sondern zu einem Anreiz zur Änderung des Herzens. Die Essenz eines christlichen Seelsorgerdienstes ist das neue Gebot Jesu:

Ein neues Gebot gebe ich euch,
daß ihr euch untereinander liebt,
wie ich euch geliebt habe,
damit auch ihr einander lieb habt.
Daran wird jedermann erkennen,
daß ihr meine Jünger seid,
wenn ihr Liebe untereinander habt.
Liebt einander,
WIE ICH EUCH GELIEBT HABE.

Johannes 13, 34–35

Hier bekommt ein altes Gesetz eine neue Dimension. Die Jünger Jesu müssen nicht nur für Gerechtigkeit für die Unterdrückten eintreten, den Hungrigen zu essen geben und den obdachlosen Armen Unterkunft gewähren. Sie müssen auch die zweite Meile gehen, die andere Wange hinhalten und dem Mann, der ihre Jacke von ihnen fordert, auch noch die Hose geben. Die Jünger Jesu sind dazu herausgefordert,

Fremden und Feinden eine einseitige Liebeserklärung zu machen – denn zu ihren Freunden sind auch korrupte Geschäftsleute und Militärdiktatoren nett! Deshalb habe ich von der strengen und furchtbaren Liebe des menschgewordenen Gottes gesprochen – und deshalb finden auch viele von uns, wie der reiche Jüngling, die Worte des Evangeliums zu hart und wenden uns entweder traurig ab oder versuchen, seine Anforderungen zu verwässern. Der Benediktiner-Mönch Tom Cullinan schreibt: „Das Problem ist, daß wir einen Wildhengst eingefangen und ihn zu einer Art Reitschulen-Pony gezähmt haben: Aber das Evangelium ist in Wirklichkeit ein Wildhengst und läßt sich nicht zähmen" *(The Roots of Social Justice)*.

5
Samariter oder Levit?

Wie wir mit Hilfesuchenden umgehen

Wenn mich jemand fragt,
worum es im Christentum
eigentlich geht,
dann ist dies das eine Gleichnis
in den Evangelien,
an das ich denke,
weil ich glaube,
das ist es.

Christopher William Jones:
Listen Pilgrim

Liebe üben: Michas zweite Anweisung für die Jüngerschaft –
ein einfacher Befehl, und doch so schwer zu befolgen, denn
die Leidenden sind ein bodenloser Abgrund der Sehnsucht.
Sie sehnen sich nach Heilung, nach Gesundheit, nach Trost,
nach Bestätigung, nach Liebe; und es liegt in der Natur des
Menschen, daß wir diese Bedürfnisse immer nur für einige
Stunden befriedigen können, vielleicht für einen Tag, und
dann müssen wir zurückkehren mit neuem Trost, neuem
Zuspruch, neuer Liebe. Wir müssen uns wahrhaftig wiederholen und uns in Kreisen des Liebens drehen, bis wir davon
schwindelig und erschöpft sind.

Vielleicht fangen wir in diesem endlosen Tanz im Kreis
des Liebens an, Demut zu lernen, denn je mehr wir lieben,
desto deutlicher erkennen wir, wie wenig wir den Bedürfnissen der Menschen gewachsen sind. Paradoxerweise ist es gerade unser Erfolg, der uns das Ausmaß unseres Scheiterns
offenbart. Das menschliche Herz ist immer hungrig, und wir

haben erbärmlich wenig zu geben, um seinen Hunger zu stillen. Doch der große Witz ist, wenn wir töricht genug sind zu versuchen, die Fünftausend zu speisen, dann erkennen wir die Wahrheit des Satzes: „Liebe ist wie ein Korb mit Broten und Fischen: Man hat nie genug, bis man anfängt, sie auszuteilen."

Aber es dauert ein ganzes Leben, solche Weisheit zu lernen, und meistens halten wir unsere Liebe zurück, weil wir fürchten, daß wir nicht genug haben, um ein bestimmtes Bedürfnis zu befriedigen. Wie jener unselige Levit wenden wir unsere Augen ab und eilen auf der anderen Straßenseite vorbei. Mir passierte das vor nicht allzu langer Zeit.

Ich war nach London gefahren, in der Hoffnung, von der „Cancer Research Campaign" einen Zuschuß erhandeln zu können, um einen Fachmann für klinische Psychologie zu finanzieren, der uns Beratungs- und Kommunikationstechniken beibringen könnte. Meine Vorstellung war, daß wir die Pflege Sterbender in unseren örtlichen Krankenhäusern verbessern könnten, wenn Krankenschwestern und Assistenzärzte darin geschult würden, wie man schlechte Nachrichten weitergibt und ganz allgemein besser mit Patienten in Not und mit ihren Familien umgeht. Wie immer war ich ein bißchen spät dran und eilte auf dem Weg zum CRC-Büro den Piccadilly entlang. Während ich mich durch die Menge schlängelte, bemerkte ich einen Mann, der auf dem Bürgersteig lag. Ich blieb in ungefähr zwanzig Metern Entfernung stehen und schaute hin. Er schien am Leben zu sein, und man sah keine Anzeichen, daß er blutete. Über ihm stand ein sehr junger und ratloser Sicherheitsbeamter von einem der großen Kaufhäuser, der sich an seinem Walkie-Talkie festhielt und offensichtlich auf Hilfe wartete. Die Leute gingen offenbar gleichgültig vorbei. Ich blieb stehen. Sollte ich hingehen und mich als Ärztin zu erkennen geben? Sollte ich hingehen, bei dem Mann niederknien und ihn fragen, was ihm fehlte – ihn zu trösten versuchen? Ich hatte das Gefühl, daß ich beides tun sollte – aber ich tat es nicht. Es war mir äußerst zuwider, mich als Ärztin ausgerechnet in diesem Augenblick in diese Situation zu verwickeln. Ich würde zu spät zu meinem Termin kommen; vielleicht wäre es sogar notwendig, den Mann im Krankenwagen ins Krankenhaus zu begleiten. Vielleicht würde er plötzlich zu atmen aufhören, und ich würde mich mit Herzmassagen und Mund-zu-Mund-Beatmung abmühen müssen. Schließlich überzeugte ich mich selbst, daß der Sicherheitsbeamte alles unter Kontrolle hätte, und ging meines Weges.

Nach ungefähr fünf Minuten kam ich zum Leicester Square und bemerkte, daß ich in die falsche Richtung gegangen war. Verärgert ging ich den ganzen Weg zurück und stellte fest, daß der Mann *immer noch* da war. Wieder blieb ich stehen. Seine Gesichtsfarbe schien gut zu sein. Jemand hatte eine Decke über ihn gelegt. Der Sicherheitsbeamte stand immer noch über der traurigen, liegenden Gestalt unter der Decke. Während ich noch mit meinem Gewissen kämpfte, kam ein Krankenwagen mit quietschenden Reifen um die Ecke, und ich fühlte mich frei, mich davonzumachen. Als ich weiterging, fühlte ich mich richtig schmutzig – und in mancher Hinsicht tue ich das immer noch. Ich habe nicht vor, irgendwelche Entschuldigungen vorzubringen oder auch nur nach Erklärungen zu suchen: Ich glaube, die Geschichte kann für sich allein als eine Art Gegen-Gleichnis stehen – ein Beispiel für die Schwäche der Menschen; dafür, wie ein professioneller Samariter plötzlich feststellen kann, daß er sich zumindest im Augenblick wie ein Levit verhält.

Während ich darüber nachgrübelte, fand ich ein wenig Trost, als ich mich an einen Abschnitt aus *Listen Pilgrim* von dem amerikanischen Dichter Christopher William Jones erinnerte. Jones, der heute Episkopalisten-Mönch ist, setzt eine lebhafte lyrische Prosa ein, um die niederschmetternde Botschaft von Matthäus 25,45 zu verdeutlichen: „Was ihr nicht getan habt einem von diesen Geringsten, das habt ihr mir auch nicht getan." Hier begegnen wir ihm als Visionär, niedergeschmettert vom Bewußtsein der Gegenwart Christi in den Gossen von New York:

Ich kam eines Tages aus der Memorial Church
in Greenwich Village auf dem Washington Square in
New York,
da sah ich einen Penner
mitten auf der Straße stehen.
Vier oder fünf Männer, zwei oder drei Frauen,
alle sehr gut gekleidet, einige mit
wichtig aussehenden Aktenkoffern,
gingen an ihm vorbei und taten,
als sähen sie ihn nicht,
stießen ihn an
und schoben seine ausgestreckte Hand beiseite,
und ich folgte ihnen.
Und ich glaube immer noch,
für mich
war das Sünde,
denn da war dieser Herr und Gott
von mir und von dir,
schmutzig,
stinkend
wie die Toilette, in der er geschlafen hatte
in jener Nacht,
dreckig, verzweifelt, betrunken,
und verlangte – bat nicht demütig,
sondern verlangte – Geld.
Wer war er, etwas zu verlangen?

Christopher William Jones: *Listen Pilgrim*

Je mehr ich über das Pflegen zu schreiben versuche, desto
mehr finde ich mich in einem Zustand inneren Durcheinan-
ders und innerer Konflikte. Ich weiß, wie ich handeln *sollte* –
aber ich tue es nicht immer! Wie Paulus möchte ich aufheulen: „Denn ich weiß nicht, was ich tue. Denn ich tu nicht,
was ich will; sondern was ich hasse, das tue ich" (Römer
7,15).
„Was bin ich?" frage ich mich, „Samariter oder Levit?" Auf
den ersten Blick ist es immer so leicht, die Helden und die

Schurken voneinander zu unterscheiden. In meiner Welt sind die Helden die freundlichen, liebevollen, barmherzigen Ärzte und Schwestern, die, wenn man sie bittet, außerhalb der Arbeitszeit zu jemandem zu kommen, antworten: „Natürlich, kein Problem, ich bin da, sobald ich kann", und die Schurken sind die, die nicht kommen oder, wenn sie kommen, schlecht gelaunt oder hochfahrend oder unfreundlich sind. Doch ich ertappe mich allzu oft dabei, wie ich beide Rollen spiele: den Helden an den hellen, sonnigen Tagen, wenn ich gut geschlafen habe und nicht allzu gehetzt bin; aber den Schurken an den anderen, zu häufigen dunklen Tagen, wenn ich müde und überlastet bin und dringend etwas Zeit zum Ausspannen brauchte. Da scheint eine entsetzliche Kluft zu bestehen zwischen dem, was ich predige, und dem, was ich praktiziere, ein massives Zurückbleiben hinter Jesu Maßstab der Vollkommenheit: „Du sollst den Herrn, deinen Gott, lieben von ganzem Herzen, von ganzer Seele, von allen Kräften und von ganzem Gemüt, und deinen Nächsten wie dich selbst" (Lukas 10,27). Dies, „das größte Gebot", ist natürlich eine Zusammenfassung des Gesetzes und der Propheten. Die erste Anweisung, die sich auf die Anbetung bezieht, stammt aus dem fünften Buch Mose: „Höre, Israel, der Herr ist unser Gott, der Herr allein. Und du sollst den Herrn deinen Gott, liebhaben von ganzem Herzen, von ganzer Seele und mit all deiner Kraft. Und diese Worte, die ich dir heute gebiete, sollst du zu Herzen nehmen" (Deuteronomium 6,4-6).

Dieser Vers, dem die Worte des *Schema Israel* entnommen sind, eines Gebetes, das im jüdischen Gottesdienst auch heute noch eine zentrale Rolle spielt, gibt uns den Schlüssel, wie die zweite Hälfte des Gebotes möglich werden kann: „Du sollst deinen Nächsten lieben wie dich selbst." Dieser zweite Teil des Zitats stammt aus einem Abschnitt im dritten Buch Mose (Leviticus), wo Jahwe detaillierte moralische Maßstäbe für die Kinder Israel erläßt und ihnen sagt: Wenn ihr auf eurem Land die Ernte einbringt, dann erntet die Felder nicht ganz ab. Laßt an den Rändern ein wenig stehen, damit, wenn du mit deinem Korn nach

Hause gegangen bist und in der Dämmerung die Armen herbeigeschlichen kommen, noch etwas für sie übrig ist. Und wenn du deinen Wein erntest, laß ein paar Trauben am Stock hängen. Gib dir nicht soviel Mühe, das Heruntergefallene aufzusammeln. Du brauchst es eigentlich nicht, warum also läßt du es nicht liegen für die, die es brauchen; für diejenigen, die kein Geld haben, um sich im Laden etwas zu essen zu kaufen, und für den müden Wanderer, der vom Staub des Weges ausgetrocknet ist. Sei nicht gemein oder gierig, und nimm es nicht zu genau mit deinen eigenen Rechten. Vor allem, sei kein Hund im Zwinger, der zerstört, was er nicht braucht. Laß es übrig für die Armen und die Fremden. Ich bin der Herr, dein Gott.

Es sind nicht nur die Bauern, denen gesagt wird, wie sie sich verhalten sollen; das Gesetz des Herrn erstreckt sich bis ins Herz der Stadt. Arbeitgeber müssen fair und gerecht sein und für ihre Arbeiter sorgen, nicht bis zum letzten möglichen Augenblick den Lohn einbehalten; und Geschäftsleute müssen in ihren Angelegenheiten ehrlich sein. Vorteilsnahme darf nicht sein, und die Richter müssen in ihren Entscheidungen unparteiisch sein. Kein Bereich des Lebens wird übersehen, und der Aufruf zur Gerechtigkeit ist umfassend. Doch das Gesetz endet nicht bei der Gerechtigkeit, bei Auge um Auge, Zahn um Zahn. Wir dürfen nicht hassen, selbst wenn wir guten Grund dazu hätten, sonst laden wir die Sünde des anderen auf uns selbst. Wenn uns Unrecht geschehen ist, dürfen wir nicht Rache nehmen, sondern wir müssen vergeben. Um es auf einen Nenner zu bringen, Gott sagt: „Du sollst deinen Nächsten lieben wie dich selbst. Ich bin der Herr."

Natürlich ist es das letzte Wort, das so schwer zu schlucken und in die Tat umzusetzen ist: den Nächsten als *Selbst* zu lieben. Der Schriftgelehrte in Lukas 10 versuchte, Jesus aufs Glatteis zu führen, indem er ihn fragte: „Wer ist denn mein Nächster?" Doch Jesu Gleichnis vom barmherzigen Samariter zeigte ihm deutlich, daß die Liebe keine Grenzen kennt, daß die liebebedürftige Person in jenem Augenblick ein Außenseiter war und daß es sogar ein Außenseiter war, der ihm Barmherzigkeit widerfahren ließ. Derjenige war dem verwundeten Mann der Nächste, der an Ort und Stelle war und, ohne an seinen eigenen Nutzen und seine Sicherheit zu denken, die Notlage erkannte und sie mit den Mitteln, die ihm zur Verfügung standen, zu beheben suchte. Er sagte nicht, wie er es rechtmäßig hätte tun können: „Ich bin zu beschäftigt; vielleicht simuliert er nur und springt mich an; es nützt ohnehin nichts, wenn ich mich aufhalte, weil ich gar nicht weiß, was zu tun ist; der Krankenwagen muß jeden Augenblick hier sein." Nein. Er blieb stehen und tat, was er konnte. Und uns ist aufgegangen, hinzugehen und genauso zu handeln.

Die Lektion für mich und für uns alle, stehenzubleiben und uns um die Verwundeten an unserem Weg zu kümmern, ist klar und deutlich – doch wie mein eigenes trauriges kleines Erlebnis zeigt, ist es nur zu leicht, eine Levit zu sein. Wie sollen wir Christen des zwanzigsten Jahrhunderts diese Geschichte auffassen? Bin ich auf absurde Weise fundamentalistisch, daß ich mich so damit aufhalte? Oder ist dieses Gebiet tatsächlich entscheidend für unsere Jüngerschaft: Sollten wir professionellen Pfleger uns bemühen, unsere Patienten zu lieben wie uns selbst? In den letzten Jahren mußte ich von Zeit zu Zeit in die Rolle des Patienten statt des Arztes schlüpfen, und das war eine heilsame Erfahrung. Sie hat mir scharf ins Bewußtsein gebracht, wie das Gesundheitssystem, von dem ich ein Teil bin, unbewußt diejenigen verletzen kann, die es heilen will.

Wie in allen Bereichen der Pflege, auf die ich eingegangen bin, besteht auch hier die Notwendigkeit, beide Blickwinkel zu verstehen und die Kritik mit Barmherzigkeit zu mildern. Vor einigen Jahren begab ich mich in eine gynäkologische Klinik. Wie üblich wurde ich gebeten, mich auszuziehen und einen Klinikskittel anzulegen. Solchermaßen züchtig gekleidet, aber fast all meiner Würde beraubt, wurde ich ins Behandlungszimmer geführt. Der Arzt bot mir freundlich einen Stuhl an und fragte mich nach meinem Problem. An meinem Stuhl festgefroren, sah ich zuerst ihn und dann die

Krankenschwester an, die neben ihm stand. Sie wandte mir den Rücken zu und begann, sich mit irgendwelchen Papieren zu beschäftigen, als wollte sie sagen: „Lassen Sie sich durch mich nicht stören." Aber ich *ließ* mich durch sie stören – ganz erheblich. Der Gedanke, mit dem Arzt über meine Symptome zu sprechen, war schon schlimm genug, aber daß noch eine dritte Person zuhörte, das war zuviel. Ich fühlte mich schrecklich gedemütigt und murmelte, ich könne in Gegenwart der Krankenschwester nicht sprechen. Der Arzt tat so, als hätte er es nicht gehört oder verstanden, und ich stotterte weiter, so gut ich konnte. Nun waren meine Probleme nicht einmal besonders peinlicher Art, und ich bin auch nicht übermäßig schüchtern: Ich fand es nur furchtbar, keine Intimsphäre zu haben, und noch schlimmer, daß mir das Gefühl vermittelt wurde, ich benähme mich albern, weil ich ein Aufhebens machte.

Dieses Erlebnis brachte mich zum ersten Mal ins Nachdenken darüber, wie wir Mediziner Menschen in den ambulanten Abteilungen behandeln. Fast alle Patienten, die ein Krankenhaus aufsuchen, verspüren eine gewisse Angst. Sie machen sich Sorgen um ihr Unwohlsein, haben Angst vor dem, was sich herausstellen wird und fürchten, den Arzt zu verärgern, der doch so klug und vielbeschäftigt ist. Sie fürchten auch, als Narren dazustehen, weil sie sich nicht klar ausdrücken können. Doch statt den Leuten zu helfen, sich zu entspannen, nehmen wir ihnen in den meisten Kliniken ihre sorgfältig ausgewählten Kleider und vermindern so ihr Gefühl, ein „richtiger Mensch" zu sein. Wenn wir sie dann auf diese Weise noch verwundbarer gemacht haben, verlangen wir von ihnen, daß sie in Gegenwart von Fremden über ihre intimen Probleme sprechen und ihren Körper entblößen. Und wenn sie dann Angst zeigen, schreiben wir sie als Neurotiker ab!

Vielleicht sollten alle Krankenschwestern und Ärzte einmal in zwei Jahren die Rolle eines Patienten spielen. Sie sollten lernen, wie man sich fühlt, wenn man mit einer Papierkappe auf dem Kopf auf einer Liege über den Korridor gefahren wird oder die verschiedenen „Routine"-Untersuchungen über sich ergehen lassen muß; sie sollten wissen, daß Blutabnahmen manchmal sehr schmerzhaft sind und daß es äußerst unangenehm sein kann, Instrumente aus Metall in diverse Körperöffnungen eingeführt zu bekommen. Vor allen Dingen sollten sie sich daran erinnern, wie furchtbar das Gefühl ist, als Depp dazustehen oder mißverstanden zu werden, und daß die Angst, zum Neurotiker gestempelt zu werden oft schlimmer ist als ein echter pathologischer Befund.

Wenn ich hier sehr offen die Art und Weise kritisiere, wie Ärzte und Schwestern ihre Patienten behandeln, dann bedenken Sie bitte, daß ich als Betroffene spreche und daß ich oft ebenso schuldig an den Nöten der Patienten bin wie meine Kollegen; wie alle anderen auch stecke ich in einem komplizierten Verhaltensmuster, das durch jahrelange Tradition und eine echte Knappheit an menschlichen und materiellen Ressourcen bedingt ist. Einer meiner Kollegen behandelt in einer einzigen Schicht fünfzig Frauen mit Brustkrebs. Selbst wenn zwei oder drei Ärzte ihm helfen, wäre es unmöglich, daß ihm jede Patientin voll bekleidet vorgeführt wird. Ebenso unmöglich ist es, daß er sie fragt, wie sie ihre Krankheit empfindet, wie ihr Mann auf ihre Verstümmelung reagiert, wie ihre Stimmung ist. Es ist kein Wunder, daß neuere Untersuchungen zeigen, daß bei Frauen mit Brustkrebs viele Fälle von schweren Angstzuständen, Depressionen und psychischen Störungen übersehen werden. Die Ärzte sind so sehr mit der körperlichen Seite der Krankheit ihrer Patienten beschäftigt, daß sie auf psychische Probleme kaum achten können. Ein Gynäkologe sagte mir neulich über sexuelle Störungen: „Das ist eine Büchse der Pandora, die ich lieber nicht öffnen möchte."

Nicht umsonst werden kranke Menschen „Patienten" genannt. Für uns als Pfleger ist es nur gut, daß sie endlose Schmerzen und Entwürdigungen auf sich nehmen und uns immer noch dankbar dafür sind, daß wir unser Bestes tun. Immer wieder wird mir klar, daß wir Berufsmediziner eine schwache und verwundete Rasse sind; wie G. K. Chesterton in seiner *Hymn for the Church Militant* (Hymne für die militante Kirche) können wir singen:

Großer Gott, der du Himmel und Sterne beugst,
Beuge unsere turmhohen Gedanken zu dir herab,
Und gib uns in einem nachlassenden Kampf
Den festen Stand der Demut.

Herr, wir, die wir die Flammenschwerter ergreifen,
Herr, wir, die wir in dein Ohr schreien,
Auch wir sind schwach vor Stolz und Schande,
Auch wir sind, wie unsere Feinde sind.

Ja, wir sind verrückt, wie sie verrückt sind,
Ja, wir sind blind, wie sie blind sind,
Ja, wir sind sehr krank und traurig,
Die wir allen Menschen gute Nachricht bringen.

6
Gründonnerstag

„Damit ihr tut, wie ich euch getan habe"

Als er nun ihre Füße gewaschen hatte, nahm er seine Kleider und setzte sich wieder nieder und sprach zu ihnen: Wißt ihr, was ich euch getan habe? Ihr nennt mich Meister und Herr und sagt es mit Recht, denn ich bin's auch. Wenn nun ich, euer Herr und Meister, euch die Füße gewaschen habe, so sollt auch ihr euch untereinander die Füße waschen. Ein Beispiel habe ich euch gegeben, damit ihr tut, wie ich euch getan habe.

Johannes 13, 12–15

Ich verbrachte Ostern in L'Arche, einer Gemeinschaft von Behinderten und ihren Helfern in dem französischen Dorf Trosly Breuil am Rande des Waldes bei Compiegne. Die Gemeinschaft, die 1964 mit zwei behinderten Männern und einem freundlichen französischsprachigen Kanadier namens Jean Vanier ihren Anfang nahm, ist heute Heimat für zweihundert Männer und Frauen, Behinderte und Helfer, die in Gruppen zu zehn bis zwanzig in *foyers*, gewöhnlichen Häusern, zusammenleben. Als Außenstehende mit geringen Französisch-Kenntnissen habe ich oft Schwierigkeiten, zwischen Pflegern und Behinderten zu unterscheiden, denn die Übergänge sind oft unscharf. Das Wichtigste, was ich in der L'Arche-Gemeinschaft gelernt habe, ist vielleicht, daß solche Etiketten wenig Bedeutung haben, denn auf die eine oder andere Weise sind wir alle verwundet oder behindert. Nachdem ich mich lange davor gefürchtet habe, in die L'Arche-Gemeinschaft zu kommen, weil ich meinte, ich würde die

Begegnung mit geistig Behinderten nicht verkraften, fühle ich mich absurderweise dort ganz zu Hause und erkenne zum ersten Mal, daß auch ich behindert bin, verletzt und verstümmelt von Geburt an, und daß das eine annehmbare Art ist, eine Person zu sein.

Am Gründonnerstag feierten wir die Liturgie der Einsetzung der Eucharistie und der Fußwaschung. Diese Gottesdienste der Karwoche sind mir sehr lieb, und ich habe die Ostertage viele Jahre lang in Ampleforth verbracht, einem Benediktinerkloster im Norden Englands, wo die Mönche ihre Türen öffnen, um ihre Gebete mit einer großen Zahl von Laien wie mir zu teilen. Am Abend des Gründonnerstag zelebrieren der Abt und einige andere Priester die Messe, und als Bestandteil der Liturgie waschen sie die Füße von zwölf Männern aus der Gemeinde. Diese Waschung geht ziemlich stilisiert vor sich. Der Abt gießt, mit einem Handtuch umgürtet, Wasser aus einem silbernen Krug auf einen sauberen rosa Fuß, der über eine große silberne Schüssel gehalten wird. Es ist ein symbolischer Akt, ein ritualisierter Nachvollzug einer alten Geschichte: daß Jesus in der Nacht, bevor er verraten wurde, vom Tisch aufstand, ein Tuch um seine Hüften band und seinen Jüngern die Füße wusch. Als er fertig war, kehrte er an den Tisch zurück und fragte seine Jünger: „Wißt ihr, was ich euch getan habe?"

Man kann sich vorstellen, wie sie erst ihn und dann einander verständnislos anblickten. Was in aller Welt tat er da, ihr Rabbi und Meister, daß er sich dazu herabließ, ihre schmutzigen Füße zu berühren, die vom Staub der Straßen Palästinas verkrustet waren? Wie sprach er zu ihnen, frage ich mich? Sanft oder mit einem Unterton der Dringlichkeit und leichten Erregung? Dies war sein letztes Zusammensein mit ihnen, seine letzte Chance, ihnen die Grundsätze einer Lebensweise nahezubringen, die sich so sehr von der Norm unterschied, daß sie sie immer noch nicht ganz begreifen konnten. „Seht", sagte er, „ihr nennt mich Meister und Herr und sagt es mit Recht, denn ich bin's auch. Wenn nun ich, euer Herr und Meister, euch die Füße gewaschen habe, so sollt auch ihr euch untereinander die Füße waschen. Seht ihr? Ein Beispiel habe ich euch gegeben, damit ihr tut, wie ich euch getan habe."

An einem Abend in der L'Arche-Gemeinschaft, in dem *foyer*, das sie „Le Val Fleury" nennen, wurde ich Zeuge eines Nachvollzugs dieser Szene, der mich völlig in seinen Bann schlug und mir neue Einsichten in diesen letzten, dringendsten Befehl Jesu verschaffte – daß wir einander lieben sollen, wie er uns geliebt hat.

Zuerst versammelten wir uns alle zur Messe, ein herrliches buntes Durcheinander von mehreren Hundert Leuten, Männern, Frauen und Kindern, Behinderten und äußerlich Gesunden, in einem großen Saal. Es gab Lesungen, Choräle und ein Flötenstück, alles verwoben mit der Feier der Eucharistie, der Erinnerung an Jesu letztes Abendmahl mit seinen Freunden. Wie immer in der L'Arche-Gemeinschaft dauerte der Gottesdienst lange, aber alles schien glücklich zu sein, selbst die Kleinkinder, die ganz nach Lust und Mut frei durch die Kirche streunten. Dann kam das Abendessen in unserem *foyer*, bei dem vierzig bis fünfzig Leute sich um einen langen Tisch versammelten. Da war Luisa aus Italien, zwei Marias aus Österreich und ein Professor für Geophysik aus Paris, der in Vietnam geboren war. Da war Jean, der mit alledem angefangen hatte, freundlich, in abgewetzten Kleidern und voller Lachen, und seine Assistentin Barbara, eine winzige Frau mit glänzenden Augen und rasiermesserscharfem Verstand und Witz, die von Sprache zu Sprache sprang, während sie sich mit den Leuten um sie her unterhielt. Mein Sitznachbar Ted kam aus Toronto, ein Jesuitenschüler, der in Paris Theologie studierte und wie ich vom Zauber dieser ungleichen Familie angezogen wurde.

Nach dem Essen sprach Jean ein wenig über die Bedeutung hinter unserer Feier: von Abraham, dem ersten Juden, der seine Familie in ein unbekanntes Land brachte, dem Prototyp aller Menschen, die einem Ruf ins Unbekannte folgen; und von Mose, der das Volk Israel aus der ägyptischen Sklaverei in das verheißene Land führte. Gott liebte das Volk Israel so sehr, daß er es befreite, und sie sollten ihrerseits ihrer Befreiung durch die Feuer des Paschamahles gedenken, indem sie sich der Geschichte erinnerten und sie ihren Kindern erzählten. Und nun erinnerten wir uns an ein anderes Paschamahl – das letzte, das Jesus mit seinen Jüngern teilte, bevor er für sie sein Leben gab. Größere Liebe hat niemand, sei es Mann oder Frau, als der, der sein Leben gibt um seiner Liebe zu einem anderen willen. Das ist der Zauber und das Geheimnis unseres Menschseins, daß ein Mensch sich für einen anderen opfert, sei es durch die Gabe eines im Dienst verbrachten Lebens oder durch eine einzige unglaubliche Tat der Liebe, wie die des polnischen Priesters Maximilian Kolbe, der an der Stelle eines verurteilten Mannes in die Todeskammern von Auschwitz ging. Jeder für sich und alle gemeinsam erinnerten wir uns an die Gaben des vergangenen Jahres. Mir fiel es schwer, die gemurmelten Worte der französischen Muttersprachler zu verstehen, aber hin und wieder hörte ich die steiferen Sätze von Ausländern wie mir, in deren Leben durch die Gabe der Liebe in der L'Arche-Gemeinschaft eine neue Dimension gekommen war. Die stockenden Worte der Pfleger, die auszudrücken versuchten, was ihnen Gott in diesem Jahr bedeutet hatte, wurden ausgeglichen durch die Schlichtheit der Behinderten, denen ein Geschenk oder ein Ausflug zum Zeichen geworden war, daß sie geliebt wurden.

Als sie alle gesprochen hatten, gingen wir in einen anderen Raum und setzten uns in einem großen Kreis zur Fußwaschung hin. Ein Pfleger und ein Behinderter saßen in der Mitte der Gruppe und warteten mit Handtuch und Becken auf den Beginn der Zeremonie. Dann sprach Xavier, der Professor aus Paris. Ist uns schon aufgefallen, fragte er, daß Johannes in seinem Bericht über das letzte Abendmahl die Passage über die Eucharistie ausließ? Die anderen Evangelien berichten, wie Jesus das Brot genommen, gebrochen und an seine Jünger ausgeteilt und dabei gesagt hat, dies sei sein Leib, für sie dahingegeben. Aber nicht Johannes. Statt dessen erzählt er, wie Jesus ein Wasserbecken und ein Handtuch genommen und seinen Jüngern die Füße gewaschen hat. Johannes ersetzt eine Geschichte durch eine andere. Warum? Weil sie die gleiche Botschaft wiedergeben: daß es im Leben um Opfer geht, um Dienst, und daß die Liebe Gottes in Nächstenliebe ausgezahlt werden muß. Größere Liebe hat niemand als der, der sein Leben ausgießt für einen anderen. Und das Leben ist nicht nur Blut, das ein für allemal gegeben wird, sondern es ist Zeit und Kraft, Tränen und Gelächter, die ein Leben lang stündlich und täglich vergossen werden.

Ungeduldig wartete Michel darauf, Patrick, dem Mann, der vor ihm saß, die Füße zu waschen. Ich bin nicht sicher, wieviel er von dem verstand, was der Professor sagte. Seine Augen waren fest auf das Wasser gerichtet, und er hielt das Handtuch bereit. Endlich durfte er anfangen. Hier waren Krug und Becken nicht aus Silber, und es war auch gewiß keine symbolische oder rituelle Reinigung! Diemal war alles echt: eine Spülschüssel voll warmen Seifenwassers, in das Patrick seinen Fuß ganz eintauchte. Liebevoll seifte Michel ihn von oben bis unten ein, rund um die Ferse und dann sanft zwischen allen Zehen. Schließlich war er zufrieden und hob den Fuß heraus auf seinen Schoß, um ihn abzutrocknen. Sanft tupfte er die saubere Haut ab, schob die Zehen auseinander und trocknete jeden einzeln. Dann wurde der andere Fuß mit der gleichen Sorgfalt eingeseift, abgespült und getrocknet. Ich saß fasziniert da. Hier kümmerte sich der Pflegling um seinen Pfleger. Hier saß Michel, der Einfaltspinsel, und zeigte uns, wie man liebt. Es war nicht nur die Sanftheit, die mich beeindruckte, sondern auch die konzentrierte Versunkenheit und die Art, wie er aufs Detail achtete. Auf seine eigene Weise zeigte er uns, daß Menschen kostbar sind, daß der menschliche Körper von wunderbarer Schönheit ist und geehrt und mit Sorgfalt behandelt werden muß. Es erinnerte mich daran, wie ich manchmal Schwestern im Hospiz beobachtet hatte, wie sie einen bewußtlosen Patienten mit so unendlicher Behutsamkeit wuschen, daß es mir fast das Herz brach. Diese Art, den Körper zu behandeln, ist für manche etwas Instinktives, ein Ausdruck der Liebe, die den Pfleger beherrscht, seine natürliche Empfindlichkeit oder seine Ekelgefühle vertreibt und sie durch ein angeborenes Gefühl für die Heiligkeit, für den unendlichen Wert der Menschen ersetzt.

Ich sehe in dieser ihrer selbst kaum bewußten Liebe eine besondere Offenbarung Gottes. Das wurde mir deutlich, als ich zum ersten Mal die L'Arche-Gemeinschaft besuchte und während der Messe oben auf der Empore saß und die Helfer mit ihren Schützlingen beobachtete. Die natürliche Sanftheit, mit der sie diese Schwerbehinderten behandelten, berührte mich tief. Es war etwas sehr Bewegendes an dieser Übereinkunft zwischen der Jugend und Schönheit der Pfleger und den deformierten Körpern und beschädigten Intellekten ihrer Schutzbefohlenen. Zusammen saßen sie auf einem Teppich am Fuße des Altars, verschränkten die Arme miteinander und streichelten die Haare und flüsterten sanft ins Ohr desjenigen, den sie hielten. Ich mußte an die Mehrheit der Schwerbehinderten denken, die in den Abteilungen der Langzeitkliniken versteckt werden, und daran, wie diejenigen unter uns, die stark und gesund sind, die Begegnung mit ihnen scheuen. Allein ihre Existenz wirft Fragen über Gott und das Leben und menschliche Werte auf, die zu beantworten uns schwerfällt. Und hier waren diese jungen Helfer, so schön und voller Aussichten, und verwendeten ihre Liebe und ihre Lebenskraft auf diese zerbrochenen Geschöpfe mit ihren verbogenen Hälsen, ihren rollenden Augen und ihren monströs aus den Mündern herausragenden Zungen. Als ich das sah, wurde ich von neuem an diese Stelle in Sidney Carters Gedicht erinnert, die so eindrucksvoll von meiner eigenen Arbeit spricht:

Auf diesen herben Verlust für die Gesellschaft
gießt du dein kostbares Öl,
Du wäschst die Füße,
die morgen nicht mehr laufen werden.
Du machst die Probe aufs Exempel und lachst
über die dicke Ziffernblatt-Behäbigkeit
unserer Wirtschaft.

Ich erhielt einen tiefen Eindruck der Ganzheit von der Liturgie in der L'Arche-Gemeinschaft – einer Liturgie, in der jeder seinen Platz hat. Die Anwesenheit der Behinderten am Fuß des Altars ist irgendwie so richtig und angemessen. Sie sind im Herzen der Liturgie; sie bekommen die Ehrenplätze an der Tafel. Es ist schwer, darüber zu schreiben, ohne sentimental zu klingen – vielleicht bin ich es –, aber ich fühle mich hier soviel mehr zu Hause, in diesem bunten Gemenge von Leuten und kleinen Kindern, die umherlaufen, als in meiner eigenen Kirchengemeinde. In der Versammlung herrscht eine tiefe Ehrfurcht, die nichts damit zu tun hat, daß man rechtzeitig ankommt oder in tadelloser Haltung im Gestühl kniet. Mütter mit kleinen Babys kommen und gehen, schwerfällig behinderte Männer stemmen sich ohne Scheu von ihren Plätzen, gehen für eine Weile hinaus und kommen dann wieder, wobei sie ihre Nachbarn physisch aufstören, aber irgendwie dennoch nicht die Stille durchbrechen. Viele der weniger schwer Behinderten dienen als Meßdiener, und auch sie fügen sich nahtlos in die Liturgie ein. Es herrscht eine Atmosphäre, in der alle sich angenommen fühlen können, so daß sich jeder wohlfühlt und sich deshalb nicht an Verhaltensweisen stört, die in einer anderen Umgebung unerträglich aufdringlich wirken würden. Dies ist für mich wahrhaftig ein Ort, wie Eliot sagen würde, wo der Gottesdienst gültig ist.

Du bist nicht hier, um zu prüfen,
Dich zu unterrichten oder Neugier zu befriedigen.
Oder Bericht zu erstatten. Du bist hier, um zu knien,
Wo Gebete gültig gewesen ist. Und Gebet ist mehr
Als eine Anordnung von Worten, als bewußte
Beschäftigung
Des betenden Geistes oder als der Klang der
betenden Stimme.

T. S. Eliot: *Little Gidding*

Unsere Fußwaschungsliturgie dauerte über eine Stunde, doch ich bin selten unter Fremden so ins Gebet vertieft und zu Hause gewesen. Jeder Anwesende wusch die Füße seines Nachbarn; wenn das Wasser ein wenig grau und das Handtuch durchnäßt war, wurden eine frische Schüssel und ein trockenes Handtuch gebracht. Es war eine Freude, die Behinderten zu beobachten, denn sie brachten Schlichtheit und Ernsthaftigkeit in diese Handlung, die andernfalls vielleicht banal gewirkt hätte. Ab und zu war Lachen zu hören, das ebenso natürlich in die Stille einfloß wie das Gurgeln der Babys in der Kirche. Es war eine gute Zeit zum Beobachten, zum Beten und zum Nachdenken.

An einem Punkt des Ablaufs überkam mich ein merkwürdiges Bewußtsein der Schönheit dieser Leute. Nicht, daß sie besonders hübsch gewesen oder daß sie geglüht oder geleuchtet hätten, ich *sah* sie einfach als schön – nicht anders. Sie *sahen* für mich einfach schön aus mit ihren Gesichtern voller Konzentration, Freundlichkeit und Lachen. Mir war, als sähe ich sie durch Gottes Augen und wüßte für einen Augenblick, wie es kam, daß er sie liebt – jeden einzelnen in seiner Andersartigkeit und Kostbarkeit.

Ich bin mir bewußt, daß ich ziemlich emotional über eine Gruppe von gewöhnlichen Menschen schreibe, die genau wie wir anderen leben, lieben und hassen. Doch ich glaube, daß einem manchmal ein Blick auf eine tiefere Wahrheit über das Leben und die Menschen gewährt wird – eine ewige Wahrheit, die jenseits des Unmittelbaren liegt. Es liegt nicht daran, daß die Behinderten und ihre Helfer etwas Besonderes oder Heilige wären, sondern daß ihre Lebensweise mir die Einzigartigkeit und Heiligkeit, die den Menschen angeboren ist, deutlicher sichtbar macht. Ich weiß gut, daß das Hospiz, in dem ich arbeite, vielen Menschen das gleiche Erlebnis einer Offenbarung vermittelt. Doch meistens gehe ich so darin auf, daß ich blind werde dafür, wie eindrucksvoll das ist, was wir tun: eine Fußwaschung von anderer Art.

Ich erinnere mich gut an den Abend, als mir das Gedicht von Sidney Carter gegeben wurde, aus dem ich schon zitiert habe:

Keine Revolution wird rechtzeitig kommen,
um dieses Mannes Leben zu verändern,
außer der einen Überraschung,
geliebt zu werden.

Ich war gebeten worden, vor einer Gruppe Freiwilliger vom Hauspflegedienst in einer benachbarten Stadt zu sprechen. Ich fühlte mich so erschöpft von den Belastungen der Arbeit und einem Kalender voller Vortragstermine, daß mir die einstündige Fahrt zuviel war und ich meine Sekretärin bat, mich hinzufahren. Wir waren von der Dame, die sich um die Freiwilligen kümmerte, zum Essen eingeladen, und am Tisch fragte mich ihr Mann, ob ich von meinen Erlebnissen im Gefängnis „geheilt" sei. Da ich die Frage als verwirrend und aufdringlich empfand, murmelte ich eine etwas scharfe Antwort, woraufhin seine Frau mich lächelnd fragte, was mein schlimmstes Erlebnis im Gefängnis gewesen sei! Meine Sekretärin, die spürte, daß ich kurz davor war, entweder in Tränen oder in einen Wutanfall auszubrechen, schaffte es, das Gespräch in andere Bahnen zu lenken, so daß es nicht zu einem häßlichen Auftritt kam. Später an diesem Abend, als ich meinen Vortrag hinter mir hatte, gab mir meine Gastgeberin eine Kopie des Gedichtes – und dieser Text hat mir mehr theologische Einsichten über meine Arbeit vermittelt als irgend etwas anderes Geschriebens, das ich je gelesen habe.

Am nächsten Tag verlor einer meiner Patienten, Frank, ein wunderbarer Mensch aus dem ländlichen Norden Englands, plötzlich die Herrschaft über seine Beine – er wurde von der Hüfte abwärts gelähmt, weil der Krebs in seiner Niere in die Wirbelsäule eingedrungen war. Während der nächsten Tage erklärten wir ihm, daß er nie wieder laufen würde, und versuchten ihm zu helfen, mit dem erschreckenden Verlust seiner Kraft, Unabhängigkeit und Privatsphäre fertig zu werden. Als ich in der Stadt herumfuhr und die Krankenhauskorridore entlangging, kam mir ständig der Satz in den Kopf: „Du wäschst die Füße, die morgen nicht mehr laufen werden", und ich erkannte, daß *dies* mein Job, meine Berufung war. Ich, die ich wenig Geduld mit geistig Behinderten habe und mit kleinen Babys nichts anfangen kann, verfüge über eine besondere Gabe der Wärme und des Verständnisses für diejenigen, deren Zeit abläuft. Ich, die ich Partys hasse und es geradezu unmöglich finde, mich in Small Talk zu ergehen, weiß instinktiv, was ich zu einem freundlichen Bauunternehmer aus Manchester, der unter der Demütigung der Inkontinenz und der Furcht vor dem Tod zu leiden hat, sagen und was ich für ihn tun kann.

Ein jegliches hat seine Zeit; für eine jegliche Aufgabe sind uns die Werkzeuge gegeben.

7

Kostbares Nardenöl

Das Leben anderer berühren –
ursprüngliche Christlichkeit

*Da nahm Maria ein Pfund Salböl von unverfälschter, kost-
barer Narde und salbte die Füße Jesu und trocknete mit
ihrem Haar seine Füße.*

Johannes 12, 3

Am nächsten Tag war Karfreitag, und als ich im Gästehaus
der L'Arche-Gemeinschaft am Frühstückstisch saß, sah ich
um mich her das übliche Kaleidoskop von Menschen aus
aller Welt, die für einen Tag, ein Wochenende oder vielleicht
ein Jahr in dieser merkwürdigen Wegkreuzung Station machten. Bei Kaffee und Baguette trifft man Professoren und
Tramps, Nonnen und Zahnärzte, Missionare und eine un-
überschaubare bunte Schar von jungen Leuten aus Schwe-
den, Japan, England – scheinbar aus jedem Land unter dem
Himmel.

An diesem Morgen traf ich Claudette, eine französisch-
sprachige Kanadierin aus Montreal, Alexandra, eine französi-
sche Studentin, und Jonathan, einen jungen Iren, der in
einem Haus für Gestrandete in Paris arbeitete. Er war besonders lebhaft und charmant, lachte und alberte im Sonnen-
schein des Frühlingsmorgens herum; und ich dachte mir, da
ist es wieder, dieses rasiermesserscharfe Zeichen Gottes in
unserer Zeit: junge Menschen, die ohne Rücksicht auf Ver-
luste ihr Leben auf die nutzlosen Mitglieder der Gesellschaft
ausgießen. Wie um alles in der Welt, fragte ich mich, kommt

dieser junge Ire dazu, mit Stadtstreichern in Paris zu arbeiten? Wie, könnte man ebenso fragen, kommt ein zweiundzwanzigjähriges irisches Mädchen, das ich kenne, dazu, in der neuesten L'Arche-Gemeinschaft in Betanien in der Nähe von Jerusalem zu arbeiten? Kürzlich schrieb sie mir, während sie auf dem Toilettenfußboden saß und darauf wartete, daß eine behinderte arabische Frau ihren Darm entleerte. Was in Gottes Namen tut Gaby dort? Das ist es natürlich: Sie ist dort in Gottes Namen. Nur so ergibt das Ganze einen Sinn. Es ist eine bestimmte Form christlicher Verrücktheit, die sich ausgerechnet den Zerbrochenen, den Geisteskranken, den Behinderten und den Sterbenden zuwendet und vor ihren erstaunten Augen ein Bankett anrichtet, das normalerweise den Gesunden und den Produktiven vorbehalten bleibt. Natürlich könnte man nach allen möglichen psychologischen Erklärungen für diese Art des Gebens suchen. Vielleicht rebellieren diese jungen Leute gegen ein allzu behütetes Elternhaus oder suchen verzweifelt nach einer Liebe, die ihnen von Müttern verweigert wurde, die selbst irgendwo entlang des Weges einen Schaden erlitten hatten. Wie die Ärzte und Krankenschwestern, Priester und Sozialarbeiter zählen sie zu den Reihen von Chestertons „Kranken und Traurigen, die allen Menschen gute Nachricht bringen". Oh, natürlich sind wir alle krank und traurig und irgendwo im Herzen oder in der Seele verwundet. Vielleicht sublimieren wir alle irgendeinen starken sexuellen Trieb oder sehnen uns nach der Liebe der Eltern. Aber *Tatsache* ist, daß die Blinden sehen, die Lahmen gehen und den Armen die gute Nachricht gepredigt wird; und wo diese Dinge geschehen, da finden wir das Reich Gottes: Gott offenbart sich als gegenwärtig unter seinem Volk.

Ich habe lange gebraucht, um das zu verstehen. Zuerst sah ich meine eigenen Diensthandlungen und die anderer als etwas Außergewöhnliches – etwas Besonderes und Heiliges. Dann, als ich meine Motive und Antrieb erforschte, wurde mir klar, daß vieles von dem, was ich als direkten Ruf Gottes gedeutet hatte, als seine Hand in meinem Leben, sich ebenso gut auf psychologische Weise erklären ließe: als das Ergebnis von Kindheitserlebnissen und meiner Beziehung zu meinen Eltern. Ich erkannte, daß meine große religiöse Berufung in Wirklichkeit ein Produkt der Unterdrückung in meiner Kindheit und der Sehnsucht nach Liebe und Bestätigung war. Zuerst war diese Einsicht sehr schmerzlich, und eine Zeitlang bewegte sie mich dazu, all die religiösen Strukturen und Sprachkonventionen, die mich so lange aufrecht gehalten hatten, abzulehnen. Dann, nach ein paar Monaten, entdeckte ich meinen Glauben auf einer anderen, vielleicht tieferen Ebene wieder. Ich fand heraus, daß die Kenntnis der Wirkungsweise meiner Emotionen und meines Unbewußten vollkommen vereinbar war mit dem Glauben an Gott und den Theorien von Berufung und Bund, mit denen ich aufgewachsen war. Vielleicht war das analog zu dem Übergang, den man von dem kindlich-fundamentalistischen Verständnis der Schöpfungsgeschichte zu einer Synthese aus Evolutionstheorie und dem Glauben an einen allmächtigen Schöpfergott vollzieht. Zuerst scheint es, als ob einem der Boden mit einem Ruck unter den Füßen entzogen würde und alles Vertraute verschwunden wäre, doch nach einer Weile lernt man, mit Geheimnissen und Unbekanntem zu leben. Ich kann heute akzeptieren, daß ich von meinem Unterbewußtsein getrieben werde – aber ich sehe meine verwundete Psyche als Teil *meiner* Geschichte, die wiederum ein Teil der Erlösungsgeschichte all derer ist, deren Leben ich berühre.

Berühren: Vielleicht ist dies das Schlüsselwort zum Verständnis der Art, wie Gott wirkt. Im Lauf der Jahre ist mein Leben von so vielen verschiedenen Männern und Frauen berührt worden. Da war Schwester Mary Teresa, die Chemielehrerin, für die ich als Schulmädchen schwärmte und durch deren Einfluß ich mich berufen fühlte, Nonne zu werden. Ein Nebenprodukt dieses ersten Aufblühens kindlicher Liebe war die Tatsache, daß ich, um ihr zu gefallen, in zwei Jahren den Stoff von fünf Jahren Chemieunterricht lernte und so einen Studienplatz bekam, den ich vielleicht sonst nie erreicht hätte! Und so war es immer im Lauf der Jahre. Eine Folge von Helden und Verliebtheiten hat mich aus einer bequemen Familie der Mittelklasse ohne sichtbares soziales

Gewissen in die Welt der Missionare und Märtyrer, der Hospize und Heime für Behinderte geführt.

Wenn ich nicht als Kind verletzt worden wäre, dann wäre ich vielleicht heute glücklich verheiratet und hätte Söhne und Töchter auf der Universität oder auf der Kunsthochschule. Aber nein – aus verschiedenen Gründen bin ich allein geblieben, habe mein Zuhause an den Rändern der Berufswelt und der institutionellen Kirche und gieße mein kostbares Salböl über Menschen, die unter ökonomischen Gesichtspunkten vollkommen nutzlos sind.

Ich sehe in der Geschichte von der Salbung in Betanien ein wunderbares Bild für die Arbeit der Hospize und von Gemeinschaften wie der L'Arche-Gemeinschaft. In der Geschichte wird erzählt, wie Jesus zum Abendessen in das Haus eines gewissen Simon des Aussätzigen einkehrte. Es waren noch sechs Tage bis zum Paschafest, und er verbarg sich vor den Juden, die hinter ihm her waren. Als sie bei Tisch saßen, kam eine Frau mit einem Gefäß voller kostbaren Salböls herein. Das Johannesevangelium spricht vom Salböl aus kostbarer Narde, also einem wohlduftenden Öl, das gebraucht wurde, um die Körper der Toten zu salben. Alle Evangelienberichte betonen, daß man es für dreihundert Silbergroschen hätte verkaufen können – also für fast einen Jahreslohn oder den Preis für ein Auto. Und doch kam diese törichte Frau herein, zerbrach das Gefäß und goß das Öl über Jesu Füße. Was in aller Welt dachte sie sich dabei – sich selbst und Jesus zum Schauspiel zu machen und Geld in einer öffentlichen Liebesbekundung zu verschwenden? Als der Duft des Salböls sich im Haus verbreitete, murmelten die Leute: „Wie kann sie das wagen; man hätte dieses Zeug verkaufen und das Geld den Armen geben sollen." Doch Jesus befahl ihnen, sie in Frieden zu lassen, und sagte, von ihrer unerhörten Liebesgeste würde immer dann erzählt werden, wenn seine Geschichte zukünftigen Generationen verkündet werde.

Ich finde es faszinierend, darüber zu spekulieren, was hinter dieser Handlung stand. Johannes berichtet, daß es sich bei der Frau tatsächlich um Marthas Schwester Maria handelte, die Frau, die zu Jesu Füßen gesessen hatte, als er predigte. Aus der Geschichte von der Auferweckung des Lazarus von den Toten geht klar hervor, daß Maria aus Betanien und Jesus enge Freunde waren – vielleicht ist sie sogar identisch mit der Maria aus Magdala, aus der er sieben Dämonen ausgetrieben hatte. Wie dem auch sei, man kann sich vorstellen, daß Maria wußte, was Jesus beschäftigte – daß er traurig und voller Angst war, weil die Zeit seiner Konfrontation mit den Führern der Juden näherrückte. Er wußte sehr gut, daß er verhaftet und getötet werden würde, und doch war er getrieben weiterzugehen, wo er doch leicht hätte davonlaufen können. Vielleicht saß er an diesem Tisch und beteiligte sich höflich am Gespräch oder fuhr fort zu lehren – aber innerlich war er krank und voll Angst vor dem, was kommen würde. Marias extravagante Geste war vielleicht ihre Art zu sagen: „Ich liebe dich. Ich weiß, was in dir vorgeht. Ich kann es nicht aufhalten, aber ich möchte, daß du weißt, daß ich Anteil nehme, und daß du die Erinnerung an meine Liebe mit dir nimmst, damit sie dir in den dunklen Tagen, die vor dir liegen, ein Trost ist." Vielleicht gab diese Episode Jesus die Kraft, die er in diesem Augenblick brauchte, um seine Mission fortzusetzen.

Ebenso sagt die Liebe, die wir auf die Sterbenden oder die Behinderten ausgießen, vieles aus. Sie ist ein Ausdruck *unseres* Bedürfnisses, zu dienen, zu lieben, wie fehlerhaft unsere Motive auch sein mögen. Für den Menschen, der gepflegt wird, ist sie die Geste, die den Schmerz erträglich und irgendwie das Leben lebenswert macht:

Keine Revolution wird rechtzeitig kommen,
um dieses Mannes Leben zu verändern,
außer der einen Überraschung,
geliebt zu werden.

Doch das Wichtigste ist die unausgesprochene Botschaft an die ganze Welt: Dieser „herbe Verlust für die Gesellschaft", diese sterbende Frau oder dieser behinderte Mann, ist unendlich wertvoll. Wenn ich als Ärztin eine Stunde meiner Behandlungszeit damit verbringe, mit einer Frau zu reden, die nur noch ein paar Wochen zu leben hat, dann mache ich damit eine deutliche Aussage über ihren Wert. Ich gebe ihr Zeit, die ich auch auf Menschen hätte verwenden können, die wieder gesund, wieder fähig werden können, zum Allgemeinwohl beizutragen. Ich bekräftige den Wert einer individuellen Person in einer Welt, in der das Individuum unterzugehen oder nur noch wegen seiner Stärke, seines Verstandes oder seiner Schönheit geschätzt zu werden droht. Es ist eine prophetische Aussage über den einzigartigen Wert der menschlichen Persönlichkeit, unabhängig von ihrem Alter, ihrer sozialen Schicht oder ihrer Produktivität. Es ist eine Bestätigung, daß Menschen zählen, einfach *weil sie Menschen sind*, weil Gott sie geschaffen hat und sie liebt, so wie sie sind, nicht nur, weil sie vielleicht gut oder witzig oder körperlich attraktiv sind.

Mir scheint, daß Hospize und Orte wie die L'Arche-Gemeinschaft unbewußt eine prophetische Rolle in der Kirche und in der gesamten Gesellschaft eingenommen haben. Sie evangelisieren auf die wirksamste Weise – unbewußt –, indem sie einen Glauben leben, der für Nichtgläubige glaubwürdig ist. Besonders deutlich wurde mir das in Chile, wo die institutionalisierte Kirche, die sich mit den Großgrundbesitzern identifizierte, seit langem ihre Glaubwürdigkeit bei den gewöhnlichen Menschen verloren hatte, besonders bei den jungen Leuten. Erst als Kirchenleute die Sicherheit ihrer Institutionen verließen und ihre Bequemlichkeit, ihre Gesundheit und sogar ihr Leben für die Armen und die Unterdrückten aufs Spiel setzten, verkündeten sie das Evangelium in einer Sprache, die verstanden werden konnte. Das große Paradox ist natürlich, daß diejenigen, die sich radikal auf die Seite der Armen stellen, oft zu einer Bedrohung für ihre Mitchristen werden. Das ist besonders immer dann der Fall, wenn eine tiefe Kluft Reich und Arm voneinander trennt. Die Armen sind unvermeidlicherweise eine Bedrohung für die Reichen, entweder weil sie ihnen Schuldgefühle verursachen oder weil die Reichen meinen, die Armen wollten ihnen ihren Besitz wegnehmen. Das gleiche gilt für die Behinderten und die Sterbenden. Wir isolieren die Behinderten unter dem Vorwand, sie störten den Frieden – während sie in Wirklichkeit nur unseren Wunsch nach dem Schönen stören. Wir isolieren unsere Sterbenden unter dem Vorwand, sie brauchten Ruhe – während in Wirklichkeit ihre Gegenwart nur unser Gefühl der Allmacht und Unsterblichkeit stört.

Wenn Christen sich radikal auf die Seite der wirtschaftlich Armen stellen, dann treten sie in eine Solidarität mit ihnen ein. Sie sehen die Welt und die wirtschaftlichen Strukturen mit ihren Augen: Das heißt, sie werden sich einer Gesellschaft bewußt, in der zehn Prozent der Menschen neunzig Prozent der Güter besitzen; einer Welt, in der eine kleine Gruppe von Menschen sich satt ißt und trinkt, während der Rest hungert. Als ich nach Chile kam, schloß ich Freundschaften mit den Leuten von der Botschaft und mit Angehörigen der reichen Großgrundbesitzerklasse. Ich genoß ihre Gesellschaft, ihre Häuser und ihre Küche, doch später, als die Wärme und das Lachen der Missionare in den Elendsdörfern mich gefangennahmen, fühlte ich mich nicht mehr wohl in der alten Umgebung: Ich brachte es nicht mehr über mich, auf den Dinnerpartys der Reichen belanglos zu plaudern, und ich war nicht mehr willkommen an ihrem Tisch. Nur zu leicht werden diejenigen, die mit den Armen arbeiten, als Marxisten etikettiert – während sie eigentlich nur dem nackten Evangelium gehorsam sind. Es ist für die Mitglieder einer reichen Kirche bequemer zu glauben, daß ihre Brüder sich hätten korrumpieren lassen, als daß sie das Licht Christi gesehen hätten.

Auf einer viel niedrigeren Ebene sind diejenigen, die sich für die Arbeit mit Sterbenden und Behinderten entschieden haben, zu unbequemen Kollegen geworden. Ich falle lästig, wenn ich während einer Schicht in der Ambulanz eine Stunde mit einem Patienten verbringe, wenn es üblich ist, alle zehn Minuten einen anderen zu „verarbeiten". Meine Behandlung dauert länger und ist deshalb teuer. Sie kostet auch mehr an emotionaler Substanz und ist bedrohlicher, denn wenn ich die Sterbenden frage, wie sie ihre Krankheit und ihre Behandlung *empfinden*, dann muß ich damit rechnen, ihren Zorn darüber zum Ausbruch zu bringen, daß ihnen eine falsche Diagnose gestellt wurde oder daß ihnen eine Behandlung zuteil wurde, die zwar ihr Leben verlängert, aber seine Qualität zerstört. Selbst wenn alles so glattgegangen ist wie nur möglich, sind diejenigen, die den Sterbenden nahekommen, ein Zeichen für die letztendliche Ohnmacht von Technik und Medizin. Hospize sind auf eigenartige Weise ein Zeichen dafür, daß die Medizin an dem Versuch gescheitert ist, die Krankheiten zu besiegen: Sie zwingen uns zuzugeben, daß unsere Macht zu heilen begrenzt ist.

Auch die L'Arche-Gemeinschaft stellt eine Bedrohung für eine Gesellschaft dar, die ihre Behinderten in Anstalten einschließt. Wenn ich die Fülle des Lebens sehe, das diese Menschen führen können, dann weine ich darüber, daß das nicht allen zuteil werden kann – daß diese Bewegung nur ein Tropfen im Ozean ist. Und sie kann deshalb nicht allen zuteil werden, weil die menschlichen und wirtschaftlichen Ressourcen nicht dafür eingesetzt werden. Und diese Ressourcen werden nicht dafür eingesetzt, weil wir als Gesellschaft unsere Werte woanders sehen: darin, den Lebensstandard einer Minderheit zu erhöhen und dann diese Lebensweise so verbissen zu verteidigen, daß nicht genügend Mittel übrigbleiben, um in nötigem Maße Unterkunft und medizinische Pflege und Ausbildungsmöglichkeiten für alle zur Verfügung zu stellen.

An der Option für das radikale Evangelium scheiden sich die Geister – so wie sich an Jesus die Geister schieden –, denn es droht die Hungrigen mit guten Dingen zu füllen und die Reichen leer ausgehen zu lassen.

Inzwischen wird es immer Menschen geben, die sich wie Maria aus Betanien berufen fühlen, den „Frieden" aufzustören, indem sie über einen herben Verlust für die Gesellschaft etwas ausgießen, das man für dreihundert Silbergroschen hätte verkaufen können.

8
Stabat Mater Dolorosa

Wenn das Leben unaufhaltsam schwindet

Es standen aber bei dem Kreuz Jesu seine Mutter und seiner Mutter Schwester, Maria, die Frau des Kleopas, und Maria von Magdala.

Johannes 19,25

Stabat mater Dolorosa
Iuxta crucem lacrimosa
Dum pendebat filius.

Cujus animam gementem
Contristatum et dolentum
Per transivit gladius.

Unterm Kreuz die schmerzerfüllte
Mutter sich in Tränen hüllte,
wo Jesus mit dem Tode rang.

In die Seele voller Drangsal,
voller Düsternis und Trübsal
Tief hinein das Schwert ihr drang.

Jacobo Benedetti, aus: *Stabat Mater*
(Hymne aus dem 14. Jh.)

Wie in vielen anderen Tätigkeiten gibt es auch in der Pflege Sterbender einen Punkt, wo der Pfleger mit leeren Händen dasteht, wenn alle Behandlungsmethoden versucht und alle Trostworte gesagt worden sind. Das ist der Punkt, wo man am Fuß des Bettes steht, nutzlos, machtlos und am liebsten davonlaufen möchte.

Die ersten Zeilen des Stabat Mater, die sich meinem Gedächtnis durch die Liturgien aus der Zeit vor dem II. Vatikanischen Konzil, die ich zwanzig Jahre lang erlebte, eingeprägt haben, fangen besser als jede Fotografie die Agonie der Wache am Sterbebett ein. In den Jahren, die ich in der Pflege Sterbender tätig bin, habe ich an über tausend Betten gestanden und die Ohnmacht der Familien und Freunde geteilt, die mit ansehen mußten, wie das Leben aus einem geliebten Menschen entwich. Diese Machtlosigkeit, den bevorstehenden Tod abzuwenden, gehört zu den Dingen, mit denen Pfleger am schwersten fertig werden, besonders wenn der Sterbende ein junger Mensch ist. Das ruft alle möglichen Emotionen hervor, die oft unerwartet und schwer zu verarbeiten sind und zu Verhaltensmustern führen können, die, wenn sie mißverstanden werden, sowohl demjenigen, der die Emotion erlebt, als auch den Menschen um ihn herum erhebliches Leid verursachen können.

In der Hospiz-Bewegung mit ihrer Philosophie der Offenheit findet eine wunderbare Heilung der angeschlagenen Haltung dem Tod und dem Sterben gegenüber statt, die sich unter Ärzten und Pflegern verbreitet hat, ein Wiedererlangen der alten Einstellung, die den Tod als einen Teil des Lebens hinnimmt.

Hier müssen wir die Spiritualität vom Fuße des Kreuzes lernen, die Stellung des ohnmächtigen Zuschauers. Unter allen Wachen am Sterbebett, die mir einfallen, erinnere ich mich mit dem größten Schmerz an die bei einer jungen Frau namens Ros, die am Weihnachtstag in unserem Hospiz starb. Ros war erst achtundzwanzig Jahre alt, als sie starb. Sie hatte einen Hirntumor, der ein Jahr nach der Behandlung zurückkehrte und ihr in der Endphase furchtbare Kopfschmerzen und bizarre Halluzinationen verursachte. Ihre letzten Tage im Hospiz sind mir noch deutlich in Erinnerung, weil die Umstände so bewegend waren. Ros war selbst Ärztin und blickte, da sie wußte, daß der Tumor zurückgekehrt war, dem Tod mit besonderem Mut und Charme entgegen. Absurderweise dachte sie selbst, sie sei ein Feigling, und weinte über ihre Schwäche, zornig darüber, daß sie nicht so gut damit fertig wurde, wie sie gehofft hatte. Da ich nicht wußte, was ich ihr sagen sollte, erinnerte ich mich an das Vorwort zu *Les Martyrs*, schrieb es ab und gab es ihr, zögernd, denn was dem einen hilft, kann für den anderen nutzlos sein:

Ihr Tod offenbart deine Macht,
die durch unsere menschliche Schwäche strahlt.
Du erwählst die Schwachen und machst sie stark,
dich zu bezeugen ...

Ich möchte gern glauben, daß es geholfen hat. Jedenfalls wurde sie kräftiger, verbrachte eine Woche zu Hause und kam dann zurück, als es schlimmer wurde. Zusammen gingen wir dem letzten Sprung entgegen. Es ergab sich, daß es die Woche vor Weihnachten war, und Ros' Mutter wachte an ihrem Bett, während um sie her das Haus dekoriert und die Vorbereitungen für das bevorstehende Fest getroffen wurden. Ros war jetzt ohne Bewußtsein; ihr bleiches Gesicht war entspannt und ihr dunkles Haar, das die Schwestern liebevoll gebürstet hatten, hob sich auf dem Kissen ab. Ansonsten brauchen gesunde junge Leute mit Hirntumoren oft lange zum Sterben, und Ros war keine Ausnahme. Es müssen drei oder vier Tage gewesen sein, die ihre Mutter dasaß, vielleicht auch länger – eine stille, gefaßte Frau, die offenbar nicht mehr von uns erwartete, als wir ihr instinktiv und aufgrund unserer beruflichen Erfahrung gaben. Ich dachte: Das ist doch der Stoff der Karwoche, nicht der Weihnachtszeit; das ist die Frau am Fuße des Kreuzes, nicht die Madonna.

Wenn ein Sterbender ohne Bewußtsein ist, richtet sich die Aufmerksamkeit des Pflegers instinktiv auf die Person, die am meisten durch den Tod betroffen sein wird. Sie muß auf jegliche angemessen erscheinende Weise betreut, begleitet, unterstützt werden. Es gibt kein Patentrezept für die Begleitung der Trauernden – manche möchten beständig Wache halten, indem sie bis zum Augenblick des Todes und darüber hinaus am Bett sitzen oder schlafen. Andere fühlen sich unerträglich belastet oder sogar angewidert und brauchen die Erlaubnis, nach Hause zu gehen. Vor allem muß man ihnen das Gefühl geben, daß es in Ordnung ist, wie immer sie sich fühlen. Wenn sie bleiben wollen, dann sind sie keine Belastung, und wenn sie es nicht ertragen können zu kommen, werden wir nicht schlecht von ihnen denken. Mittlerweile geben wir diese Unterstützung instinktiv, aber von Zeit zu Zeit machen wir auch den Fehler, Menschen als selbstsüchtig oder teilnahmslos zu verurteilen, wenn sie in Wirklichkeit nur von einer Trauer belastet sind, die sie nicht ertragen können. Besonders schwierig kann es sein, wenn Familien untereinander getrennt sind; wenn zum Beispiel geschiedene und wiederverheiratete Eltern am Bett ihres einzigen Kindes zusammenkommen. Manchmal gibt es sehr unschöne Szenen, wenn Leute sich darum streiten, wer am Bett sein darf, und wir müssen dann sehr entschieden auftreten, um das Kind vor der Belastung der Eifersucht und des Besitzdenkens zu schützen.

Eine andere sehr schwierige Konstellation ist der Konflikt zwischen einer jungen Ehefrau oder einem Ehemann und den Eltern ihres oder seines sterbenden Ehepartners. Das passiert häufig, wenn eine junge Ehefrau im Sterben liegt und ihr Mann mit der Versorgung der Kinder fertig werden muß, während er versucht, am Arbeitsplatz nicht zu versagen. Die Mutter des Mädchens, die ganz von dem Verlust ihrer Tochter eingenommen ist, wird oft blind für das Bedürfnis von Mann und Frau, zusammen allein zu sein. Manchmal stellt das Hospiz eine Art neutralen Boden zur Verfügung, auf dem alle Trauernden, Raum finden, mit dem Sterbenden zusammen zu sein, ohne die anderen zu verdrängen.

Und was ist mit den professionellen Pflegern inmitten all dieser Trauer und Spannung? Wie fühlen sie sich? In Medizinerkreisen hat man lange angenommen, es sei falsch, wenn sich ein Pfleger gefühlsmäßig engagiert, und ich habe mich mit dieser Frage im dritten Kapitel auseinandergesetzt. Die Tatsache bleibt bestehen, daß es bei aller professionellen

Korrektheit unvermeidlich ist, daß sich ein Pfleger in die Tragödie eines vorzeitigen Todes verwickelt. Einer der Schlüsselfaktoren ist nach meiner Erfahrung die Identifikation mit dem Patienten oder seinen nahen Angehörigen. Viele der Schwestern, mit denen ich zusammenarbeite, sind in ihren Vierzigern und besonders verwundbar dafür, sich mit den jungen verheirateten Frauen zu identifizieren, die daran verzweifeln, ihre Kinder zurücklassen zu müssen. Ich als Alleinstehende bin besonders verwundbar für die unkonventionellen Berufstätigen oder die ganz jungen Leute, und ich ertappe mich dabei, wie ich ihren Schmerz mit nach Hause nehme.

Doch für uns alle gibt es eine gewisse Erleichterung des Schmerzes, solange wir etwas *tun* können. In gewisser Hinsicht sind die Schwestern besser dran als die Ärzte, denn für sie gibt es immer irgend etwas, das sie tun können: Waschen, Körperpflege, Druckpunkte massieren. Solche liebevollen Handlungen saugen irgendwie den Schmerz auf. Andererseits jedoch stehen die Schwestern direkt an der Front und sind ohne eine Möglichkeit des Entkommens der Wirklichkeit des Schmerzes und der körperlichen und geistigen Auflösung ausgesetzt.

Die Last der Ärzte ist eine andere. Auch geht es am besten, wenn sie etwas *tun* können: die Dosierung der Medikamente abstimmen; Flüssigkeiten abfließen lassen; Injektionen verabreichen. Das Schwerste ist, auch dann noch zu dem Patienten zu kommen, wenn all diese physischen Methoden erschöpft sind.

Die folgenden Illustrationen zeigen die Art und Weise, wie viele von uns mit dem Dienst an Sterbenden umgehen. Die erste Zeichnung zeigt den Arzt, gerüstet mit seiner Fachkompetenz und seinen Instrumenten und geschützt von seiner Helferin.

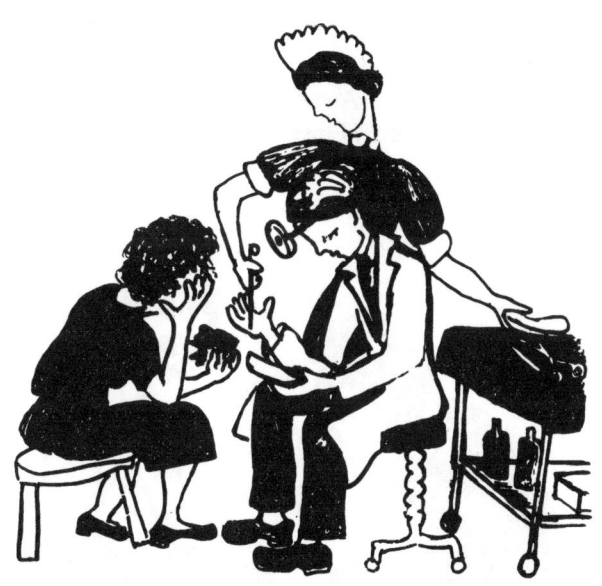

Das gleiche gilt für den Priester, der seinen sakramentalen Dienst versieht. Hier sehen wir ihn in seiner Stola und seinem klerikalen Kragen, unter dem Schutz der Rolle, die er zu spielen, und des Rituals, das er zu vollziehen hat:

In der nächsten Zeichnung sehen wir die Patientin, wie sie
entweder einem Arzt oder einem Geistlichen gegenübertritt,
wenn er die physischen Aspekte seines Dienstes erschöpft
hat. Er steht mit leeren Händen da – aber seine Beratungs-
fähigkeiten stehen ihm noch zur Verfügung:

Ein großer Teil meiner Arbeit geschieht auf diese Weise. Ich
arbeite mit physisch leeren Händen, aber mit einem reichen
Schatz an Erfahrung im Zuhören und in der Beratung Sterbender. Das ist schwere Arbeit, denn man sucht ständig nach
dem richtigen Wort für die jeweilige Person. Im besten Fall
ist diese Art von Arbeit auf die individuellen Bedürfnisse des
einzelnen zugeschnitten. Das erfordert viel Einfühlungsvermögen und intuitive Fähigkeiten, denn was sich bei dem
einen wunderbar heilsam auswirkt, kann für den anderen
eine furchtbare Verletzung bedeuten. Man macht es nicht
immer richtig: Einmal versuchte ich, einer sehr religiösen
alten Dame zu helfen, indem ich ihr eines unserer Hand-
kreuze gab – ein schlichtes hölzernes Kreuz, das in die Hand-
fläche paßt, so daß man es in Angst oder Schmerz umklam-

mern kann. Zu meiner Enttäuschung scheute sie heftig vor mir zurück und sagte immer wieder verzweifelt: „Nein, nein danke, lieber nicht." Was ich nicht bedacht hatte, war, daß diese Frau zu den Darbysten gehörte, für die Gegenstände wie das Kreuz anstößig sind.

Die letzte Zeichnung zeigt Patientin und Pfleger all ihrer Ressourcen entkleidet, wie sie sich nackt und mit leeren Händen als zwei menschliche Wesen gegenübertreten:

In dieser Ohnmacht, diesem Eingeständnis, nichts mehr geben zu können, liegt ein furchtbarer Schmerz. Ich erlebte das vor kurzem, als eine junge Dozentin einen langsamen Erstickungstod starb. Ihre Lungen füllten sich mit einem Tumor, und sie saß in ihrem Zimmer, von Blumen umgeben, hörte klassische Musik von einem Kassettenrecorder – und rang nach Luft. Man kann eine Menge gegen Atemlosigkeit tun, aber wenn die Lungen von einem Tumor zerfressen werden, kommt irgendwann ein Punkt, wo man nichts mehr tun kann und der Mensch an Sauerstoffmangel stirbt. Ich saß bei ihr auf dem Bett und hatte meinen Arm leicht um ihre be-

benden Schultern gelegt, als sie mich verzweifelt fragte: „Können Sie denn nichts *tun?"* Sanft sagte ich: „Es tut mir leid – es gibt nichts, was ich tun könnte." (Ich hätte ihr ein Beruhigungsmittel geben können, aber wir hatten bereits darüber gesprochen, und sie wollte wach bleiben.) Sie keuchte: „Oh, *bitte* sagen Sie das nicht!"

Der Schmerz der Ohnmacht in solchen Augenblicken ist schwer zu ertragen. Es wäre leichter gewesen, zu sagen: „Ja, natürlich" und ihr eine wirkungslose Injektion oder ein starkes Beruhigungsmittel zu geben. Jede dieser Maßnahmen wäre medizinisch korrekt, für sie aber völlig falsch gewesen. Nach Atem ringend und blau angelaufen, wie sie war, besaß sie eine großartige Würde; sie saß beherrschend da mit ihrem geliebten Mann, und Freunde kamen aus dem Ausland geflogen, um ihr Lebewohl zu sagen. Einen Tod wie ihren würde ich gerne sterben – sie mußte eine schwere, bittere Agonie durchleiden, aber sie hatte sich bis zuletzt in der Gewalt.

Langsam lerne ich im Laufe der Jahre die Bedeutung der Machtlosigkeit kennen. Ich erfahre sie in meinem eigenen Leben, und ich lebe mit ihr in meiner Arbeit. Das Geheimnis liegt darin, sich nicht vor ihr zu fürchten – nicht davonzulaufen. Die Sterbenden wissen, daß wir nicht Gott sind. Sie nehmen es hin, daß wir das Fortschreiten des Krebses nicht aufhalten können, den unaufhaltsamen Marsch jener schrecklichen Armee, die einen menschlichen Körper wie eine Besatzungsmacht überzieht und ohne Rücksicht und ohne Erbarmen plündert, vergewaltigt und schändet.

Alles, was sie von uns erwarten, ist, daß wir sie nicht im Stich lassen: daß wir unsere Stellung am Fuße des Kreuzes halten. In diesem Stadium der Reise da zu sein, einfach zu sein: Das ist in vieler Hinsicht das Schwerste.

9
Warum ich?

Das Gottesbild der Leidenden und der Helfer

Mich ekelt mein Leben an.
Ich will meiner Klage ihren Lauf lassen,
und reden in der Betrübnis meiner Seele
und zu Gott sagen: Verdamme mich nicht!
Laß mich wissen, warum du mich vor Gericht ziehst.

Hiob 10, 1–2

Eine der Auswirkungen der ständigen Begegnung mit Schmerz und Tod, die die Pflege Sterbender mit sich bringt, ist, daß man gezwungen ist, sich nicht nur mit dem „Problem des Bösen" auseinanderzusetzen, sondern mit Gott selbst. Ich glaube, daß unsere geistliche Einstellung zum Leiden entscheidend ist, weil sie nicht nur bestimmt, was wir denen, die wir pflegen, vermitteln, sondern auch unser eigenes Überleben als Pfleger bedingt. Wenn unsere Einstellung aufgrund von Unwissenheit oder falscher Theologie unlogisch ist, riskieren wir, vom Leid so überwältigt zu werden, daß wir „ausbrennen". Wenn wir jedoch das ganze Pascha-Geschehen im Blick behalten und Auferstehung und Kreuz im selben Blickwinkel erfassen können, dann wird unsere unvermeidliche menschliche Trauer gemäßigt durch die Freude, die wir aus unserem Glauben an die liebevollen Zielsetzungen Gottes empfangen.

Der Prophet Micha sagt, daß wir nicht nur Gottes Wort halten und Liebe üben, sondern auch *demütig sein* müssen vor unserem Gott. Was bedeutet es, demütig zu sein vor Gott? Bedeutet es, in der Kirche artig die Knie zu beugen?

Nicht zu fluchen? Den Geistlichen mit Respekt zu begegnen? Sich an dem Streit über Empfängnisverhütung und Fischessen am Freitag nicht zu beteiligen? Wenn es das bedeutet, dann habe ich mehr Arroganz und Stolz, als ich dachte; der Herr sei mir gnädig. Nein, ich sehe Demut eher als einen Stand vor Gott, als eine Art zu sein statt als einen Verhaltenskodex.

An diejenigen, die in der Pflege tätig sind, stellt Michas Aufforderung zur Demut besondere Ansprüche. Sie fordert uns auf, uns vor dem Geheimnis des Leidens zu beugen und unsere tröstlichen theologischen Götzen in tausend Stücke zerschlagen zu lassen. Sie lehrt uns, unsere menschliche Schwäche mit Freude und Lachen zuzugeben und uns an unserer Abhängigkeit voneinander nicht zu ärgern, sondern zu freuen. Und schließlich zwingt sie uns zu der Erkenntnis, daß wir mehr als nur mit den Lippen bekennen müssen, daß wir Gott wahrhaft brauchen. Wenn unser Christentum mehr sein soll als nur ein opportunes Etikett, dann müssen wir uns der verändernden Kraft Gottes im Gebet und in der Schrift aussetzen.

Meine eigenen kindlichen Vorstellungen von Gott wurden zerschmettert, als ich für ein Jahr in einem Benediktinerkloster lebte, wo die Mönche freundlich, aber rücksichtslos viele meiner Götzen zerstörten. In Ampleforth lernte ich die Werke von Annie Dillard kennen, der jungen Amerikanerin, die 1976 für ihr bezauberndes Buch *Pilgrim at Tinker Creek* den Publitzer-Preis für Literatur erhielt. Meine klösterlichen Freunde fanden Annie Dillard faszinierend, weil sie sich mit einer wunderbaren Direktheit und Lebhaftigkeit und in einem Stil, der vollkommen frei von Sentimentalität ist, mit dem Geheimnis Gottes und des Leidens auseinandersetzt. Ich bin seither immer wieder auf ihre Bücher zurückgekommen, zum Teil, weil ich ihre Sprache liebe, aber auch weil sie mir mit ihrer Prägung von Meister Eckhart theologisch mehr zu sagen hat als die meisten anderen. In der folgenden Passage aus einem späteren Buch stürzt sie sich kopfüber in das Warum des Leidens:

Christus wurde von seinen Jüngern über einen Bettler am Wegesrand befragt, der von Geburt an blind war. „Wer hat gesündigt, dieser oder seine Eltern, daß er blind geboren ist?" Und Christus, der auf den Boden spuckte, aus seinem Speichel und der Erde einen Brei machte, den er dem Mann auf die Augen strich, so daß er sehen konnte, antwortete: „Es hat weder dieser gesündigt noch seine Eltern, sondern es sollen die Werke Gottes offenbar werden an ihm." Wirklich? Wenn wir diese Antwort so verstehen, daß sie die Krankheit selbst – und nicht die darauf folgende Heilung – als offenbar gewordene „Werke Gottes" bezeichnet, dann haben wir, zusammen mit „Nicht, wie die Welt gibt, gebe ich euch" zwei magere, verblüffende Antworten auf eine der wenigen Fragen, die zu stellen sich lohnt, nämlich „Was zum Kuckuck geht hier eigentlich vor?" (Annie Dillard: *Holy the Firm*).

Was geht hier eigentlich vor? Warum müssen die Guten leiden? *Fügt* Gott aktiv Leiden zu, oder *läßt* er es nur zu, wie im Buch Hiob angedeutet wird? Könnte es tatsächlich sein, daß er nicht die Macht hat, es zu verhindern?

Leidet er *mit* uns oder *in* uns, oder ist er eine Art liebender, aber ohnmächtiger Zuschauer des Elends der Welt? Diese und viele ähnliche Fragen haben religiöse Menschen im Kopf, wenn sie von dem „Problem des Bösen" sprechen.

Ich wurde mit diesen Fragen schmerzlich konfrontiert, als ich in Chile war, aber ganz besonders, als 1981 eine Freundin von mir in El Salvador ermordet wurde. Ita Ford, eine amerikanische Missionsschwester von etwas mehr als vierzig Jahren, wurde gemeinsam mit zwei weiteren amerikanischen Ordensschwestern und einem Laienmissionar namens Jean Donovan von der Geheimpolizei getötet. Bei der Beerdigung der beiden Maryknoll-Schwestern hielt Melinda Roper, die damals dieser Gemeinde vorstand, die Trauerrede. Dabei sagte sie unter anderem etwas, was mir eine unschätzbare Hilfe war für mein Verständnis, wie ich mit meinen eigenen und den Problemen anderer, mit dem Leiden und dem Bösen umgehen konnte. In ihrer Predigt sprach sie über Leid als

Problem und Leid als *Mysterium*. Mit Leid als *Problem* meinte sie den Aufruf, die Hungrigen zu speisen, die Waisen zu schützen, die Kranken zu pflegen und für die Gerechtigkeit zu arbeiten. Leid als *Mysterium* dagegen bezieht sich auf den Schrei, der aus dem Herzen jener aufsteigt, die unter Ungerechtigkeit oder Mißgeschick leiden: das unvermeidliche WARUM? WARUM ICH? WOMIT HABE ICH DAS VERDIENT? Das ist *die* klassische Frage an das „Problem des Bösen" – die Frage, die immer an diejenigen gerichtet wird, die sich zu irgendeiner Form von Glauben bekennen. Wie sollen wir sie beantworten? Sollten wir es auch nur versuchen?

Ob sie es sollten oder nicht, jedenfalls *versuchen* religiöse Menschen, diese Fragen zu beantworten, auch wenn sie zu sehr verschiedenen Antworten gelangen. Das wurde mir vor einigen Jahren deutlich, als ich auf einer Konferenz über den Dienst der Kirche an den Sterbenden sprach. Zu meiner Überraschung stellte ich fest, daß die Teilnehmer der Konferenz (Ärzte, Krankenschwestern und Geistliche) in zwei Gruppen zerfielen: einerseits jene, die an die Vorstellung eines kosmischen Kampfes glaubten, in dem die Mächte des Bösen, personifiziert im Teufel, Krieg führten gegen die Mächte des Guten, personifiziert in Christus; die andere Gruppe, in der ich mich unendlich mehr zu Hause fühlte, glaubte an einen Gott, der auf irgendeine Weise seine Welt vollkommen in der Hand hat.

Vor dieser Konferenz war mir nicht klar gewesen, wie sehr die Gottesvorstellung oder Glaubensstruktur eines Menschen die Art und Weise beeinflußt, wie er den Leidenden begegnet. Diejenigen, die glauben, daß die Krankheit ein Werk des Teufels sei, meinen, den Himmel mit ihren Gebeten belagern und alle Engel und Heiligen mobilisieren zu müssen, damit sie um ihretwillen eingreifen. Wenn sie katholisch sind, werden die Hilfe der Karmeliterinnen oder anderer in Klausur lebender Nonnen in Anspruch nehmen, deren Gebete sie für wirksamer halten als ihre eigenen. Gehören sie zu anderen Denominationen, dann setzen sie vielleicht eine Gebetskette in Gang, indem sie all ihre

Freunde und die Freunde ihrer Freunde anrufen. Vielleicht holen sie sogar jemanden mit einer besonderen Heilungsgabe herbei, der dem Kranken die Hände auflegt und die bösen Geister austreibt. Als der bekannte evangelikale Prediger David Watson krank war, flogen zwei seiner Freunde, die im Dienst der Heilung standen, aus Amerika herüber und beteten über ihm. In *Fear no Evil*, der Geschichte seiner Krankheit, schildert Watson den Besuch seiner Freunde:

Nach einiger Zeit des Lobens und der Anbetung spürte Blaine das Wirken des Heiligen Geistes und legte mir die Hände auf den Bauch. Die drei fuhren fort zu beten, den Krebs im Namen Christi zu verfluchen und ihm zu befehlen zu schrumpfen, und dann nahmen sie Gottes Heilung in meinem Körper in Anspruch. [...] John Wimber warnte mich, daß nach seiner Erfahrung ein Tumor nach einer Gebetszeit wächst, bevor er dann schrumpft und abstirbt: „Es kann durchaus sein, daß die nächsten ein, zwei Röntgenaufnahmen Krebs in deiner Leber zeigen, einen wachsenden Krebs. Aber ich glaube, daß seine Wurzel jetzt abgeschnitten wurde. Und er wird bald anfangen abzusterben."

David Watson starb am 17. Februar 1984 an Krebs, nur etwas mehr als ein Jahr nach der Diagnose.

Was sollen wir von Leuten halten, die wie diese Männer behaupten, Krebs könne durch Gebet geheilt werden? Ich muß zugeben, daß ich der Frage der Heilung sehr skeptisch gegenüberstehe. Ich zweifle keinen Augenblick daran, daß Gott die Macht hat zu heilen – genauso wenig, wie ich die Wunder der Evangelien abstreite; aber ich glaube, daß Gott im normalen Lauf der Dinge seine Macht nur selten ausübt. Ich habe nichts gegen die Leute, die um Heilung beten, solange sie Gott und dem Menschen, für den sie beten, noch Spielraum lassen. Schwierig wird es dann, wenn die Betenden die Heilung versprechen oder zu der Überzeugung gelangen, daß Gott extra für sie ein Wunder wirken werde.

Ich habe damit vor nicht langer Zeit meine Erfahrungen

gemacht, als eine Patientin, die ich behandelte, unter Druck gesetzt wurde, einen Heiler aufzusuchen. Offenbar hatten die Heiler, um die es ging, von ihr gehört und einige gemeinsame Freunde angerufen, um ihnen zu sagen, sie fühlten sich „berufen", sie zu heilen. Sie kamen, um über ihr zu beten, und sagten ihr, der Krebs werde verschwinden. Glücklicherweise ließ sich die Frau selbst, die in einem wunderbar hohen Maß ihre Krankheit anzunehmen gelernt hatte, dadurch nur leicht aus dem Gleichgewicht bringen; aber ihre Tochter, ein zerbrechliches Mädchen, das nur sehr schwer mit der Situation fertig wurde, geriet vollkommen außer Fassung.

Ein weiterer Glaube, mit dem ich Schwierigkeiten habe, ist, daß Gott uns heilen könne, wenn unser Glaube stark genug sei. Zweifellos läßt sich diese Auffassung biblisch begründen, aber sie läßt sich nur schwer mit der Tatsache in Einklang bringen, daß so viele Gebete von Menschen mit tiefem Glauben schlicht und einfach nicht erhört werden. Ich mache mir Sorgen, wenn Menschen das Gefühl vermittelt wird, es sei irgendwie *ihr* Fehler, daß sie nicht geheilt werden – daß ihr Glaube nicht stark genug sei oder sie irgendwie die Macht Gottes blockierten. Mir ist es unmöglich, an einen Gott zu glauben, dessen Macht durch *irgend etwas* blockiert werden kann, sei es menschlich oder dämonisch.

Wenn wir schon beim Thema Schuld sind, sollten wir nicht vergessen, daß es immer noch Leute gibt, die glauben, Krankheit sei eine Strafe für Sünde. Ich bin noch nie wirklich jemandem begegnet, der das behauptete, aber indirekt bin ich mit zwei Fällen in Berührung gekommen. Der erste Fall war der einer Patientin, die einen Heiler anrief und über das Telefon zu hören bekam, sie müsse eine sehr böse Frau sein, daß sie Brustkrebs hätte – und der zweite Fall war der einer unserer eigenen freiwilligen Helferinnen, die beschloß, eine Patientin im Hospiz zu „beraten" und ihr sagte, sie solle von ihren Wegen umkehren und ihr Haus in Ordnung bringen. Ich hätte gerne Gelegenheit gehabt, diesen „Heilern" zu begegnen. Die Sterbenden können auf derartige böse Verzerrungen der christlichen Botschaft verzichten.

Mir fällt es schwer zu verstehen, was für eine Theologie

eigentlich hinter dieser Art des Gebetes steht. Glauben diese Leute an einen Gott, der im Kampf mit dem Bösen gerade so seine Stellung behauptet, oder an einen, den man besänftigen und überzeugen muß, seine Hand zurückzuhalten. Glauben sie an den Uhrmacher-Gott, wie manche ihn nennen – einen Schöpfer, der seine Welt in Bewegung gesetzt hat und dann als neugieriger Zuschauer dasitzt und den Menschen dabei zuschaut, wie sie in Agonie sterben oder sich gegenseitig abschlachten? Vor allem: Glauben sie vielleicht an einen parteiischen Gott, der den brav in die Kirche gehenden Christen mehr liebt als den Atheisten, den Tugendhaften mehr als den Sünder?

Für mich kam ein großer Durchbruch in meinem Verständnis von Gott durch den Kontakt zur Kirche in Lateinamerika. Dort begegnete ich der Vorstellung von einem Gott der eine besondere Vorliebe für die Anawim hat, die an den Rand gedrängten, die kleinen Leute. Wenn Gott parteiisch ist, dann gilt seine Vorliebe sicherlich den Armen, den menschlich nicht Liebenswerten und den Sündern.

Schauen wir uns an, welche praktischen Konsequenzen das hat: In dem Hospiz, in dem ich arbeite, haben wir zwei Frauen, die an Krebs sterben. Beth ist eine gute Christin, eine Säule ihrer Ortsgemeinde und bei jedermann beliebt. Der Nachttisch an ihrem Bett ist mit Blumen überladen, die Wand hängt voller Grußkarten, und zu jeder Tageszeit sind ihre Freunde an ihrem Bett zu finden. Das ist kein Wunder, denn sie ist wirklich eine bezaubernde Frau, tapfer und charmant, und sie strahlt für uns alle Freude aus. Und in dem anderen Bett liegt Mary, eine junge Prostituierte, die an einem Zervixkarzinom stirbt. Der Tumor hat sich in ihrem Darm und ihrer Blase ausgebreitet, so daß sie ständig naß und beschmutzt ist. Mary hat so gut wie keine Besucher – und bestimmt keine Freunde. Ihr Mann hat sie wegen einer jüngeren Frau verlassen, und ihre dreizehnjährige Tochter ist bereits „auf dem Strich". Arme Mary. Sie ist ihr eigener schlimmster Feind. Sie ist selbstsüchtig und fordernd und manipuliert uns alle schamlos. Es fällt schwer, ihr zu ver-

geben, daß sie sich vor gerade zwei Wochen grausam rach-
süchtig gegenüber dem jungen Ehemann einer anderen Patientin zeigte, die im Sterben lag. Doch irgendwo unter der
brüchigen Fassade dieser erniedrigten Frau glüht ein Funke
von Freundlichkeit und einem köstlichen Humor. Wenn
alles anders gekommen wäre, wenn jemand sie vor langer,
langer Zeit um ihrer selbst willen geliebt hätte, wer weiß,
wie sie aufgeblüht wäre.

Ich will mich hier nicht auf eine soziologische Untersuchung darüber einlassen, wie diese beiden Frauen durch
ihre Lebensumstände geformt wurden, sondern sie so betrachten, wie ich glaube, daß Gott sie sieht. Man muß nur
an den Gott Hoseas denken, der die treulose Ehefrau in die
Wüste lockt, damit er zu ihrem Herzen sprechen kann, um
sich die besondere Liebe vor Augen zu führen, die Gott dem
Sünder entgegenbringt:

> Darum siehe, ich will ihr den Weg mit Dornen versperren
> und eine Mauer ziehen, daß sie ihren Pfad nicht finden
> soll.
> Und wenn sie ihren Liebhabern nachläuft und sie nicht
> einholen kann,
> und wenn sie nach ihnen sucht und sie nicht finden kann,
> so wird sie sagen: Ich will wieder zu meinem früheren
> Mann gehen;
> denn damals ging es mir besser als jetzt.
> Darum siehe, ich will sie locken
> und will sie in die Wüste führen
> und freundlich mit ihr reden.

Hosea 2, 8-9. 16

Auch im Neuen Testament gibt es zahllose Geschichten, die
Gottes Liebe zu den Schwachen und den Sündern illustrieren. Die berühmteste davon sind die von der Frau, die beim
Ehebruch ertappt wurde, und die vom Guten Hirten. Man
kann sich so gut die Frau vorstellen, die nackt aus ihrem Bett
gezerrt wurde und verängstigt und gedemütigt vor der erreg-
ten Menge stand.

Aber die Schriftgelehrten und Pharisäer brachten eine Frau zu ihm, beim Ehebruch ergriffen, und stellten sie in die Mitte und sprachen zu ihm: Meister, diese Frau ist auf frischer Tat beim Ehebruch ergriffen worden. Mose aber hat uns im Gesetz geboten, solche Frauen zu steinigen. Was sagst du?

Johannes 8, 3–5

Wir kennen die Geschichte natürlich gut: wie Jesus den Spieß umdrehte, indem er forderte, daß derjenige unter den Pharisäern, der ohne Sünde sei, den ersten Stein werfen solle. Und dann, als sie sich alle davongeschlichen hatten und er allein mit der Frau zurückblieb, tadelte oder verurteilte er sie nicht, sondern sagte: „Geh hin und sündige hinfort nicht mehr."

In der Geschichte vom Guten Hirten bleiben die tugendhaften Schafe, Choräle singend, in der Kirche zurück, während der Hirte auf die Hügel hinausgeht oder hinunter in die dunklen Gassen der Stadt, um das eine, das verloren war, zu suchen und im Triumph zurückzubringen. Dies ist der Gott, dem ich in den Evangelien begegne und in den Pastoren, die ihren Namen verdient haben. Es ist der Gott, der gekommen ist, nicht die Tugendhaften zu erretten, sondern die Sünder.

Wie stellen wir uns also vor, daß Gott mit unseren Gebeten oder unserem Mangel an Gebete für sein Volk umgeht? Was macht er mit den Gebeten für Beths Heilung? Wie sollen wir das wissen? Ich bin ganz sicher, daß es richtig ist, für die zu beten, die wir lieben – und für die, die wir hassen –, und ich glaube aus tiefstem Herzen, daß kein Gebet vergeblich ist. Auf der anderen Seite ist es mir unmöglich zu glauben, daß diejenigen, die niemanden haben, der für sie betet, irgendwie benachteiligt sein sollen – das wäre doch wirklich eine monströse Ungerechtigkeit. Vielleicht werden unsere Gebete wie Almosen in einer großen Sortierstelle gesammelt und an die verteilt, die sie am dringendsten brauchen. Oder vielleicht hält der alliebende, allwissende, transzendentale

Gott die ganze Welt in seiner Hand, und wir beten mehr aus unserem eigenen Bedürfnis heraus als aus seinem.

Einige Wochen, bevor er an Krebs starb, sagte der Radiomoderator Robert Foxcroft etwa folgendes: Beten heißt, Gott um die Kraft zu bitten, seinen Willen zu tun. Zaubern heißt, Gott zu bitten, deinen Willen zu tun. Ich glaube an das Gebet und nicht an Zauberei.

Eine andere Möglichkeit, das Problem des Leidens zu betrachten, ist der Weg, den die Verfasser der Weisheitsliteratur des Alten Testamentes beschritten haben. Sie sehen das Leiden als von Gott gesandt, um Menschen zu reinigen, zu läutern wie Silber im Schmelztiegel. Der Verfasser des Buches Jesus Sirach schreibt: „Nimm alles an, was über dich kommen mag, halt aus in vielfacher Bedrängnis! Denn im Feuer wird das Gold geprüft, und jeder, der Gott gefällt, im Schmelzofen der Bedrängnis" (Jesus Sirach 2,4–5). Eine ganz ähnliche Passage, die bei Katholiken sehr beliebt ist und zum Trost für Trauernde gebraucht wird, ist der Anfang des dritten Kapitels des Buches der Weisheit:

Die Seelen der Gerechten sind in Gottes Hand,
und keine Qual kann sie berühren.
In den Augen der Toren sind sie gestorben,
ihr Heimgang gilt als Unglück
ihr Scheiden von uns als Vernichtung;
sie aber sind in Frieden.
In den Augen der Menschen wurden sie gestraft;
doch ihre Hoffnung ist voll Unsterblichkeit.
Ein wenig nur werden sie gezüchtigt;
doch sie empfangen große Wohltat.
Denn Gott hat sie geprüft
und fand sie seiner würdig.
Wie Gold im Schmelzofen hat er sie erprobt
und sie angenommen als ein vollgültiges Opfer.

Weisheit 3,1–6

Hat Gott sie wirklich erprobt? Das ist die Frage. Wie können wir das wissen? Glauben wir an einen eingreifenden Gott, an einen Gott, der aktiv bewirkt, daß diese Person an Krebs erkrankt oder das Kind jener Person bei einem Verkehrsunfall ums Leben kommt? Ich weiß wirklich nicht, was ich glaube, aber die Frage verwirrt mich nicht mehr. Ich bin ganz zufrieden damit, in einem Zustand der Unwissenheit zu bleiben. Was jedoch ganz klar ist: Viele Menschen werden durch Leiden geläutert. Ich habe das in meinem eigenen Leben gesehen, und es begegnet mir in den Menschen um mich her. Das Geheimnisvolle dabei ist freilich, daß manche Menschen durch Leiden verbogen und verbittert werden, während andere Kraft empfangen und liebevoller und selbstloser werden. Ein wichtiger Bestandteil der Berufung eines Pflegers ist es meiner Meinung nach, Menschen in einer Zeit der Prüfung so zu unterstützen, daß sie tatsächlich wachsen und die Fesseln ihrer Gefangenschaft ablegen können. Wenn ich über solches geistliches Wachstum schreibe, werfe ich mir manchmal selbst einen Seitenblick zu und frage mich, ob ich es mir nur einbilde, ob ich vielleicht nur versuche, mich selbst und andere mit frommen Sprüchen zu trösten. Deshalb war ich fasziniert, als ich eine der Schwestern, mit denen ich zusammenarbeite, einmal sagen hörte: „Es ist wirklich ein Vorrecht, diese Arbeit zu tun, mit diesen Menschen zusammenzusein. Wie sie wachsen – es ist phantastisch!" Solche Äußerungen sind in der Welt des Hospizes tatsächlich nichts Ungewöhnliches. Der leichteste Weg, deutlich zu machen, wovon ich spreche, ist vielleicht eine „Fallgeschichte" – die Geschichte vom Kampf eines Menschen mit dem Schmerz, der Angst und dem bevorstehenden Tod.

Ich zuckte immer zusammen, wenn Leute von den Sterbenden als „sie" sprechen – tun sie dies oder das auch in ihrem „Heim"? –, als ob Menschen ihre Individualität einbüßten, indem sie ein gemeinsames Schicksal erleiden oder als Gruppe zusammenkommen. Natürlich könnte das einfach ein emotionales Überlebensmanöver sein, eine Distanzierung, ein unterbewußtes Klammern an den Hasenfuß, in der Hoffnung, sich dadurch vor Bösem schützen zu können. Doch die Menschen bleiben Individuen mit all ihren Eigenheiten und einmaligen Bedürfnissen. An Krebs kann man in jedem Alter erkranken, und viele unserer Patienten sind in ihren Dreißigern und Vierzigern – manche sogar unter zwanzig. Lassen Sie mich von dem Überlebenskampf einer jungen Frau erzählen – und von ihrem triumphalen Loslassen und ihrer Geburt in ein neues Leben.

Joy war ungefähr zweiunddreißig, als sie an einem seltenen Tumor im Bein erkrankte. Er wurde operativ entfernt, und man hoffte, sie sei geheilt. Dann hustete sie eines Tages Blut, und eine Röntgenaufnahme der Brust zeigte, daß ihre Lunge von Flüssigkeit zusammengepreßt wurde. Bei der Operation stellte der Chirurg fest, daß die Oberfläche ihre Lunge und der ganze Pleuralspalt mit bösartigen Ablagerungen bedeckt war. Diese Situation ist durchaus nicht ungewöhnlich, und wenn ein solcher Tumor nicht auf Strahlen oder Medikamente reagiert, dann ist er unheilbar. In Joys Fall gab es eine zusätzliche Komplikation, weil die Ablagerungen bluteten und nichts die Blutungen zu stoppen vermochte.

Ich hörte zum ersten Mal bei einem Abendessen für Ärzte von ihr, als ich neben einem Kollegen saß und mit ihm nach Ärzteart fachsimpelte. Da er wußte, daß ich an den emotionalen Schwierigkeiten junger Sterbender interessiert war, sagte er: „Wir haben im Moment ein schreckliches Problem – ein Mädchen, das zu Tode blutet. Den Schwestern fällt es sehr schwer, sie zu pflegen, weil sie sehr zornig ist. Erst heute morgen hat sie zu ihnen gesagt: ‚Wie kann nur ein menschliches Wesen dastehen und tatenlos zusehen, wie ein anderes verblutet?'" Da mir wie immer die Aussicht auf eine Herausforderung sehr gelegen kam, sagte ich kühn: „Ich werde ihr helfen, den Tod zu akzeptieren." Mein Freund hob angesichts meines Stolzes die Augenbrauen und sagte, er sei für jede Hilfe dankbar.

Als ich am nächsten Tag auf die Station ging, fragte ich mich, ob ich mir diesmal zuviel zugetraut hatte. Die junge Frau, der ich im Krankenzimmer gegenübertrat, war ganz anders, als ich sie mir vorgestellt hatte. Sie saß kerzengerade im Bett und war vor Zorn und Angst ganz verkrampft, jedenfalls ganz und gar nicht in der Stimmung, mit einer Fremden zu kooperieren. Da mir klar war, daß sie mein Angebot, sich ins Hospiz verlegen zu lassen, nie freiwillig annehmen würde, ließen wir ihr keine Wahl, sondern sagten ihr völlig wahrheitsgemäß, ihr Bett werde für einen anderen Patienten gebraucht. Am gleichen Nachmittag verfrachteten wir sie im Krankenwagen, wo ihr Herz über eine Spezialleitung mit Blut versorgt wurde, ins Hospiz. Eilends machten wir uns mit der Bedienung ihrer Maschinen vertraut, denn Menschen mit Infusionen und Brustdrainagen werden normalerweise auf Intensivstationen betreut, nicht in Hospizen.

Es würde zu lange dauern, die Geschichte der zweieinhalb Wochen, die Joy bei uns war, bevor sie starb, in allen Einzelheiten zu erzählen; jedenfalls merkte sie ganz allmählich, daß wir durchaus kompetent genug waren, sie zu versorgen, und nicht die Absicht hatten, ihre Lebenserhaltungssysteme abzuschalten, und begann, uns zu vertrauen. Ich verhandelte mit der Blutbank, um mehr Blut für ihre Transfusionen zu erhalten, obwohl wir alle wußten, daß das Blut praktisch verschwendet wurde, denn es konnte ihr Leben immer nur einen Tag nach dem anderen verlängern.

Nachdem wir ihr Vertrauen gewonnen hatten, kam der erste Durchbruch auf ihrer Reise zur Annahme des Todes. Ich stand eines morgens hinter ihr und untersuchte ihre Brust, als sie mir die Frage stellte, die alle Pfleger so unendlich schwer zu beantworten finden: „Werde ich sterben?" Solche Fragen treffen einen oft völlig unvorbereitet, wenn man vielleicht gerade an etwas anderes denkt, und dann ist die Versuchung groß, einfach davonzulaufen oder Zuversicht zu heucheln und den Patienten das zu sagen, was sie auf einer gewissen Ebene gerne hören möchten. Wenn man den Kranken jedoch rundheraus belügt, geht man das Risiko ein, ihn dessen zu berauben, was er am meisten braucht – einen Gefährten, auf dessen Ehrlichkeit er sich verlassen kann. In diesem Augenblick waren wir zu fünft im Zimmer – Joy, die Oberschwester vom Dienst, zwei weitere Schwestern und ich. Die Schwestern, die mit dieser Arbeit gut vertraut sind, zogen sich irgendwie in den Hintergrund zurück, als Joy und ich ins Gespräch kamen. Ich weiß nicht mehr genau, wie es verlief, außer daß ich freundlich und wahrheitsgemäß sprach und so feinfühlig wie möglich ihre offenen und versteckten Fragen beantwortete. Als ich endete, war zwischen uns ein Band entstanden, das nie mehr abriß – eine undefinierbare Verbindung zwischen zwei Menschen, die vor dem Unbekannten standen. Ich war völlig erschöpft. Solche Gespräche erfordern enorm viel Intuition und Einfühlungsvermögen, denn man muß das, was man sagt, auf die Sprache und auf die Bedürfnisse des Individuums zuschneiden und sich dabei bewegen wie in einem Tanz – mal führt man, mal läßt man sich führen, aber immer hört man auf die Musik.

Menschen, die mit dieser Art von Arbeit nichts zu tun haben, verfallen oft in eine offenbar in unserer Kultur sehr verbreitete Mythologie: daß Menschen „die Hoffnung aufgeben" und schneller sterben, wenn man ihnen sagt, daß sie sterben werden. Der Überbringer der schlechten Nachricht wird darum, wenn nicht gerade als Henker, so doch als jemand gesehen, der das verbliebene Leben noch verkürzt. In Wirklichkeit reagieren die Menschen natürlich verschieden auf solche Mitteilungen. Manchmal spornt es sie zu einer zornigen Entschlossenheit zu kämpfen an, und sie versuchen, den Feind mit einer Energie zu besiegen, die ihre Zeit verlängert. Manche verfallen tatsächlich in tiefe Trauer und verlieren ihre Lust am Kämpfen, doch für viele Menschen ist dieser Punkt eine wichtige Wasserscheide, an der sie neue körperliche und emotionale Energie schöpfen, so daß sie über kostbare menschliche Beziehungen nachdenken und unerledigte Konflikte bereinigen.

Ich konnte nicht in Joys Herz hineinsehen, aber die Veränderung in ihr war für alle offensichtlich. Im Laufe der Tage wandelte sie sich von einer zornigen, spröden, sehr fordernden jungen Frau zu jemandem, dessen Ruhe und Gelassenheit anderen Leben spendete. Nachdem sie sich für sich selbst verzweifelt an das Leben geklammert hatte, lernte sie nun, sich für andere daran zu freuen, und als ich ein langes

Wochenende frei hatte, konnte sie sich für mich über die Aussicht auf Erholung und Freizeit freuen.

Wir sprachen nicht mehr viel über ihre Krankheit, denn sie war damit zufrieden, jeden Tag so zu leben, wie er kam; und im Hospiz geht es mehr um das Leben als um das Sterben. Eines Tages kam mir ihr Priester entgegen, als ich gerade ihr Zimmer betrat, und sie lächelte mich ziemlich wehmütig an und sagte: „Ich habe gerade meine Beerdigung geplant." Im Vertrauen auf mein Glück sagte ich: „Das muß eine Party werden, Joy, eine richtige Sause. Der Tod ist der Anfang, nicht das Ende." Ich saß da, das Herz klopfte mir bis zum Hals, und ich wußte nicht, ob sich meine Worte als wunderbar richtig oder schrecklich falsch erweisen würden, doch dann grinste sie, ergriff meine Hand und sagte: „Sie geben mir soviel Kraft, wenn Sie so reden." Ungefähr eine Woche später starb Joy friedlich im Schlaf.

Wenn im Zusammenhang mit Krebs von „Heilung" die Rede sein kann, dann glaube ich, man könnte sagen, daß Joy „geheilt" war. Sie war geheilt von ihrem Zorn und ihrer Bitterkeit, ihrer Selbstsucht und ihrem Aufbegehren gegen die Grausamkeit ihrer Lage. Sie wurde nicht nur geheilt, sondern sie wuchs in geistlicher und menschlicher Hinsicht in einem Maße, das uns alle in Erstaunen setzte. Ich zweifle nicht daran, daß dies Gottes Werk war. Es ist wahr, einige von uns dienten als Kanäle dieser Heilung, denn er hat schließlich keine anderen Hände als unsere. Doch das Werk vollbrachte er.

Ihr Vater, der mit ihrer Krankheit schrecklich schwer fertig wurde, konnte von ihrem Tod sagen: „Er war so schön" – und das war er wirklich. Das Wachstum des Geistes ist vielleicht die schönste Offenbarung der Liebe Gottes, die uns zuteil wird, und wie immer, wenn Leben beginnt, geht es dabei um das geheime Entstehen von etwas Neuem und Verwundbarem in der Dunkelheit. In der Gegenwart eines solchen Mysteriums können wir uns nur in Ehrfurcht beugen.

10
Aus der Tiefe rufe ich zu dir

Das Selbst- und Fremdbild der Helfer

Aus der Tiefe rufe ich, Herr, zu dir.
Herr, höre meine Stimme!
Laß deine Ohren merken
auf die Stimme meines Flehens!
Wenn du, Herr, Sünden anrechnen willst –
Herr, wer wird bestehen?

Psalm 130, 1–3

Zu der Zeit, als dieses Buch erst halb fertig war, wurde ich von Depressionen befallen und war völlig unfähig zu schreiben. Ich fand das besonders hart, weil ich die ruhigen Sommermonate dazu eingeplant hatte, die Arbeit daran zu beenden, und da saß ich nun mit Zeit in Fülle, aber von meiner Muse verlassen. Im September endlich zwang ich mich, wieder anzufangen, und schrieb folgendes:

Dies war für mich ein sehr grauer Sommer, und mein Herz trieb trostlos umher wie ein leeres Beiboot, das sich aus seiner Verankerung gelöst hat. Einen Monat lang war ich aus Erschöpfung unfähig zu schreiben, wurde auf dem Kamm der Welle hochgeschleudert und versank dann in Wellentälern der Verzweiflung, die so tief waren, daß es kein Entkommen mehr zu geben schien, umgeben von schwarzen, glatten Wänden, die unmöglich zu ersteigen waren. Dann, gerade als mein Herz soviel Trauer gefaßt hatte, daß es auf den Grund zu sinken drohte, zogen sich die Gezeiten zurück und ließen es gestrandet, aber intakt am Ufer liegen. Heute ist der Dienstag nach dem Sommer-Bankfeiertag, und ich sitze wieder an meinem Schreibtisch und blicke auf den Plymouth Sound hinaus. Das Meer ist von einer dichten Nebelwolke verschleiert, und nur hin und wieder stört das Aufheulen einer Schiffsirene die Stille des Morgens. Ein paar übriggebliebene Urlauber wandern ziellos am Hoe entlang, während der Rest der Welt wieder an seine Arbeit geht. Während ich hinausschaue, löst sich der Nebel auf und gibt den Blick frei auf die Freizeitjachten, die still vor Anker liegen. Es ist der erste September, und wieder einmal hat der Herbst begonnen.

Ist es richtig, frage ich mich, daß ich über meine eigene Erfahrung der Dunkelheit schreibe? Wäre es nicht besser, leidenschaftslos über die Probleme von Streß und Depressionen bei Pflegern im allgemeinen zu schreiben, die Gründe zu umreißen und einige Lösungsmöglichkeiten vorzuschlagen, wie zum Beispiel Beratung, Selbsthilfegruppen, regelmäßigen Sport, Entspannung und gesunde Ernährung? Oh, sicherer wäre das allemal. Dann würde man mich als gelassene, kundige Professionelle betrachten, die ihr Leben und ihren Beruf voll in der Hand hat, und die Leute würden sagen: „Ist sie nicht wunderbar? So stark und fähig."

Doch nach meiner Erfahrung sind die Leute hungrig nach persönlichem Zeugnis, wollen wissen, wie *Sie* es machen: wie *Sie* schlank bleiben, mit Ihren Schuldgefühlen wegen der Dritten Welt umgehen oder mit Angst, Depressionen und Schlaflosigkeit fertig werden. Im Laufe der Jahre, während ich in mancher Hinsicht mehr Zuversicht bezüglich meiner eigenen Person gewonnen habe, bin ich offener geworden und habe begriffen, daß paradoxerweise in meiner Schwäche meine große Stärke liegt. Während ich mich vor Jahren noch von Pult und Kanzel beredsam und mit donnernder Stimme über die Nöte der Dritten Welt ausließ, sitze ich nun da und spreche sanfter über die gähnende Kluft zwischen meinen Idealen und der tatsächlichen Wirklichkeit meines Lebens. Ich habe gelernt, in der Öffentlichkeit über mich selbst zu lachen und anderen von meinen Schwächen zu erzählen, damit sie eher ermutigt als beeindruckt werden.

115

Vor allem habe ich gelernt, daß wir alle schwache Menschen sind, verwundbar und verwundet: nur daß einige von uns das geschickter verbergen als andere! Und der große Witz ist natürlich, daß es völlig in Ordnung ist, schwach und verwundet zu sein, denn so hat der allmächtige, transzendente Gott die Menschen gemacht. Die Welt teilt sich nicht in die Starken, die pflegen, und die Schwachen, die gepflegt werden. Wir alle müssen abwechselnd pflegen und gepflegt werden, nicht nur weil das gut für uns ist, sondern auch, weil es nun einmal so ist.

Das Schwerste für uns professionelle Pfleger ist zuzugeben, daß wir Hilfe brauchen, unsere durchgeschwitzten Socken auszuziehen und einen anderen unsere blasigen Füße waschen zu lassen. Und wenn wir dann endlich nachgegeben und zugelassen haben, daß jemand uns pflegt, dann macht sich vielleicht eine gewisse Trägheit breit, durch die wir uns am liebsten an die Rolle des Patienten klammern möchten und nur ungern wieder die Aufgabe des Dienens auf uns nehmen. Man vergißt leicht, daß Pflegen und Dienen so oft die Aufgabe von Menschen ist, die müde und in irgendeiner Hinsicht nicht ganz heil sind. Weil wir uns unsere Pfleger stark und unverwundbar wünschen, projizieren wir Eigenschaften in sie, die sie in Wirklichkeit nicht haben. Doch wiederum, vielleicht ist das einfach so, weil die Menschen nun einmal so sind, und wir müssen lernen, stark zu sein für diejenigen, die uns am dringendsten brauchen, und uns zu entspannen und unsere Abwehr abzubauen bei denen, die unsere Schwäche akzeptieren und uns wohltun können.

Lassen Sie mich ein bißchen davon erzählen, wie es bei mir ist. Ich bin das jüngste Kind einer schüchternen, künstlerisch veranlagten Engländerin und eines ehrgeizigen, cleveren australischen Luftwaffenoffiziers, dem von Kindesbeinen an immer alles gelang. Heute bin ich fünfzig, meine beiden Eltern sind längst tot, und ich versuche, die bruchstückhaften Informationen über sie und unser gemeinsames Leben zusammenzusetzen, um die Frau zu verstehen, die ich heute bin. Das Puzzle ist noch nicht fertig, aber allmählich tritt ein Bild widerstreitender Gaben hervor: einer starken

Kreativität, die in der Krankenpflege nur teilweise Erfüllung findet, und eines furchtbaren Dranges nach Erfolg, danach, besser als andere zu sein, jeden Berg zu erklimmen; eines Drangs, der mich in meinem Beruf weit gebracht hat und mich dennoch immer noch ruhelos und hungrig nach mehr sein läßt. Vielleicht weil ich ein religiöser Mensch bin, verstehe ich diesen Hunger zum Teil als eine Sehnsucht nach Gott, und ich bin mir der Spannung zwischen der kontemplativen und der apostolischen Seite meines Geistes bewußt: einer sehr kreativen Spannung, die aber leicht aus dem Gleichgewicht gerät, sobald die eine oder andere Seite nicht mehr zu ihrem Recht kommt. Diese Persönlichkeitszüge hängen zweifellos mit meiner irischen Abstammung zusammen: ein keltisches Temperament mit all seinen Hochs und Tiefs, lyrische Neigungen und ein stark erdverbundener Pragmatismus.

Wo auch immer das alles herrührt, jedenfalls bin ich einander widerstreitenden Trieben und wilden Stimmungswechseln unterworfen, die von dem Gefühl, ich könnte die Welt erobern, bis hin zu einer tiefen Verzweiflung mit Selbstmordphantasien reichen. Von Zeit zu Zeit habe ich mich in der Meinung, an einer depressiven Erkrankung zu leiden, um psychiatrische Hilfe bemüht, aber man versichert mir, daß es sich lediglich um starke Stimmungsschwankungen handelt, die ich zu einem großen Teil beeinflussen kann. Wenn das, was ich erlebe, also einfach zur menschlichen Natur gehört und vielleicht bei Menschen, die sich aus welchem Grund auch immer hart antreiben, besonders verbreitet ist, dann lohnt es sich, darüber zu reden, anstatt so zu tun, als geschähe es nicht.

Offenbar passiert es mir immer wieder, daß ich in Hochstimmung meine Belastbarkeit durch Arbeit und andere Unternehmungen überschätze und mir mehr auflade, als ich mit meiner Kraft bewältigen kann. Diese Torheit wird ergänzt durch die Tatsache, daß meine fruchtbare Imagination sich ein Dutzend verschiedener Pläne für die Forschung, für Rundfunksendungen, für die Ausbildung oder die Erweiterung und Verbesserung der Pflege Sterbender erträumt, und dann mache ich mich daran, alle möglichen Leute davon zu überzeugen, daß ich vorhabe, diese Ideen auszuführen. Wäre ich nicht gleichzeitig wortgewandt, so würde das vermutlich keine Rolle spielen und nur dazu führen, daß ich von meinen Kollegen bis zur Beschämung ausgelacht würde; aber wenn ich in Form bin, kann ich beinahe jeden davon überzeugen, daß meine Ideen lohnend und praktikabel seien! Darum kann ich mich gut mit dem Gebet von Ogden Nash identifizieren:

Herr, sieh dies gebeugte Knie,
die fromm verschränkten Hände,
und höre meine Bitte, die
ich traulich zu dir sende.

Kein Wunder wünsch' ich mir, kein Licht
von visionärem Blitzen;
nur einmal, fleh' ich, laß mich nicht
tief in der Tinte sitzen.

Ein einz'ges Mal mein eigner Herr
zu sein, möcht' ich erhoffen;
ein ruhiges Tal im Wogenmeer
von Pflicht und Katastrophen.

Gib, daß ich nicht mehr auf mich nehm',
als was mir wirklich frommt;
laß mich erst lösen ein Problem,
bevor das nächste kommt.

Aus: *Prayer at the End of a Rope*

Im vergangenen Frühjahr war es einmal wieder so weit, daß ich mir mehr zugemutet hatte, als ich verkraften konnte: Vorträge zu Hause, Vorträge im Ausland, einige Rundfunksendungen und die erste Hälfte dieses Buches. Und es war nicht so, daß ich den Lauf nicht vollendet hätte: Ich schaffte es durchaus bis zur Ziellinie, zerriß das Band, und die Menge johlte und jubelte, als ich keuchend auf der Aschenbahn lag. Aber dann ging die Menge zum Kaffeetrinken nach Hause, und ich lag da, allein und zitternd, mit dem Mund voller Asche und einem Herzen, das sich in mir anfühlte wie ein ausgewrungenes und abgelegtes Handtuch.

Ich brauche immer lange, um den Zusammenhang zwischen der Überbeanspruchung meiner emotionalen Energie und der darauf folgenden Depression zu akzeptieren. Wenn die Depression gleich am nächsten Tag zuschlüge, würde ich vielleicht meine Lektion endlich lernen, aber so ist es nicht. Solange ich noch mitten drin stecke, bin ich in Höhenflug und bilde mir ein, ich würde prächtig mit allem fertig – doch dann fangen die Dinge an schiefzugehen, und ich gerate in Panik. Das erste, was aus dem Takt gerät, ist mein Schlaf. Statt um halb sieben oder sieben aufzuwachen, wache ich plötzlich um fünf auf, dann um vier, drei und schließlich um zwei Uhr. Meine Gedanken überschlagen sich, in meinen Eingeweiden rumort es, und ich weiß, daß ich erledigt bin. Die Verpflichtungen der nächsten paar Monate stellen sich in geschlossenen Reihen vor mir auf, um mich zu verspotten, und ich gerate in Todesängste. „Jetzt hast du es geschafft", sagen die Stimmen. „Du wirst dich zum Narren machen, und niemand wird dich je wieder respektieren. Du wirst deinen Job verlieren, und was wirst du dann tun?" Immer weiter geht das so, und die Panik steigt in meinem Hals auf wie Galle. Ich zwinge mich aufzustehen und gehe in die Küche. Die Stadt ist dunkel. Alles außer mir schläft. Niemand kennt solche Schlaflosigkeit wie meine, solchen Kummer wie meinen Kummer. Niemand ist da, mit dem ich reden könnte. Ich bin völlig allein. Niemand liebt mich. Ich bin eine totale Versagerin. – Immer weiter geht das so. Ich wälze mich in einem Meer von Schuldgefühlen, Elend und Verzweiflung.

Wenn man über Schlaflosigkeit klagt, machen die Leute oft banale Bemerkungen wie: „Leg dich einfach hin und entspann dich, das tut dir genauso gut." Oder: „Warum stehst du nicht einfach auf und schreibst ein paar Briefe, liest ein Buch oder malst ein Bild?" Es ist schwer zu erklären, daß man in solchen Tiefen der Verzweiflung kaum in der Lage ist, Briefe zu schreiben, es sei denn solche voller Selbstmitleid und

Zorn an einen Priester oder Seelsorger. Mir bleiben zwei Möglichkeiten: Ich kann ein medizinisches Fachbuch lesen, oder ich kann beten. Meistens bete ich, umklammere einen Becher Kakao und starre, in Pullover und Decken gehüllt, durch meine Tränen in das flackernde Licht einer Kerze. Manchmal ist mir selbst das unmöglich, und dann lese ich die Psalmen aus dem Brevier und versuche, eine Gemeinsamkeit mit den Mönchen und Nonnen zu fühlen, die auch zu dieser unmenschlichen Zeit beten. Vielleicht ist es kein Zufall, daß die Morgenpsalmen so oft die traurigen, zornigen Psalmen eines Volkes sind, das in Unterdrückung oder Not gefangen ist:

Mein Gott, mein Gott, warum hast du mich verlassen?
Ich schreie, aber meine Hilfe ist ferne.
Mein Gott, des Tages rufe ich, doch antwortest du nicht,
und des Nachts, doch finde ich keine Ruhe.

Psalm 22,2–3

Ich bin fasziniert davon, wie viele solcher beschwörenden Psalmen es gibt: Vielleicht ist meine Erfahrung eine viel häufigere Erscheinung unter den Menschen, als mir klar war; nur daß die Menschen nicht darüber reden, aus Angst davor, was andere von ihnen denken mögen. Wie dem auch sei, diese Worte spiegeln so klar meine eigenen Gefühle der Einsamkeit und Verzweiflung wider, daß ich sie leicht zu meinen eigenen machen kann.

Die gleiche Verbindung spüre ich zu dem Dichter und Priester Gerard Manley Hopkins, wenn ich *Carrion Comfort* oder ein anderes seiner Gedichte der Verlassenheit lese, wie etwa das Sonett, das so beginnt:

Ich wache und fühle den Grimm der Nacht, nicht Tag.
Welche Stunden, o welch schwarze Stunden
haben wir verbracht
Heut Nacht! was für Gesichte, Herz, sahst du;
Wege gingst du!
Und mußt noch mehr, da länger noch das Licht entfernt …

Ich finde Hopkins schwer zu ergründen, und ich behaupte nicht, daß ich die Tiefen dieses Gedichtes ausloten kann; nur daß solche Verse in mir widerhallen, wenn alles schwarz ist. Eigenartigerweise war es ein anderes seiner Gedichte der Verlassenheit, das mir half, den Aufstieg aus meinem jüngsten Abgrund der Verzweiflung zu beginnen. Ich kenne *Carrion Comfort* seit meiner Schulzeit, und mir gefiel schon immer dieses Bild des Ringens mit Gott, doch dieses Mal waren es die ersten Zeilen, die in mir eine Saite anschlugen, denn ich erkannte, daß ich meine Versuche, die Depression zu überwinden, aufgegeben hatte und wie Hopkins versucht war, in meiner Verzweiflung zu „schwelgen":

Nicht, ich will nicht, Aas-Labsal, nicht schwelgen in dir;
Noch aufzwirnen – ob sie schon schlaff sind – diese letzten Fasern Mensch.
In mir oder, zu Tod erschöpft, aufschrein: *Ich kann nicht mehr.* Ich kann;
Kann etwas, hoffen, wünschen Tages Anbruch, nicht wählen, nicht zu sein.
Doch weh, doch o du Schrecklicher, warum wolltest du roh auf mir
Deinen Welt-umwälzenden rechten Fuß wiegen? eine Löwenpranke gegen mich stemmen? durchspähn
Mit finster verzehrenden Augen mein zerschlagnes Gebein? und worfeln.
O mit Stößen des Sturms, mich dort Gehäufelten; mich von Sinnen vor Begier, dir zu entrinnen und zu fliehn?

Warum? Daß meine Spreu fliege; mein Korn liege schier und klar.
Nein, in all der Mühsal, der Wirrsal, seit scheints ich die Rute geküßt,
Die Hand vielmehr, schlürfte, siehe! mein Herz voll Kraft, stahl Freude, wollte lachen, jauchzen.
Jauchzen, wem doch? dem Helden, dessen Himmel-lenkende Hand mich warf? Fuß mich
Trat? oder mir, der wider ihn stritt? o welchem? beiden gar?

121

Jene Nacht, jenes Jahr
Nun abgetaner Finsternis, da ich Elender lag im Ringen
mit (mein Gott!) meinem Gott.

Gerard Manley Hopkins: *Carrion Comfort*

Wenn man sehr niedergeschlagen ist – oder zumindest wenn
ich sehr niedergeschlagen bin – dann suche ich verzweifelt
nach jemandem, der mich herauszieht. Ich rede darüber mit
denen, die mich unterstützen, und ich sehne mich nach
einer antidepressiven Pille, die ein Wunder bewirkt und
mich wieder in gute Stimmung und Hochform bringt. Was
mir wirklich schwerfällt zu akzeptieren, ist, daß zwar andere
mich unterstützen und meine Hand in der Dunkelheit halten können, aber *ich* es bin, die sich auf den Ausgang der
Höhle hinarbeiten muß. Ich bin es, die sich entscheiden
muß, nicht in meiner Verzweiflung zu schwelgen, sondern
die müden, schlaffen Sehnen der Entschlossenheit zu straf-
fen und zu hoffen, daß der Tag kommen *wird*. Das ist
schwer, sehr schwer, aber es ist möglich. (Denken Sie daran,
daß ich hier von starken Stimmungsschwankungen spreche,
nicht von krankhaften Depressionen.) Dieses Mal hörte ich
mir in müdem Zorn den Psychiater an, der mir sagte: „Treiben sie Sport? Warum kaufen Sie sich kein Fahrrad oder gehen schwimmen! Ich bin sicher, Sie könnten besser schlafen,
wenn Sie körperlich erschöpft wären." Ich hätte ihn am liebsten angeschrien: „Sie verstehen nicht – das Meer ist zu kalt,
das Becken zu klein, ich bin zu erschöpft. Die Berge sind zu
steil zum Radfahren – und außerdem gehe ich sowieso nicht
gern allein nach draußen." Doch dieses Mal war ich zu
schlapp, um zu antworten, und ließ es beleidigt über mich
ergehen. Dann ging ich nach Hause, kramte voller Haß gegen
ihn und mich selber und die ganze Welt meinen Badeanzug
hervor und ging ins Freiluftbecken schwimmen.
   Es war kalt – eiskalt, aber ich merkte plötzlich, daß die
Sonne schien und das Wasser glänzte und die Bucht voller
Segelboote war, die wie ein Vogelschwarm vorbeizogen, die
farbenfrohen Flügel herrlich gefüllt mit dem leichten Abend-

wind. Ich saß eine Weile da und schaute ihnen zu, und ohne daß ich es merkte, füllte sich mein Herz wieder mit Hoffnung. Seit drei Wochen bin ich jetzt jeden Tag schwimmen gegangen, nachdem ich mich aus dem Bett hochgekämpft habe und die Treppe hinunter zum Meer gegangen bin. Es ist fürchterlich kalt, aber oh, so schön, und jeden Tag fühle ich mich ein wenig kräftiger und meine Glieder bewegen sich freier. Ich hatte den Anblick des Hafens mit seinen Schiffen schon ganz vergessen, den man von dem Floß an der Mole aus genießen kann, und ich habe gelernt, die flüchtige, anspruchslose Gemeinschaft mit den anderen Morgenschwimmern zu genießen. Es muß sich zeigen, ob ich die Kraft habe, das ganze Jahr über der Kälte zu trotzen; für den Augenblick jedoch reicht es mir, daß ich mich wieder kräftig und gut fühle und daß ich schlafen kann.

Was ist die Bedeutung, die tiefere geistliche Bedeutung einer solchen Erfahrung? Hat sie überhaupt eine Bedeutung? Vielleicht hat sie, wie alles im Leben, jede Bedeutung, die Sie daraus ablesen können, oder jede Lehre, die Sie daraus ziehen können. Ich glaube, ich kann zwei wichtige Wahrheiten lernen aus meiner eigenen Erfahrung mit Depressionen, Erschöpfung, Ausbrennen, wie immer man es nennen will. Die erste ist die Lehre der Demut. Ich muß lernen und immer wieder neu lernen, daß ich nicht die Kraft habe, alles zu tun, was ich gerne tun möchte. Ich kann nicht einem anstrengenden Beruf gerecht werden, gleichzeitig jeden freien Moment mit Vorträgen, Schreiben und Rundfunksendungen vollstopfen und dann auch noch erwarten zu überleben. Ich bin nur ein Mensch, und ich habe sehr menschliche Bedürfnisse. Ich brauche Zeit für mich selbst, ich muß beten, spielen, lesen, mit Freunden zusammensein und Dinge tun, die Spaß machen. Wenn ich dauernd unterwegs oder erschöpft oder am Arbeiten bin, wie soll ich dann eine gesunde, entspannte Beziehung zu anderen Menschen aufbauen? Und wenn ich meine Freundschaften nicht pflege, wie kann ich erwarten, sie zu erhalten? Immer und immer wieder vergessen wir religiösen Menschen, daß wir nur Menschen sind und daß wir genau dieselben Bedürfnisse haben wie die Menschen, um die wir uns kümmern. Wenn wir zu stolz oder zu dumm oder zu schlecht organisiert sind, um uns Freizeit zu gönnen und uns um uns selbst zu kümmern, wer wird es dann tun? Und wenn wir zusammenbrechen, wer wird dann für diejenigen sorgen, die von uns abhängig sind? Sind wir es den Menschen, denen wir dienen, nicht schuldig, daß wir unsere Begrenzungen akzeptieren und unseren Geist und unseren Körper pflegen, so daß wir ihnen noch ein wenig länger dienen können? Ich habe gelernt, sehr wachsam zu sein gegenüber dem berühmten Gebet des Ignatius von Loyola:

Herr Jesus, lehre mich, großzügig zu sein,
zu geben und nicht die Kosten zu berechnen,
zu kämpfen und der Wunden nicht zu achten,
zu arbeiten und nicht nach Ruhe zu trachten,
es sei denn, in dem Wissen, daß
wir deinen heiligen Willen erfüllen.

Ist es *wirklich* der Wille Gottes, daß wir unser Menschsein verleugnen und uns selbst in Grund und Boden arbeiten? Ich glaube nicht. Ich rede hier nicht über Zeiten voller Katastrophen und Notfälle – in solchen Zeiten sind wir gewiß alle aufgerufen, bis an die Grenzen unserer Belastbarkeit zu gehen. Nein – ich rede von der Alltagsroutine im Dienst an Kranken, Behinderten oder sonstwie Benachteiligten. Wenn wir diese Arbeit während einer nennenswerten Anzahl von Jahren leisten wollen, dann müssen wir uns Freizeit gönnen, jeden Tag, jede Woche und jedes Jahr. Wir brauchen freie Tage und Urlaub wie alle anderen Männer und Frauen auch, denn wie engagiert wir auch sein mögen, wir bleiben doch genau das: gewöhnliche Männer und Frauen.

Ich sage das mit einer gewissen Leidenschaft, weil es unter Außenstehenden eine Tendenz gibt, zu meinen, die Leute in den Pflegeberufen seien irgendwie anders, opferbereiter oder ohne normale menschliche Bedürfnisse. Es besteht ein merkwürdiges Ungleichgewicht zwischen den Stimmen, die sagen: „Ich halte die Arbeit, die ihr tut, wirklich für wunderbar. Ich weiß nicht, wie ihr das schafft; ich könnte das bestimmt nicht", und den Stimmen (paradoxerweise denselben!), die wie Wachhunde unsere Gehälter, Krankengelder und Urlaubszeiten im Auge behalten, damit sie ja nicht ins Endlose steigen. Die Welt sehnt sich nach ihren Mutter-Teresa-Figuren, weil man sie so schön auf ein Podest stellen und bewundern kann – aber über Krankenschwestern (die die gleiche Arbeit tun), die einer Gewerkschaft angehören und gegen ihre schlechte Bezahlung protestieren, denkt sie ganz anders! In den vergangenen sechs Jahren haben ich und die Schwestern, mit denen ich zusammenarbeite, fast eintausend Patienten in unserem engen Zehn-Betten-Hospiz gepflegt. Ich glaube, wir sind eine hingegebene Gruppe von Pflegern, welchen Maßstab man auch immer anlegt; aber wir haben allzu oft das fadenscheinige, achtlose Verhalten von Leuten erlebt, die einfach nicht einsehen können, daß unsere Freizeit ein entscheidender Teil unseres Dienstes ist. Für die Demut des Pflegers ist es unverzichtbar, daß er seine Bedürfnisse kennt.

11
Der verwundete Heiler

Die eigene Verletzlichkeit
als Wahrheit und Quelle

Und als er sah, daß er ihn nicht überwand, schlug er ihn auf
das Gelenk seiner Hüfte, und das Gelenk der Hüfte Jakobs
wurde über dem Ringen mit ihm verrenkt.

Genesis 32,26

Vielleicht das Ärgerlichste, doch zugleich das Aufregendste
an den Evangelien ist ihr Reichtum an Paradoxen. Wollt ihr
euer Leben retten, werden wir gefragt? Wollt ihr in alle Ewigkeit glücklich leben? Nun, dann müßt ihr euer Leben erst
verlieren. Solange ihr nicht euer Kreuz auf euch nehmt, werdet ihr nie glücklich sein. Und, wenn wir gerade vom Kreuz
sprechen, wir dürfen nicht vergessen, daß zur Zeit Jesu das
Kreuz einen schändlichen Tod bedeutet – nicht nur ein geistliches Symbol für eine schwere Zeit.

Eigentlich war Jesu ganzes Leben ein Paradoxon: der bar-
füßige Messias, der mehr mit den Ausgestoßenen verkehrte
als mit dem Establishment; der Erlöser, der selbst den Unter-
drückern zum Opfer fiel – und durch sein Sterben seine Mission vollendete. Wirklich, wenn man darüber nachdenkt, ist
es sehr schwer zu begreifen. Paulus faßt unsere Schwierigkeiten zusammen, wenn er zu seinen verwirrten Jüngern von
der Torheit des Evangeliums spricht:

Denn die Juden fordern Zeichen, und die Griechen fragen
nach Weisheit, wir aber predigen den gekreuzigten Christus, den Juden ein Ärgernis und den Griechen eine Tor-

heit; denen aber, die berufen sind, Juden und Griechen predigen wir Christus als Gottes Kraft und Gottes Weisheit. Denn die Torheit Gottes ist weiser als die Menschen sind, und die Schwachheit Gottes ist stärker, als die Menschen sind.

1 Korinther 1, 22–25

Auch das geistliche Leben ist voller Widersprüche. Kaum meinen wir, etwas verstanden zu haben, stellt sich alles wieder auf den Kopf für uns; der Teppich wird unter unseren Füßen weggezogen, und wir sitzen auf dem Fußboden und murmeln: „Aber ich *dachte*, du hättest gesagt ..." Mit dem Paradoxen leben zu lernen ist ein wesentlicher Teil der Demut, der Verneigung in verblüffter Ehrfurcht vor einem geheimnisvollen, unbegreiflichen Gott. Nachdem ich also ausführlich darüber gesprochen habe, wie wichtig es ist, unsere Grenzen zu akzeptieren und auf uns selbst Rücksicht zu nehmen, damit wir als Pfleger überleben, muß ich nun zugeben, daß ich jedesmal, wenn Umstände oder eigene Dummheit mich in Dunkelheit und Leiden treiben, verbeult, aber bereichert wieder daraus hervorgehe. Adalbert Stifter, der Dichter und Philosoph aus dem 19. Jahrhundert, schrieb: „Schmerz ist ein Heiliger Engel, der dem Menschen Schätze zeigt, die anders ewig verborgenblieben."

Was ist es, das Schmerz und Leiden zu einem Werkzeug oder einer Gelegenheit der Offenbarung macht, zu einer Gabe des liebenden Gottes? Wir kommen wieder in Meister Eckharts Land – in das Territorium des treuen Gottes, der seine Freunde erkranken läßt, nicht weil er zornig auf sie ist, sondern gerade damit sie geläutert werden und lernen, sich auf ihn allein zu verlassen.

Die Erfahrung persönlichen Leidens hat zwei Aspekte, die ich als wichtig für den christlichen Dienst an anderen ansehe und auf die ich näher eingehen will. Der erste ist die ganz praktische Frage der Empathie, des Sich-Einlassens auf die Welt dessen, den wir pflegen; der andere ist die weitaus geheimnisvollere Angelegenheit, die in der Bibel beispielhaft durch Jakobs Kampf mit einem Engel dargestellt wird: die Begegnung mit dem lebendigen Gott.

Ich werde oft gefragt, ob meine Erlebnisse im Gefängnis mir geholfen haben, mich auf meine Arbeit mit Sterbenden vorzubereiten. Die Antwort lautet ja, denn jede wichtige Erfahrung der eigenen Ohnmacht muß einem eine gewisse Einsicht in die Empfindungen eines Menschen, der vor dem Tod steht, verschaffen, wenn sie auch noch so begrenzt sein mag. Woran erinnere ich mich aus meinen eigenen Erlebnissen, das mir hilft, meine Patienten zu verstehen? Was hat ein Gefangener des Gewissens in einem lateinamerikanischen *Gaol* mit einem Krebspatienten gemeinsam?

Ich glaube, meine stärkste Erinnerung ist die an die *Angst*: die Angst vor Schmerzen, vor Hilflosigkeit, vor Brutalität, vor Demütigung, vor dem Tod. Ich war von dieser Angst besessen wie von einem Dämon; sie war Tag und Nacht gegenwärtig und lauerte wie ein Tier in den Schatten. Sie drang in mein innerstes Wesen ein, stieg mir im Hals auf wie Galle und würgte mich wie eine Hand um die Kehle. Sie griff meine Knie an und verwandelte sie in Gelee, so daß ich kaum gehen konnte – und doch tat ich es. Sie griff den Verstand an, lähmte das Denken, verschleierte meinen Blick wie eine Augenbinde, so daß alle Orientierungspunkte verschwanden und ich unwiderruflich desorientiert und allein zurückblieb. Es war eine Angst, die in mir den Drang hervorrief, in Agonie aufzuschreien und mich zähnefletschend und zitternd wie ein Tier niederzukauern. Aber natürlich tat ich das nicht. Kein Mensch tut das. Man hält durch, beißt die Zähne zusammen, bleibt äußerlich ruhig und trägt seine Würde wie eine Rüstung, selbst wenn einem die Kleider heruntergerissen wurden und man nackt und verwundbar dasteht. Außenstehende sprechen manchmal von der Erniedrigung der Gefangenen – aber ich fühlte mich nie erniedrigt; nur verletzt, verwundbar und ängstlich. All das war hart, sehr hart, aber ich verlor nie die Hoffnung. Selbst als ich Angst hatte zu sterben, glaubte ich daran, daß ich überleben würde – und ich habe überlebt. So hart meine Erlebnisse also auch gewesen sein mögen, wie könnte ich wirklich die Tiefen der Angst ausloten, die Menschen durchleben, die *wissen*, daß sie sterben werden? Aber ich hatte zumindest einen Geschmack der Angst, und wie es ist, durch die Leere hindurch meine Hand zu bieten. Die zweite wichtige Erfahrung als Gefangene, die ich mit denen, die ich pflege, gemeinsam habe, ist ein Gefühl des *Verlustes*. Für diejenigen, die immer frei über ihr Leben und ihre Angelegenheiten verfügen konnten, ist es vielleicht unmöglich zu begreifen, wie es ist, die Zügel plötzlich aus der Hand gerissen zu bekommen.

Es ist schwer für solche, die keine Verfolgung gekannt,
Und die nie einen Christen gekannt,
An diese Legenden der Christenverfolgung zu glauben.
Es ist schwer für solche, die in der Nähe der Bank
wohnen,
An der Sicherheit ihrer Währung zu zweifeln.
Es ist schwer für solche, die in der Nähe der Polizeiwache
wohnen,
An den Sieg der Gewaltverbrechen zu glauben.

T. S. Eliot, aus: *Choruses from „The Rock"*, Kap. VI

Ebenso, wie es denen, die immer sicher in ihren Betten schlafen konnten, schwerfällt zu verstehen, was es bedeutet, ihre Freiheit zu verlieren, so fällt es auch denen unter uns, deren Körper immer ihren Befehlen gehorcht haben, schwer zu verstehen, was es bedeutet, Beine zu haben, die sich weder bewegen noch etwas spüren, oder eine Blase, die man nicht beherrschen kann. Im Gefängnis verlor ich meine Freiheit zu gehen, wohin ich wollte, auf die Toilette zu gehen, wenn ich mußte, zu essen, wenn ich hungrig war, zu lesen oder zu schreiben. Doch zumindest blieb mein Geist wach und mein Schließmuskel intakt. Wenn ich durch die Gitterstäbe meiner Zelle schaute, sehnte ich mich nach dem Gefühl von Gras unter meinen Füßen – nach dem Tag, an dem ich es wieder berühren würde. Doch die Sterbenden schauen aus ihrem Fenster auf die Autos und wissen, daß sie nie wieder fahren werden. Die Seeleute riechen das Meer und wissen, daß sie das Ruder zum letzten Mal in der Hand gehabt haben. *Das* ist Verlust. Ich kann ihn nicht ermessen, allenfalls die Oberfläche berühren.

Was ich dennoch mit ihnen gemeinsam habe, ist der Verlust jenes Gefühls der Unsterblichkeit und Unverwundbarkeit, das der Stolz der Jugend ist. Ist das Unmögliche, das Unaussprechliche einmal geschehen, kann *nichts* jemals mehr unmöglich sein. Jedes Knarren auf der Treppe wird zu einem Feind, jedes Auto mit Fehlzündung zu einer Maschinenpistole, jeder flüchtige Schmerz zu einem Anzeichen von Krebs. Doch vielleicht ist dieser Verlust keine schlechte Sache, denn er verschafft uns eine gemeinsame Unsicherheit, eine Verbindung mit der alten Dame, die überfallen, mit dem Mädchen, das vergewaltigt wurde, mit dem Mann, dessen Verdauungsstörungen sich als Krebs herausstellen. Man verliert die schützende Überzeugung, daß Autounfälle, Hirntumore und körperliche Gewalt Dinge seien, die nur anderen Menschen widerfahren, und weiß statt dessen, daß sie auch einem selbst geschehen können.

Wenn ich das so schreibe, klingt es ziemlich negativ und hart, aber so ist es nicht gemeint. Glück, das in der Wirklichkeit wurzelt, ist viel tiefer als solches, das auf Phantasie aufgebaut ist, und Leiden lehrt uns, daß das Glück uns unerwartet mitten in Not und Verlassenheit treffen kann. Es gibt ein gewisses Abstreifen der Äußerlichkeiten, das einen sowohl für Freude als auch für Trauer empfänglicher macht. Mehr davon später.

Meine Zeit im Gefängnis hat mich also in die Lage versetzt, *in carne propria*, wie die Lateiner sagen, im eigenen Fleisch zu erleben, was es heißt, unter unaussprechlicher Einsamkeit und Angst vor Schmerzen und Tod zu leiden. In diesem Sinne bin ich erfahren und auf meine Arbeit mit Sterbenden vorbereitet worden. Es gibt jedoch noch andere, viel alltäglichere und recht banale Erlebnisse, die mir ebenfalls geholfen haben, mich in die Welt der Todkranken einzufühlen. Ich habe schon von meiner Wut über den Mangel an

Intimsphäre in einer gynäkologischen Ambulanz gesprochen und davon, wie ich mich nicht so sehr durch das Entblößen meines Körpers als vielmehr meines neurotischen Verhaltens gedemütigt fühlte. Wir Briten haben, glaube ich, eine panische Angst davor, uns schlecht zu benehmen, und irgendwie hat man uns gewisse, sehr unterwürfige Verhaltensnormen in bezug zu unseren medizinischen Pflegern eingetrichtert. Wenn ich mit Menschen über das Sterben oder über den bevorstehenden Tod von Menschen, die sie lieben, spreche, kämpfen viele von ihnen mit den Tränen, und fast ausnahmslos entschuldigen sie sich dann dafür, daß sie weinen und meine Zeit verschwenden. Es ist eine große Freude, den Leuten die Erlaubnis geben zu können, zu weinen, zornig zu sein, traurig zu sein – ein voll bezahltes Mitglied der menschlichen Rasse zu sein, wie ich es gerne nenne.

Besonders Psychotherapeuten achten sehr darauf, Bedingungen herzustellen, in denen ihre Klienten sich trauen können, sie selbst zu sein. In seinem Buch *On becoming a Person* spricht Carl Rogers von den „Bedingungen für das Wachstum" in der therapeutischen Beziehung. Die erste dieser Bedingungen nennt er *Kongruenz*. Damit meint er, daß der Therapeut, sei es ein Arzt, ein Priester, ein Lehrer oder ein Elternteil, sich nicht nur seiner eigenen tiefsten Gefühle bewußt sein, sondern auch in Übereinstimmung mit ihnen handeln sollte. Damit meint er nicht nur, daß wir unsere Gefühle uns selbst gegenüber eingestehen sollten, sondern auch, daß wir uns nicht hinter einer Fassade verstecken und so tun sollten, als wären wir jemand, der wir nicht sind. Unsere Klienten werden sich nur dann trauen, sie selbst zu sein, wenn wir selber wahrhaft wir selbst sind. Ich habe festgestellt, daß ein warmes und informelles Verhalten gegenüber meinen Klienten an sich schon ein wirksames therapeutisches Werkzeug ist, das vieles von der Angst zerstreut, die durch den Gedanken, „zum Arzt zu gehen", entsteht.

Die zweite Bedingung ist, daß der Therapeut *Empathie* zeigen sollte: daß er die innere Welt des Klienten so erleben sollte, als wäre es seine eigene.

Die dritte Bedingung für das Wachstum ist das, was

Rogers *bedingungslose positive Zuwendung* nennt. Im Kern bedeutet das, daß unsere Haltung gegenüber dem Klienten ohne Vorurteil und Verurteilung ist. Wir lassen ihnen den Raum, zornig zu sein, von ihrer dunklen Seite zu reden und dabei sicher zu sein, daß nichts von dem, was sie sagen, dazu führen wird, daß wir sie ablehnen. Sie werden befreit von der Angst, daß, wenn sie zuviel von sich offenbarten oder „etwas Falsches sagten", der Arzt oder Priester erstarren oder wütend werden und ihnen die Tür weisen könnte.

Die vierte und letzte Bedingung ist, daß wir dem Klienten die Möglichkeit geben, etwas von unserer Kongruenz, unserer Empathie und unserer bedingungslosen positiven Zuwendung zu *spüren*. Es hat keinen Sinn, tiefen Anteil an Menschen zu nehmen und das hinter einer Barriere eiskalter professioneller Unnahbarkeit zu verbergen. Wenn die Leute nicht *wissen*, daß man an ihnen Anteil nimmt, dann werden sie unter tausend Ängsten leiden, mißverstanden oder abgelehnt zu werden. Nachdem ich selbst diese Art von Pflege durch Priester und andere professionelle Pfleger erlebt habe, weiß ich, daß das Gefühl der Geborgenheit und die daraus wachsende Bestätigung enorm heilsam sind. Ich glaube, das ist eine der wichtigsten Möglichkeiten, wie wir die Liebe Christi erfahren und weitergeben können. Ich glaube auch, daß es leichter ist, in dieser Weise offen und einfühlsam für Menschen zu sein, wenn wir einige der kleinen Ängste und Demütigungen, denen sie unterworfen sind, selbst erlebt haben.

Kürzlich verschaffte mir ein schwerer Asthma-Anfall einen kleinen Geschmack von dem Entsetzen, das Menschen überfällt, die um Atem zum Überleben kämpfen müssen, und ebenso von der schrecklichen Angst und Ungewißheit jenes Zwischenstadiums, in dem man nicht weiß, ob es einem schon schlecht genug geht, um den Arzt zu rufen, oder ob er einen für töricht halten wird, weil man ihn mitten in der Nacht aus dem Bett klingelt. Schwer war auch die Begegnung mit dem forschen jungen Arzt, der am Fuß meines Bettes im Krankenhaus stand und sagte: „Sicher möchten Sie gerne nach Hause" – während ich weder die Vorstellung, allein zu sein, noch die, meiner Familie und meinen Freunden zur „Last" zu fallen, ertragen konnte.

Genug davon. So hart es auch sein mag, krank zu sein, ich finde, daß sich jede Episode, wenn sie vorüber ist, in gewisser Hinsicht als ein Geschenk herausstellt. Stets hat sie mich Neues über mich selbst und über die Menschen generell lernen lassen und mir ein neues Werkzeug für mein Handwerk gegeben. Mir scheint, ein verwundeter Heiler ist einfühlsamer und barmherziger als solche, die immer nur stark und „heil" sind.

Die persönliche Erfahrung des Leidens hat jedoch noch einen weiteren, ganz anderen Aspekt, der sich darauf auswirkt, wie wir als Pfleger arbeiten, und das ist die Art und Weise, wie das Leiden für uns zu einer Begegnung mit dem lebendigen Gott werden kann. Das ist eine sehr geheimnisvolle Sache, über die nicht leicht zu schreiben ist, denn die Erfahrung ist keineswegs gleichförmig oder universal. Schweres persönliches Leiden ist eindeutig für manche Menschen eine Katastrophe, die ihren Glauben sowohl an Gott als auch an die menschliche Natur zerstört und sie dauerhaft geschädigt und verbittert zurückläßt. Andere jedoch werden als Personen unendlich gestärkt und verändert, erfüllt von einem Frieden und einer Großzügigkeit, die sie geradezu zum Leuchten bringen und zu einer Kraftquelle für die Menschen machen, die ihnen begegnen.

Ein solcher Mensch war Margaret, eine Dame in den Fünfzigern, die drei Monate bei uns im Hospiz verbrachte, bevor sie starb. Ihr Krebs hatte sich durch ihr Skelett verbreitet und schwächte ihre Knochen, so daß sie leicht brachen, und in ihren letzten Wochen erlitt sie Brüche an der Wirbelsäule, einem Bein und den Armen. Außerstande, sich im Bett zu drehen oder ihre Hände mehr als ein paar Zentimeter weit zu bewegen, setzte sie ihre Zeit ganz für andere ein. Sie arrangierte Geschenke für alle, die sie liebte: für ihren Mann ein Gemälde von dem Fleckchen, an dem sie gerne Picknick gehalten hatten; ein vergrößertes Foto für mich und so weiter. Lange Zeit war es ihr Wunsch, nach Hause zu können, doch als sie erkannte, daß das unmöglich war, nahm sie es hin, richtete ihren Blick nach außen und freute sich am Kommen und Gehen ihrer Familie und des Pflegepersonals. Obwohl sie sich weder bewegen, noch ihren Stuhl kontrollieren konnte und an Schmerzen litt, hatte sie sich hervorragend unter Kontrolle und spendete allen Kraft, die an ihr Bett traten. Es würde kaum überraschen, wenn Margaret eine tief an Christus gläubige Frau gewesen wäre, die ihr Vertrauen auf Gott setzte und von ihm ihre Kraft erhielt. Doch es war so, daß sie weder an Gott noch an ein Leben nach dem Tode glaubte. Während ihrer ganzen Krankheit hielt sie an dem Glauben fest, ihr Tod werde das Ende sein. Ihr Glaube richtete sich auf die Liebe und auf Menschen, und das reichte aus, um ihr die Kraft zu einem offenbar heldenhaft selbstlosen Leben zu geben.

Ich erzähle diese Geschichte, weil es so wichtig ist, daß Christen nicht der Täuschung erliegen, sie hätten ein Monopol auf Güte. Ich habe viele opferbereite christliche Schwestern und Ärzte getroffen, aber noch viel mehr ebenso selbstlose Nichtchristen. Der Geist Gottes kennt keine kulturellen, nationalen oder konfessionellen Grenzen.

Wieder einmal scheint es angemessen, meiner persönlichen Erfahrung des Leidens und von dem, was ich daraus gelernt habe, zu schreiben. Dieses Mal schreibe ich vom Unfaßbaren, vom Unerkennbaren: von dem, was ich als Begegnung mit Gott verstehe. Diese Erfahrung hat mein Leben insofern verändert, als sie mir eine Art fleischliches Wissen, eine Überzeugung aus dem Bauch heraus von einem allmächtigen, liebenden Gott vermittelt hat. Diese Überzeugung ist, glaube ich, die größte Gabe, die ich in meine Arbeit einbringen kann, da sie mich irgendwie fähig macht, denen Kraft zu geben, die unter Angst und Schmerzen leiden.

Meine besondere Begegnung mit Gott fand in der Einzelhaft im Gefängnis statt – aber sie hätte genauso gut nach einem schweren Unfall, einer Krankheit oder einem Verlust geschehen können. Das Wesentliche an der Situation war eine Erfahrung der Schutzlosigkeit und Ohnmacht, die mich empfänglicher und offener für die Gegenwart Gottes machte.

Es ging so vor sich. Nachdem ich wegen der Behandlung eines verletzten Revolutionärs von der Geheimpolizei verhaftet und verhört worden war, wurde ich vom Folterzentrum in ein anderes Gefängnis gebracht und in Einzelhaft gesteckt. Hier, ganz auf mich selbst angewiesen und mit der ständigen Angst vor neuen Verhören im Nacken, merkte ich, daß ich zum ersten Mal seit meiner Verhaftung genügend emotionalen und intellektuellen Spielraum hatte, um zu wählen, was ich tun wollte. Mein erster Impuls war, zu Gott um Hilfe zu schreien, im Geiste gegen die Gitterstäbe meiner Zelle zu hämmern und um Freilassung zu betteln. Mich, die ich schließlich vorhatte, ihm mein Leben als Nonne zu widmen, mußte er doch sicherlich besonders lieben, so daß ich um seine Gunst bitten durfte? Dann kam mir etwas sehr Merkwürdiges in den Sinn: Obwohl ich wußte, daß es vollkommen richtig und angemessen gewesen wäre, den Himmel mit meinen Gebeten um Freilassung zu belagern, wäre es noch besser, Gott nicht in bittender Haltung, sondern in Hingabe meine leeren Hände hinzuhalten. Ich würde nicht sagen: „Bitte, laß mich hier heraus", sondern „Hier bin ich, Herr, nimm mich. Ich vertraue dir. Tu mit mir, was du willst." In meiner Ohnmacht und Gefangenschaft blieb mir eine einzige Freiheit: Ich konnte mich in die Hände Gottes hingeben. Vielleicht war es kein Zufall, daß ich von einem Freund ein Buch bekam, in dem das folgende Gedicht enthalten war:

Hingabe

Was ist eine Erfahrung der Hingabe?
Besteht sie darin, sich selbst
auf Gottes Türschwelle zurückzulassen,
in den Rest des Lebens zu gehen
und keine Angst,
Furcht,
Frustration in sich einzulassen?

135

Besteht sie darin, von Gott zu erwarten,
einen warm zu halten,
geborgen,
und sicher,
unversehrt?
Ist das Hingabe?

Hingabe hat nichts zu tun
mit der Wärme von Schoß oder Armen
oder eng umschlungenen Herzen.

Es ist nicht etwas, das ein Kind tut.
Es wird an ihm getan.
Es kann nicht *an* einem Erwachsenen getan werden.
Es wird von ihm getan.
Hingabe wird nur vollzogen
mit und in der Reife Christi Jesu.

Sie ist nicht nur ein Hängenlassen.
Sie ist ein Loslassen.
Sie ist ein Zerschneiden der Drähte,
mit denen man manipulierend,
kontrollierend,
verwaltend,
die Kräfte seines Lebens lenkt.

Hingabe heißt, alle Dinge so zu empfangen,
wie man ein Geschenk empfängt,
mit geöffneten Händen,
einem geöffneten Herzen.

Hingabe an Gott
ist der klimaktische Punkt
im Leben jedes Menschen.

Verfasser unbekannt, aus: Edward Farrell,
Disciples and other Strangers

So kämpfte ich also in den nächsten drei Wochen darum, die Drähte meines Lebens loszulassen und mich in die Hände Gottes zu geben. Das war keine dramatische Geste, die ein für allemal vollzogen wurde, sondern ein langer und furchtbarer Kampf, ein Ringen mit einem unsichtbaren Fremden in den dunklen Stunden der Nacht. Der Kampf hatte schon einige Monate zuvor auf dem Gelände eines Freizeitheims bei Santiago begonnen, als ich mir eine Woche freigenommen hatte, um zu beten und mir darüber klar zu werden, ob ich berufen sei, Nonne zu werden oder nicht. Damals kam mir die Vorstellung von meinem Leben als einem Bankscheck, auszuzahlen an Gott, wobei der Betrag und der Zeitpunkt der Auszahlung dem Bezugsberechtigten überlassen bleibt. Es schien ein sehr schwerer Schritt zu sein, als ich in Tränen auf einem Bett aus Herbstlaub lag und mein „fiat" sprach, doch in gewisser Hinsicht war es nur ein frommes Spiel. Nun jedoch mußte ich die Karten auf den Tisch legen. Ich hatte damals mein Leben an Gott übergeben, wollte ich also nun dieses Angebot zurückziehen? Hing mein Geschenk noch an Drähten; war meine Liebe Bedingungen unterworfen? Tag für Tag kämpfte ich. Manchmal riß ich den Scheck wieder an mich und riß ihn entzwei oder warf ihn auf den Boden; zu anderen Zeiten dann, wenn meine Tränen versiegt waren, hob ich ihn wieder auf, glättete das zerknäulte Papier, klebte die Stücke zusammen und überreichte ihn von neuem. Wie oft sich dieses Drama abspielte, weiß ich nicht, doch dann kam ein Tag, an dem ich den Scheck nicht mehr zurücknehmen wollte und das Gebet des Ignatius von Loyola zu meinem eigenen machen konnte: „Gib, daß ich dich immer liebe, dann tu mit mir, was du willst."

Diese Erfahrung der Hingabe fand freilich in der recht melodramatischen Umgebung eines chilenischen *Gaol* statt, doch sie hätte sich genauso gut in einem britischen Krankenhaus, einem Kloster oder einem Wohnhaus in der Vorstadt ereignen können. Es war ein innerer Akt, ein geistliches Ringen, das sich in den Grenzen körperlicher Ohnmacht vollzog. Diese Entscheidung für die Hingabe steht allen offen, die in äußeren Umständen gefangensitzen, und sie ist das

Mittel, durch das die Gefangenen ihren Fesseln entkommen können. Wie ein Vogel im Käfig können sie sich dafür entscheiden, bis zur Erschöpfung mit den Flügeln gegen die Gitterstäbe zu schlagen – oder sie können lernen, in den Grenzen ihres Gefängnisses zu leben, und zu ihrer Überraschung feststellen, daß sie genug Kraft haben, um zu singen. Wem der Mut geschenkt wird, seine Situation zu akzeptieren, der stellt fest, daß ihm viel größere Reserven an emotionaler Kraft geblieben sind, als er ahnte, denn die Kraft, die er bisher in dem vergeblichen Versuch zu entkommen erschöpfte, steht ihm nun zur Verfügung, um sich seiner Situation zu stellen. Es ist ein wichtiger Teil meiner Arbeit mit Sterbenden, Menschen zu helfen, das anzunehmen, was ihnen geschieht; und dazu gehört nicht, wie man landläufig annimmt, ein Aufgeben des Kampfes, sondern ein Loslassen, um zu wachsen und frei zu sein.

Zu Beginn dieses Abschnittes über Hingabe sprach ich kühn von einer Begegnung mit Gott. Es ist schwierig, von einer solchen Erfahrung verständlich zu reden. Es ist keine Frage von Visionen oder gehörten Stimmen, sondern wie Jakob weiß man, daß man die ganze Nacht mit einem Fremden gerungen hat und bei Tagesanbruch hinkend, aber auf irgendeine Weise gesegnet aus diesem Kampf hervorgeht.

12
Leben in Einheit

Was an Tiefe fehlt, gleicht Vielfalt aus

Siehe, wie fein und lieblich ist's,
wenn Brüder einträchtig beieinander wohnen!

Psalm 133,1

Nachdem ich recht ausführlich über die Erfahrung persönlichen Leidens und darüber, wie sie uns sowohl demütigt als auch formt, geschrieben habe, wende ich mich einer anderen sehr wichtigen Ursache von Schmerzen bei Pflegern zu: den zwischenmenschlichen Konflikten. Wie auch sonst in diesem Buch habe ich keine eindeutigen Antworten zu bieten – nur einige Erinnerungen von jemandem, der mitten in einer besonderen Situation steht: einem Hospiz für Sterbenskranke.

Das erste, das zu sagen wäre: Es gibt Konflikte in jeder Gemeinschaft, und sie verursachen nicht nur viel persönliches Leid, sondern können auch die Arbeit der Gruppe schwer schädigen. Die nächste Beobachtung ist, daß solche Konflikte dem beiläufigen Betrachter oft verborgen bleiben – etwa den Patienten, die in einem Hospiz gepflegt werden, oder ihren Familien, den Gästen in einem Freizeitheim oder den Besuchern in einer klösterlichen Gemeinschaft. Oft teile ich mit Freunden aus einer Freizeitarbeit oder aus anderen Gemeinschaften die sarkastische Belustigung, die sie empfinden, wenn Besucher ausrufen: „Was für eine wunderbare Atmosphäre – man spürt es, kaum daß man hereingekommen ist!" Man lächelt dann rätselhaft und sagt nichts dazu, während man inständig hofft, daß die gespannten

Stimmen hinter der geschlossenen Tür unhörbar bleiben und daß die Narben auf dem eigenen Herzen sich noch ein wenig länger verbergen lassen.

Gerard Manley Hopkins fängt in seinem Gedicht *Im Tal des Elwy* dieses ganz besondere Gefühl des Willkommens ein, daß manche Häuser in einem Besucher hervorrufen können:

Eines Hauses gedenk ich, wo alle gut zu mir waren,
Der, Gott weiß es, nicht solches verdient:
Stärkender Wohlgeruch weitete schon beim Eintritt
entgegen.
Frisch hergeholt, denk ich, aus würzigem Wald.
Jene erquickende Luft verbreitete sich hegend um jene
guten Leute
Ganz und gar, wie ein Häuflein Eier der mutternde Flügel
hegt,
Oder milde Nächte die neuen Boten des Frühlings:
Wie nicht? es schien sich von selbst zu verstehn,
Schien, als müßt' es so sein.

Ich habe lange geglaubt, dieses Gedicht beziehe sich auf St. Beunos, das massive Jesuitenhaus im Clwyd-Tal, wo Hopkins viele seiner Gedichte schrieb und wo auch ich von Zeit zu Zeit Zuflucht fand, wenn mein Herz in Aufruhr war. Doch er spricht hier *nicht* von seiner religiösen Gemeinschaft, sondern von Freunden in London! Wenn man darüber nachdenkt, ist das nicht verwunderlich, denn Hopkins war seiner eigenen Gemeinschaft zu nahe, um sich nicht der Disharmonie hinter der einladenden Fassade schmerzlich bewußt zu sein.

Ich schreibe *Fassade*, denn genau darum handelt es sich: Wir bieten dem Fremden ganz unbewußt eine Wärme und ein Willkommen, das nur eine Facette der Wahrheit über unser Gemeinschaftsleben ist. Wir lassen ihn für eine Weile an unseren Reichtümern der Liebe und Gemeinschaft teilhaben, aber wir schirmen ihn von den schmerzhaften Kräften ab, durch die wir als Gruppe geformt werden. Wie die

140

ganze Schöpfung seufzen wir in großer Mühe. Gott wirkt in uns, entkleidet uns, höhlt uns aus, formt uns, läutert uns in einem unendlich schmerzhaften Prozeß, ohne den wir aber nie zu einer Gemeinschaft werden könnten. Mir kommt es wie ein Witz vor, daß ich, die ich nach zwanzigjährigem Eiertanz um die Frage, ob ich zur Nonne berufen sei, herausfand, daß ich zum klösterlichen Leben völlig ungeeignet bin, mich nun doch mitten in einer Gemeinschaft von Frauen wiederfinde. Wenn man an einen Gott glaubt, der „auf krummen Linien gerade schreibt", dann waren vielleicht meine achtzehn Monate als Novizin eine Vorbereitung, wenn auch nicht, wie ich beabsichtigte, für die Gründung meiner eigenen klösterlichen Gemeinschaft, sondern für meine Aufgabe als medizinische Leiterin eines Krebs-Hospizes! Lassen Sie mich Ihnen von meiner Erfahrung im Gemeinschaftsleben erzählen; denn was ihr an Tiefe fehlt, das gleicht sie durch Vielfalt aus!

Meine erste Erfahrung mit einer Gemeinschaft machte ich, wie so viele katholische Schulmädchen, in einem von Nonnen geleiteten Internat. In den frühen fünfziger Jahren erfreuten sich die Katholiken noch einer intellektuellen Gewißheit über die Wege Gottes die das Zweite Vatikanische Konzil für immer sprengte. Die Nonnen *wußten* mit einer tiefen Gewißheit, daß das klösterliche Leben der höchste mögliche Weg war, Gott zu dienen, und daß jede, die eine „Berufung" hatte, Nonne zu werden, von Gott besonders geliebt war.

Angesichts dessen ist es keine Überraschung, daß die Ehrgeizigeren oder Beeinflußbaren unter uns von den sogenannten „göttlichen Masern" befallen wurden: von dem Glauben, Gott berufe uns zu einem klösterlichen Leben. Mein eigener Anfall kam mitten in einer ziemlich plumpen „Berufungs-Freizeit", während derer wir ganz und gar im Gebet versinken sollten, um über unsere unsterblichen Seelen nachzudenken. Von Postern mit Aufschriften wie „Wir wachsen wie die, mit denen wir leben – die Nonne lebt mit Christus", oder der suggestiven Frage „Ruft Gott DICH ins klösterliche

Leben?" umgeben, wie wir damals waren, ist es vielleicht kein Wunder, daß ich fast vierzig Jahre brauchte, um mich davon zu überzeugen, daß ich *nicht* von Gott weglief, sondern *auf ihn zu.* Heute weiß ich, daß meine Berufung, mein bester Weg, Gott zu dienen, nicht in einen Konvent führt, sondern darin besteht, daß ich in Liebe die Aufgabe erfülle, für die ich am besten gerüstet bin.

Doch natürlich war es nicht nur der Berufungstrieb, der mich davon überzeugte, daß ich Nonne werden sollte: Es war auch die Tatsache, daß ich in diesen Frauen Eigenschaften der Wärme und Großzügigkeit wahrnahm, die mir außerhalb des Konventes noch nicht begegnet waren. Wie auch immer die Qualität ihres Gemeinschaftslebens gewesen sein mag, sie vermittelten mir jedenfalls eine Ahnung von etwas so Besonderem, daß ich die nächsten fünfundzwanzig Jahre damit verbrachte, ihm nachzujagen.

Meine nächste Erfahrung mit einer Gemeinschaft hatte ich, nehme ich an, in den sechziger Jahren, als ich zuerst Medizinstudentin und dann in der Facharztausbildung im „Radcliffe Infirmary" in Oxford war. Vielleicht ist es etwas weit hergeholt, ein großes Krankenhaus eine Gemeinschaft zu nennen – und doch waren wir als Gruppe von Menschen im Dienst für unsere Patienten miteinander verbunden. Ich absolvierte meine Facharztausbildung in der „schlechten" alten Zeit, als die Assistenzärzte keinerlei Freizeit hatten und wir innerhalb der Grenzen des Krankenhauses arbeiteten, schliefen, aßen und unseren Spaß hatten. Ich erinnere mich, daß ich, als ich am ersten Morgen zu spät zur Arbeit kam, mein Fahrrad vor dem Haupteingang des Krankenhauses zurückließ – um festzustellen, daß es verschwunden war, als ich drei Monate später wieder herauskam, um es mir zu holen! Doch trotz alledem sind meine Erinnerungen an jenes erste Jahr als Ärztin mit viel Nostalgie gefärbt. Man war so stolz darauf, zu einem großartigen und lohnenden Unterfangen zu gehören, daß man die endlosen Arbeitsstunden, das schlechte Essen und die armseligen Lebensbedingungen auf sich nahm. Außerdem bestand zwischen uns ein erstaunliches Kameradschaftsgefühl, das uns auf eine Weise zusammenschweißte, die heute, da viele junge Ärzte verheiratet oder nur jede dritte oder vierte Nacht auf Bereitschaft sind, nicht mehr möglich zu sein scheint. Ich sage nicht, daß es zu meiner Zeit besser war, aber es war anders. Es gab auch eine eigenartige Loyalität zwischen Leuten, die in der hierarchischen Struktur weit voneinander entfernt waren. Ich vermute, daß es eine ziemlich autoritäre Welt war, aber ich erinnere mich mit echter Zuneigung an die Belegschaft, die sich in einer Weise um uns kümmerte, die in unserer heutigen, demokratischeren Gesellschaft nicht mehr so üblich ist. Ich will nicht leugnen, daß die großen Krankenhäuser vor zwanzig Jahren voller stolzer Ärzte und unterbezahlter Portiers waren – aber wir hatten einen Teamgeist, der heute nicht mehr so häufig anzutreffen ist. Und wie stand es damals mit Konflikten? Ich erinnere mich nicht an irgendwelche tiefgehenden Fehden – lediglich an ein gelegentliches Gerangel zwischen Leuten, die müde und schlecht gelaunt waren. Im Rückblick würde ich vermuten, daß es Konflikte und Verletzungen unter den Oberärzten gab, denn das scheint es immer zu geben – aber davon mußten wir Assistenzärzte nichts spüren. Außerdem gab es noch die althergebrachte hierarchische Struktur, durch die Menschen ihren eigenen emotionalen Freiraum schützten, während sie im Krankenhaus waren, und die zu einem etwas formalen, stilisierten Umgang miteinander führte, der den Verhaltensmustern in der Armee oder in einem Kloster nicht unähnlich war.

Ich muß zugeben, daß ich, nachdem ich mich lange Zeit über die hierarchischen Barrieren lustig gemacht habe, in meinem mittleren Alter allmählich ihren Wert schätzen lernte. Es ist nicht leicht, eine Autoritätsstellung einzunehmen, und noch schwerer, ein guter Leiter zu sein; und vielleicht macht eine gewisse Distanz und eine formelle Art des Umgangs es leichter, in Auseinandersetzungen unparteiisch zu bleiben und, wo nötig, zurechtzuweisen. Es ist außerdem eine ganz grundlegende Tatsache, daß wir alle nur ein begrenztes Maß an emotionaler Kraft haben und man es nicht allen Menschen recht machen kann. Ich befürworte bestimmt nicht eine Art von Gesellschaft, in der diejenigen, die Autorität innehaben, pompös und arrogant auftreten dürfen, sondern eher einen gewissen Kompromiß zwischen zwei Lebensweisen. Leider ist nichts je schwarz oder weiß, so sehr wir uns das auch vielleicht wünschen!

Ich verbrachte eine Reihe von Jahre in diesen merkwürdigen medizinischen „Gemeinschaften", arbeitete rund um die Uhr und vergnügte mich in den Zwischenzeiten ebenso eifrig. Eines meiner glücklichsten Jahre verbrachte ich am „Churchill-Krankenhaus" in Oxford, wo ich die Facharztausbildung in Chirurgie machte. Wir wohnten in alten Wellblechhütten, die noch aus den Kriegsjahren übriggeblieben waren und Churchill als amerikanisches Armeelazarett gedient hatte. Sie waren unglaublich häßlich, aber gut geheizt, und wir waren damals nicht sehr anspruchsvoll. Wenn wir auch nicht anspruchsvoll waren, so glichen wir das jedoch aus, indem wir auf zwielichtige Weise für unsere Bedürfnisse sorgten, und die Behörden drückten ein Auge zu, solange wir unsere Arbeit taten und das Krankenhaus nicht niederbrannte. Einmal waren etwa ein Dutzend von uns in meiner Hütte zu gesetzwidrigem Tun versammelt. Mit meiner Philosophie, daß nichts unmöglich sei, solange seine Unmöglichkeit nicht bewiesen sei, gehörte ich wahrscheinlich zu den Rädelsführern.

Es geschah folgendes. Nachdem ich eine besonders anstrengende sechsmonatige Phase auf der Unfall- und Notfallstation des „Radcliffe" hinter mich gebracht hatte, bekam ich eine Woche Urlaub, bevor ich meinen nächsten Job als Stationsärztin in der Plastischen Chirurgie im „Churchill" antreten mußte. Als ich, erfrischt von meiner Woche in Devon, dort ankam, stellte ich fest, daß Consuelo, eine chilenische Ärztin, die mit einem Stipendium des „British Council" in England war, mich in der Zwischenzeit vertreten hatte. Wir wurden gute Freunde, und ich entdeckte, daß sie in einem möblierten Zimmer in Headington ihr kaltes und einsames Dasein fristete. Das erschien uns unsinnig, da sie doch zu uns Assistenzärzten gehörte, und als wir entdeckten, daß im Lagerraum ein zusätzliches Bett verstaut war, setzten wir es zusammen und brachten sie zwischen den

Koffern unter. Fast einen Monat lang ging das gut, doch dann beschwerte sich die Putzfrau bei ihrer Vorgesetzten. (Habe ich vor ein paar Seiten nicht ziemlich sentimental davon geschrieben, wie Ärzte von ihrem Hauspersonal verwöhnt werden? vielleicht war es im „Churchill" anders!) So leicht ließen wir uns jedoch nicht unterkriegen, und mir kam eine glänzende Idee. Die Facharztanwärterin in Thorax-Chirurgie war eine verheiratete Frau namens Phil, die viele Jahre als Psychotherapeutin gearbeitet hatte und sich jetzt eine medizinische Qualifikation verschaffte, damit sie als Psychiaterin praktizieren könnte. Wir kamen überein, daß es schlecht für Phil's Ehe sei, wenn sie von ihrem Mann getrennt sei; also brachten wir sie jeden Abend in Consuelos altem Ford „Harry" (natürlich nach Henry Ford benannt) nach Hause, während Consuelo in ihrem Bett schlief und ihre Nachteinsätze übernahm. Als ich in die Allgemeine Chirurgie versetzt wurde, bekam Consuelo den Job in der Plastischen Chirurgie, und eine Zeitlang waren wir alle legal untergebracht; doch dann lief mein Job aus, und ich war diejenige, die keinen Platz zum Schlafen hatte. Unbekümmert holten wir uns ein sauberes Bett, eine Matratze und einen Sessel aus der Gerümpelkammer des Krankenhauses, und ich richtete es mir in Consuelos Zimmer ein. Als wir das Krankenhausessen leid waren, machten wir uns ernsthaft an die Haushälterei, und eines Samstagnachmittags brachten wir durchs Fenster einen Kühlschrank und einen kleinen Herd herein. Das war die Zeit der Plünderungen! Während ich in Consuelos Hütte campierte, ließ Danny aus Australien, der Facharztanwärter für Geburtshilfe und Gynäkologie, seine Frau und sein Baby bei sich wohnen, während ein anderer Interner eine schöne chinesische Freundin hatte, die ihm sein Essen kochte und sein Bett wärmte. Hatten wir einen Spaß!

In jener Zeit hatten wir also unsere Konflikte mit den Autoritäten, weil unsere zwielichtigen Aktionen zu beinahe offenen Auseinandersetzungen führten, wie bei der Gelegenheit, als ich einen fröhlichen Sonntagmorgen damit verbrachte, ein Ende meines Bettes abzusägen, um einen Diwan daraus zu machen, und mich prompt am Montagmorgen beim Verwalter melden mußte! Doch so leicht wird man mit weiblichen Schlichen nicht fertig, und so flüchtete ich mich mit meinem Fall zu einem noch höheren Vorgesetzten und fand mich schließlich sherrytrinkend mit ihm im Konferenzraum wieder. Diese Mentalität leistete mir fast zehn Jahre später gute Dienste, als ich wieder einmal in Baracken hausen mußte – dieses Mal in einem chilenischen Konzentrationslager.

Als ich nach vier Tagen in einem Verhörzentrum und drei Wochen Einzelhaft im Straflager Tres Alamos ankam, drängten sich dort hundertzwanzig Frauen in einem einzigen Gebäude. Wir schliefen zu siebt in einem Zimmer von neun Quadratmetern – vielleicht auch weniger. Sechs von uns hatten Pritschen; die siebente, Cristina (die heute Ärztin in England ist) schlief auf dem Boden. Die fünf Wochen, die ich mit diesen vorwiegend marxistischen Gewissensgefangenen verbrachte, waren, glaube ich, meine beeindruckendste Erfahrung von Gemeinschaft, die meine späteren Erlebnisse mit dem Leben in einem Konvent bei weitem überstieg. Das kann kaum überraschen, nehme ich an, denn Gewissensgefangene sind eine ganz besondere Auswahl von Menschen, die nicht nur sehr idealistisch, sondern auch mutig und sehr diszipliniert sind. Was mich damals wirklich beeindruckte – die Erinnerung leuchtet mir bis zum heutigen Tag –, war das Erlebnis einer wirklich liebevollen und anteilnehmenden Gemeinschaft. Ich denke an Anita Maria, die mir, nachdem mir zum dritten Mal mein Haar ins Essen gefallen war, eine Haarspange reichte – die einzige, die sie hatte, aus ihrem eigenen Haar. *Das* war echtes Teilen – das wegzugeben, was man selbst brauchte, nicht nur, was man über die eigenen Bedürfnisse hinaus hatte. Es ist schwer, beim Gedanken an diese Zeit nicht sehnsüchtig zu werden. Sie hatten eine Art Reinheit und Liebe an sich, die uns – als wir von allem beraubt, was wir hatten – zu einem Leib zusammenschmiedete und den Schwächeren gern das gab, was wir lieber für uns selbst behalten hätten. Ich glaube wirklich, daß wir eine Zeitlang in einer Art ursprünglich christlicher Gemeinschaft lebten. Wie lange sie hätte andauern können, kann niemand sagen. Es reichte aus, es einmal erlebt zu haben, und dafür bin ich dankbar.

Wahrscheinlich war es naiv von mir zu erwarten, ich könnte den Geist des Gefängnisses von Tres Alamos in einem britischen Konvent wieder einfangen – doch das tat ich, als ich brennend vor Eifer für das Ideal des klösterlichen Lebens und voller vorgefaßter Vorstellungen davon, wie es gelebt werden sollte, von der Abtei in Ampleforth in einen halbgeschlossenen klösterlichen Konvent zog, um Novizin zu werden. Für mich war diese Erfahrung ziemlich traumatisch, und nach achtzehn Monaten wurde ich gebeten, den Konvent zu verlassen, weil es nicht zu übersehen war, daß ich für das dortige Leben nicht geeignet war.

Es fällt mir wirklich sehr schwer, leidenschaftslos und ehrlich über das klösterliche Leben zu schreiben. Manche Leute schreiben als Außenseiter darüber, oft recht sentimental, und erweisen damit, glaube ich, den Nonnen keinen guten Dienst. Andere schreiben darüber, nachdem sie über die Mauer gesprungen sind, und schildern ihre Erlebnisse mit schlecht verhohlener Bitterkeit. Solche Bücher werden dann oft von den Zeitungen breitgetreten und von den Frommen als Gehader eines ungefestigten und böswilligen Geistes abgetan. Selbst heute, Jahre später, ist es mir eigentlich zuwider, über meine eigene Erfahrung im Konvent zu schreiben, denn damit würde ich riskieren, eine Gruppe von Frauen zu verletzen, die mich herzlich aufnahmen und alles, was sie hatten, mit mir teilten. Doch die Tatsache bleibt bestehen, daß ich oft (wenn auch nicht immer) schrecklich unglücklich war. Ich fühlte mich wie ein Vogel im Käfig und jammerte nach Freiräumen, nach meinen Freunden und nach intellektuellen Anreizen. Ich vermißte schmerzlich den schnellen Austausch von Schlagfertigkeiten und intellektuellen Argumenten, den ich im Ampleforth kennengelernt hatte, und vergrub mich in Büchern über Geschichte und Theologie. Ich fühlte mich unendlich begrenzt durch eine Welt, in der beinahe alles, was ich instinktiv tat, falsch zu sein schien, und wo ich mich entweder innerlich beugte und versuchte, etwas zu sein, was ich nicht war, oder mich entspannte und mir damit neuen Ärger auflud.

Ich verstehe eigentlich immer noch nicht richtig, was falsch war. Heute ist mir völlig klar, daß ich persönlich nicht zu dieser speziellen Gemeinschaft paßte, obwohl ich mit ihren *Idealen* vollkommen übereinstimmte. Es sind nicht so sehr die Ideale als vielmehr das Leben der Ideale, womit ich Schwierigkeiten hatte. Eine besondere Erscheinung in Konventen ist eine gewisse Rückwärtsgewandtheit, um die älteren Mitglieder der Gemeinschaft nicht zu verprellen. Das bedeutet, daß aus einer mißverstandenen Vorstellung von Liebe heraus überholte oder gar törichte Ideen oder Lebensweisen endlich weiterbestehen können. Wenn dann freilich die alte Garde abgetreten ist, hat sich die nachfolgende Generation so sehr an den Status quo gewöhnt, daß sie nicht mehr den Wunsch oder die Kraft hat, etwas daran zu ändern.

Eine andere Sache, die sich in manchen geschlossenen Konventen zeigt, ist paradoxerweise ein Mangel an christlicher Nächstenliebe. Theoretisch sollte eine religiöse Kommunität ein Ort sein, wo die Werte des Evangeliums auf ganz besondere Weise gelebt werden; sie sollte ein Zeugnis für die Kraft und Schönheit der christlichen Botschaft sein. Vor allem anderen sollte ein Konvent oder Kloster eine Gemeinschaft der Liebe sein, eines Lebens der Worte Christi beim letzten Abendmahl:

Liebe Kinder ...
Ein neues Gebot gebe ich euch,
daß ihr euch untereinander liebt,
wie ich euch geliebt habe,
damit auch ihr einander lieb habt.
Daran wird jedermann erkennen,
daß ihr meine Jünger seid,
wenn ihr Liebe untereinander habt.

Johannes 13, 33–34

Aber leider ist das nicht immer so. Als jemand, die sich sehr für das klösterliche Leben interessierte, bin ich mit einer beträchtlichen Anzahl von Frauen in Kontakt gekommen, die dabei waren, entweder in einen geschlossenen Konvent einzutreten oder aus ihm auszutreten, und ich bin erschrocken und traurig über das, was ich höre. Es ergibt sich ein Bild kleinkarierten Verhaltens und eines obsessiven Herumrührens in Kleinigkeiten, das lächerlich ist, wenn es sich nicht so schädlich auswirken würde. Frauen, die Freundinnen sein, ihre Ideale teilen, sich gegenseitig unterstützen und in Barmherzigkeit und Weisheit wachsen sollten, verwickeln sich irgendwie in sich selbst, vertrocknen und verbiegen sich, bis sie zu keiner Liebe mehr fähig sind. Besonders beängstigend ist die Macht der Oberinnen in manchen dieser sehr geschlossenen Häuser. Charismatische, starke Frauen, die ihre Schutzbefohlenen bilden, befähigen und befreien sollten, scheinen sich in Diktatorinnen zu verwandeln, die eine erniedrigende Unterwürfigkeit und sogar Angst um sich verbreiten. Die Macht „Unserer Mutter" über erwachsene Frauen, von denen viele bedeutsame Stellungen „in der Welt" innehatten, mutet lächerlich an, wäre sie nicht so gefährlich. Die menschliche Psyche ist ein wunderbares und zerbrechliches Ding, und sie im Namen Christi deformierenden Kräften zu unterwerfen ist gewiß nichts anderes als Blasphemie.

Ich schreibe solches nicht aus meiner eigenen Erfahrung, sondern aufgrund der Dinge, die mir starke, intelligente Frauen erzählt haben, die sich mir anvertrauten. Die Nonnen, mit denen ich achtzehn Monate lang zusammenlebte, waren sehr gut zu mir und bemühten sich zu helfen, ohne zu bedrücken. Die Oberinnen waren vernünftige, weise Frauen, tief geistlich und voller Humor, die mir geduldig zuhörten und mir Raum gaben, ich selbst zu sein. Und doch ist es eine Tatsache, daß ich mich in weitaus höherem Maße verletzt und zornig *fühlte*, als ich den Konvent verließ, als es der Fall gewesen war, als ich aus dem Gefängnis kam, und ich brauchte viele Monate, bis ich wieder in der Lage war zu arbeiten.

Was also geschieht mit Frauen, deren außerordentlicher Großmut und Eifer für Christus sie dazu geführt hat, so vieles von dem aufzugeben, was der menschlichen Rasse teuer ist? Sind sie Verführte, Opfer von Unterdrückung in der Kindheit oder einer Gehirnwäsche durch religiöse Propaganda? Oder sind sie vielleicht nur gewöhnliche Menschen mit einer außergewöhnlichen Sehnsucht nach Gott, die sich, indem sie ihr Leben Christus weihen, unwissentlich einem System unterwerfen, das in sich fehlerhaft ist? Ich glaube, das Letztere ist der Fall: nicht, daß die Regeln des heiligen Benedikt, des heiligen Augustinus oder vom Karmel fehlerhaft wären, sondern daß die Art, wie sie ausgelegt werden, manchmal zu einer ungesunden Lebensweise führt. Um zu veranschaulichen, was ich damit meine, gebe ich hier eine Schilderung des Konventlebens wieder, die ich dem Buch *The Christian Neurosis* von Pierre Solignac entnommen habe, einem französischen Psychiater, der seit zwanzig Jahren mit Priestern und Nonnen arbeitet. Das Zitat entstammt dem Zeugnis einer Klosterfrau, die sich im Alter von sechzig Jahren wegen Depressionen an Solignac wandte:

Ich war gerade zwanzig, als ich Novizin wurde. Ich folgte einem göttlichen Ruf, an dem ich niemals zweifelte, und ich war entschlossen, diesen Weg bis zum Ende weiterzugehen. Einige Grundthemen kamen in den Anweisungen der Novizenmeisterin immer wieder vor: „Du liegst niemals falsch, wenn du gehorchst. Du muß in den kleinen Dingen treu sein. Du muß immer um Erlaubnis bitten." Und es war für alles eine Erlaubnis notwendig: zweimal im Monat ein Bad zu nehmen, die Haare zu waschen, einmal im Monat das Nachthemd zu wechseln. Man mußte auch um Erlaubnis bitten, um die kleinste Kleinigkeit zu geben oder zu empfangen, selbst wenn es nur ein Bild war; um einen Brief zu schreiben (natürlich wurde die gesamte Korrespondenz zensiert); um zu einer anderen Zeit als die anderen ins Bett zu gehen oder aufzustehen, für die Erholung, für das Refektorium, für die Offizien. Eine Erlaubnis brauchte man auch, um sich mit einem

Schüler oder einer Schwester zu unterhalten. Ein Übertreten der Regel brachte bestimmte traditionelle Strafen mit sich: Man mußte die Füße der Schwestern küssen; sich ausgestreckt auf den Boden legen und alle Schwestern über einen hinweggehen lassen; im Refektorium mit ausgestreckten Armen ein Gebet sprechen; für eine bestimmte Zeit einen Federhalter zwischen den Zähnen halten als Strafe dafür, daß man die Stille gebrochen hatte; die Stücke eines Gegenstandes, den man ungeschickterweise zerbrochen hatte, um den Hals tragen. Es galt als üblich, um die Erlaubnis zu bitten, sich selbst bestimmte Züchtigungen zufügen zu dürfen: etwa durch Selbstgeißelung mit einem geknoteten Seil oder durch Tragen von Armbändern aus Dornen.

Wenn ich an diese Zeit zurückdenke, fällt mir auf, daß wir behandelt wurden, als wären wir unverantwortliche Geschöpfe, denen man nicht trauen konnte: Die Novizenmeisterin und die Mutter Oberin konnten unsere Zellen jederzeit ohne anzuklopfen betreten. Wir mußten die Türen unserer Zellen offenlassen, um uns zu entkleiden: Um neun Uhr abends kam die Novizenmeisterin persönlich, um sie zu schließen. Es war uns nicht erlaubt, in den Garten hinauszugehen oder aus den Fenstern zur Straße zu schauen. Im Aufenthaltsraum war immer eine Schwester als Gouvernante. Es war uns nicht erlaubt, mit einem Priester oder Geistlichen außer unserem Beichtvater zu reden.

Natürlich liegt das alles fünfundvierzig Jahre zurück, aber es ist noch nicht lange her, daß die Veränderungen eintraten. Diese Zeit des Noviziats war nicht die schwerste. Ich folgte dem mir vorgezeichneten Weg mit der fixen Idee: „Der Wille der Mutter Oberin ist der Wille Gottes." Da ich ohne allen Zweifel Gott, oder eher Jesus, treu sein wollte, stellte ich keine Fragen und lebte Tag für Tag in einer Art Bewußtlosigkeit, die schon an Fatalismus grenzte (*The Christian Neurosis*, S. 21).

Diese Nonne war sechzig, als sie zu Dr. Solignac kam, um sich wegen Depressionen behandeln zu lassen; also kann man sich etwa ausrechnen, daß sie in den dreißiger Jahren in den Konvent eintrat (das Buch erschien 1976). Sie spricht also von einem Leben, das vor ungefähr fünfzig Jahren so vor sich ging und das man als bedauerliche historische Tatsache betrachten könnte. Tatsächlich schildert Schwester Prue Wilson in ihrem köstlichen Buch *My Father took me to the Circus* ihre Erfahrung als Novizin in den vierziger Jahren als eine Lebensweise, die es nicht mehr gibt:

Außerdem gab es die Befriedigung zu wissen, daß nur die Liebe zu Gott einen dazu bringen konnte, eine Nachtmütze zu tragen oder an einem Wintermorgen reichlich vor der Morgendämmerung aus dem Bett zu springen. Was ich schade finde, ist, daß, wenn auch das Leben zum großen Teil weder gut noch schlecht, sondern nur ungewöhnlich war, zuviel Kraft darauf verschwendet wurde, sich den Regeln in allen Einzelheiten anzupassen, und zuviel Kreativität auf die Notwendigkeit, auf einem traditionellen Hochseil zu tanzen, das den Ältesten der Gemeinschaft annehmbar war. Ich denke dabei nicht nur an die Novizinnen, sondern auch an diejenigen, die die Aufgabe hatten, sie anzuleiten. Wir als Empfänger fanden das meiste entweder schwachsinnig oder witzig – das Erfüllen der Pflichten – das Versäumnis, die Pflichten zu erfüllen – die Standpauken und „Strafen" –, all das schien um eines Bandes willen zu existieren, das aus Lachen und Freundschaft, Tränen und einem gemeinsamen Glaubensweg bestand. Aber lohnte sich das ganze Getue wirklich? Es gab auch solche, die nicht in der Lage waren, darüber zu lachen, die das ganze schrecklich ernst nahmen. Für sie erwies es sich als schädlich. Menschenleben konnten verwundet und Reifungsprozesse behindert werden durch eine übermäßige Konzentration auf die Ausrichtung der Füße statt auf die Musik oder den Rhythmus des Tanzes.

Karen Armstrong gibt in ihrem Buch *Through the Narrow Gate* eine anschauliche Schilderung des Lebens in einem Konvent vor dem Zweiten Vatikanischen Konzil und von dem Schaden, den es bei ihr anrichtete:

Den ganzen Nachmittag über hatte ich mich krank gefühlt, von einem wilden, sinnlosen Schrecken ergriffen. Nun stand ich in der heißen Stille eines Augustabends leicht zitternd im Refektorium der Kommunität. Ich spürte, wie in mir ein Tumult tobte, der jeden Augenblick auszubrechen drohte. Die einzigen Geräusche in dem riesigen Raum waren das Klappern von schwerem Metallgeschirr und das Klirren der Bestecke, als drei Nonnen in weißen Schürzen durch den Saal eilten und die langen Holztische für das Abendessen deckten, wobei ihre Gummisohlen auf dem gebohnerten Fußboden quietschten. Ein langer Sonnenstrahl fiel durch die großen Fenster ein, warf ein dramatisches, natürliches Flutlicht auf den großen Kruzifix und färbte die weißen Wände rosa. Plötzlich hörte ich einen merkwürdigen, klagenden Laut, einen Schrei wie den eines Tieres, das in der Falle sitzt. Was war das? Wo kam es her? Dann sah ich mich selbst wie aus weiter Entfernung, meine Augen krampfhaft zugekniffen, meinen Mund klaffend und verzerrt, und aus ihm kam der unirdische Schrei. Nonnen eilten umher. Sie schlugen mich, schüttelten mich, aber sie konnten den Laut nicht stillen. Schließlich sah ich mich durch ihre Arme hindurch zu einem armseligen Häuflein zusammensinken. Der Laut verstummte, und in meinem Gehirn schlug eine schwarze Klappe zu.

Das starre, unmenschliche System, an dem Karen Armstrong in den sechziger Jahren zerbrach, ist heute antike Geschichte in ihrem Orden – aber in manchen geschlossenen Häusern ist es bis heute noch lebendig und wirksam. Ich habe viele Stunden damit verbracht, mir Schilderungen über das Leben in verschiedenen Konventen anzuhören, die eine unheimliche Ähnlichkeit zu den Darstellungen von Karen Armstrong oder Pierre Solignac aufweisen. Es stimmt, viele der „schwachsinnigen" Bräuche sind verschwunden, aber es bleibt eine Art und Weise, Menschen zu behandeln, die auf einer falschen theologischen Prämisse beruht: daß der Wille und Geist des Jüngers gebrochen werden müsse, damit die Person umgeformt werden könne. „Nur wenn ihr altes, weltliches Ich in Stücke zerschlagen ist, kann Gott aus den Trümmern ein neues, auf Christus ausgerichtetes Individuum erschaffen" (Karen Armstrong, *Through the Narrow Gate*). Ich halte diese Denkweise für eine absolute Verzerrung der christlichen Botschaft, eine Verleugnung des unendlichen Wertes des Individuums und des Auftrags, daß wir einander lieben sollen. Ich glaube, diese Zustände sind ein schwerer Skandal in der katholischen Kirche.

Es muß jedoch deutlich gesagt werden, daß es viele Konvente gibt, in denen glückliche, reife Frauen ein Leben der Gemeinschaft führen, für das sie sich freiwillig entschieden haben. Die klösterliche Lebensweise ist älter als das Christentum selbst, und es wird immer Männer und Frauen geben, deren Sehnsucht nach dem transzendenten Gott sie dazu führt, ihr Heim und die Menschen, die sie lieben, zu verlassen, um sich einem ganz der Suche nach Gott geweihten Leben zu widmen. Das sind die Leute, die, wie ein Mönch, mit dem ich befreundet bin, es nennt, „von Gott getroffen" sind, die eine „Berufung" haben, die sie nicht verleugnen können. Was mir wichtig erscheint, ist, daß wir Christen des 20. Jahrhunderts unsere Kenntnis der Theologie und Psychologie nutzen sollten, um eine altehrwürdige Lebensweise wiederzubeleben und zu heilen, die trotz des guten Willens vieler mancherorts auf einen falschen Weg geraten ist.

Es gibt tatsächlich viele religiöse Kommunitäten, die genau das getan haben und im Gehorsam gegenüber den Geist des *„aggiornimento"* des Zweiten Vatikanischen Konzils zur Vision ihrer Gründer zurückgekehrt sind.

Diese Frauen haben, oft unter großen Mühen, ihre Lebensweise überprüft und setzen sich damit auseinander, was es heißt, am Ende des 20. Jahrhunderts ein gottgeweihtes Leben zu führen. Während meines letzten Jahres in Chile freundete ich mich mit einigen amerikanischen Missionsschwestern an und spürte bei ihnen eine wunderbare Verschmelzung von gesundem Menschenverstand und Sehnsucht nach Gott. Zwei meiner liebsten Freundinnen waren die Maryknoll-Schwestern Ita Ford und Carla Piette. Ita, eine Ex-Journalistin, war eine kleine Frau mit kurzen, dunklen Haaren und einem scharfzüngigen Witz, während Carla eine große, clownhafte, künstlerisch veranlagte Rothaarige war, die in ihren ersten Tagen in Chile ein Chaos verursacht hatte, indem sie in der Beichte die spanischen Wörter für Liebe *(caridad)* und Keuschheit *(castidad)* verwechselte. Ich erinnere mich noch an ihr Gelächter, als sie das Entsetzen des alten chilenischen Priesters schilderte, als ihm eine junge amerikanische Nonne in vollem Habit beichtete, sie habe „*contra la castidad*" gesündigt. Sie brauchte eine halbe Stunde, um sich in ihrem gebrochenen Spanisch aus der Affäre zu ziehen, während die anderen Schwestern vor dem Beichtstuhl Schlange standen! Als ich sie kennenlernte, hatten Ita und Carla längst ihr klösterliches Gewand abgelegt und die Festung ihres Konventes verlassen, und sie lebten mit einer anderen Schwester in einem kleinen Holzhaus in einer Barackenstadt namens La Bandera am Stadtrand von Santiago. Ich war sofort von ihrer Wärme und ihrem Humor eingenommen und begann mich zu fragen, ob ich hier endlich Frauen gefunden hätte, mit denen ich in Schwestern-schaft zusammenleben könnte. Wir begegneten uns oft in den Monaten zwischen Ostern und meiner Verhaftung im September, aßen zusammen, unterhielten uns und beteten gemeinsam in ihrem „Konvent" oder häufiger in meinem geräumigeren Haus in einem Vorort. Ich erinnere mich besonders an die Gelegenheiten, wenn wir in meinem Schlaf-zimmer auf dem Fußboden saßen und beteten, ich möge vom Hängen an meinen materiellen Gütern befreit werden. Wir drei sollten noch einmal zusammen lachen, aber an einem anderen Ort, nachdem dieses Gebet auf eine Weise „erhört" worden war, mit der keine von uns gerechnet hatte: als ich verhaftet und alles, was irgendeinen Wert besaß, von der Geheimpolizei gestohlen wurde!

Das Gefühl der Gemeinschaft, das mich mit diesen Frauen während meiner letzten Wochen in Chile verband, war und ist sehr kostbar für mich. An jedem Besuchstag in Tres Alamos kam eine Gruppe von Nonnen und Priestern und brachte mir Obst, Bücher, Pullover und alles Erdenkliche, was ich gebrauchen konnte. Wir saßen auf dem Boden und redeten endlos oder gingen langsam im Gefängnishof umher, wenn wir von persönlicheren Dingen zu sprechen hatten. Meine letzten Erinnerungen an Ita und Carla sind die jener langsamen, gemessenen Spaziergänge und der unglaublichen Dringlichkeit, mit der wir uns über die tiefste Bedeutung meiner Folterung und Gefangenschaft austauschten.

Es entging mir nur knapp, Carla wiederzusehen, als ich 1976 in den USA war und sie sich gerade in Klausur befand. Ich bat sie um eine Begegnung, aber sie meinte, es sei falsch, ihre Klausur zu unterbrechen. Statt dessen schickte sie mir ein kleines Taschentuch, das mit der *Copihue*, der chilenischen Nationalblume, bestickt war, und dazu eine rätselhafte Nachricht, in der es hieß: „Es ist wunderbar, auf einer Reise zu sein, von der man nicht weiß, wohin sie führt, besonders wenn man dem Fahrer vertraut."

Carlas Reise war schneller zu Ende, als sie oder irgendeiner von uns erwartete, denn im August 1980 ertrank sie in El Salvador, als der Jeep, mit dem sie und Ita unterwegs waren, sich in einer Überschwemmung überschlug. Sie waren dabei gewesen, einen befreiten Gefangenen nach Hause zu bringen, weil andere Flüchtlinge ihm nicht trauten und Angst hatten, er würde sie verraten. Es war diese großherzige Tat, die Carla ihr Leben und Ita ihre beste Freundin kostete, denn als sie den Fluß überquerten, schwoll der Strom an, und der Jeep wurde umgestürzt. Carla schob Ita aus dem Fenster, doch sie selbst muß eingeklemmt gewesen sein, denn schließlich „gegen Mittag fand sie das Rote Kreuz. Ihr gebrochener, verrenkter, nackter Körper war auf eine Sandbank in dem nun wieder friedlichen Fluß gespült worden, vierzehn Kilometer von der Stelle entfernt, wo der Jeep in der Nacht zuvor liegengeblieben war" (aus: *The Same Fate as the Poor* von Judith Noone MM).

So war Carla, die im Vertrauen auf „den Fahrer" ins Unbekannte gereist war, heimgekehrt. Durch eine dieser merkwürdigen Wendungen des Schicksals, die einem Schauer über den Rücken jagen, besitze ich ein Gedicht von ihr, eine Meditation über den dreiundzwanzigsten Psalm:

Er führet mich zum frischen Wasser –
er erquicket meine Seele

Wasser der Berge – Wasser von Gott,
reinigt, erneut uns, so schäbig beschuht.
Rios von Chile, aus Schnee gebrannt
Schmelzt, taut uns auf, ob Freund oder Feind.
Ströme so schnell, Seen tief und klar
Stimmt uns, stillt uns zum Hören das Herz.
Herr des Flusses, Gott des Baches
Lehr uns dein Lied, unsere Trockenheit erlöse.

Erst jetzt, als ich dieses Gedicht vom Original abschreibe, bemerke ich, daß sie unter das Zitat aus Psalm 23 „Ps. 123" notiert hat. Im ersten Augenblick nehme ich an, daß sie sich einfach verschrieben hat – doch bei einem Blick auf Psalm 124 springt mir der vierte und fünfte Vers ins Auge:

So ersäufte uns Wasser,
Ströme gingen über unsre Seele,
es gingen Wasser
hoch über uns hinweg.

Carla wurde in Chaletanango begraben, bei den Menschen, denen sie gedient hatte, und Ita hatte Zeit, um ihre Freundin zu trauern:

Carla und ich hatten häufig davon gesprochen, daß wir durch die Ereignisse hier ums Leben kommen könnten, sehr gewalttätige Ereignisse. Wir hatten darüber gesprochen, wie schwer es für diejenige wäre, die zurückbleiben müßte, wenn wir nicht zusammen wären. Ganz am Ende des Johannesevangeliums gibt es eine kleine Szene mit Jesus und Petrus, und Johannes scheint im Hintergrund zu sein. Jesus sagt zu Petrus: „Folge mir nach!" Petrus wendet sich um und fragt: „Herr, was wird aber mit diesem?" Und Jesus antwortet: „Wenn ich will, daß er bleibt, bis ich komme, was geht es dich an? Folge du mir nach!" Wenn Johannes in Hörweite stand, wie mag er sich wohl gefühlt haben? Ich glaube, wir wissen es jetzt *(The Same Fate as the Poor)*.

Ich zitiere diesen Abschnitt aus einem Brief von Ita nicht nur, weil ich ihn bewegend finde, sondern weil er die offene Natur der liebevollen Beziehung zwischen den beiden Schwestern bekundet. Um das in den richtigen Zusammenhang zu stellen, müssen wir uns erinnern, daß es immer noch Konvente gibt, in denen „ besondere Freundschaften" – enge Freundschaften – zwischen den Nonnen verboten sind, mit der Begründung, das Herz einer Nonne müsse allein Christus gehören. Es ist dieses Verdunkeln des Herzens, das sich so verheerend gerade auf die Menschen auswirkt, deren Liebe zu Gott sie eigentlich für tiefe, liebevolle menschliche Beziehungen öffnen sollte.

Ita setzte ihre Arbeit unter den Flüchtlingen in Chaletenango mit der Maryknoll-Schwester Maura Clarke fort, die sich freiwillig gemeldet hatte, an Carlas Stelle zu treten. Es war eine fordernde, erschöpfende Arbeit, die täglich den Kontakt mit Gewalt und Tod mit sich brachte. Ständig waren sie in der Gegend unterwegs, um Vorräte abzuliefern oder Flüchtlinge mitzunehmen. Meistens waren Ita und Maura bei diesen Touren dabei, denn die Sichtbarkeit dieser bleichgesichtigen „Gringo"-Frauen, besonders da sie zufällig Bürgerinnen der Vereinigten Staaten waren, galt als Sicherheitsgarantie für den Fahrer und die Flüchtlinge.

Eines Tages wurden sie in ein Gemeindehaus in der Umgebung einer Stadt namens Adeleita gerufen, indem sechzig Menschen Zuflucht gesucht hatten. Nach dem Entladen der

Getreidesäcke erzählten die Frauen und die alten Männer ihre Geschichte. Acht Monate lang hatten sie aus Angst vor den nächtlichen Besuchen von der Regierung beauftragter Todesschwadronen oder vor den frühmorgendlichen Invasionen der Armee bei Wind und Wetter in den Bergen übernachten müssen. Zu ihren Häusern hinabzugehen wagten sie nur bei Tageslicht und unter den wachsamen Augen eines Nachbarn, um nicht von den Sicherheitskräften erwischt zu werden. Gerade am Tag zuvor hatte eine Patrouille ihr Dorf überfallen und die Drohung hinterlassen, beim nächsten Mal würden sie die Frauen und Kinder fertigmachen. In jener Nacht verließ die ganze Bevölkerung die Gegend und marschierte, geführt von den Söhnen und Ehemännern, die das Gebiet verteidigten, fünf Stunden lang durch die Nacht, bis sie bei Tagesanbruch das Gemeindehaus erreichten. Eine Frau gebar eine Stunde nach ihrer Ankunft Zwillinge.

Jeden Tag kamen die Schrecken der Unterdrückung den Schwestern näher, und ihre Wirklichkeit brannte sich in ihre Herzen ein. Eines Tages, als Ita allein im Haus war, kam eine junge Frau und bat sie, mit ihr zu kommen, um den Leichnam ihres Sohnes zu untersuchen, der von den Sicherheitskräften getötet worden war. Jean Donovan und Ita gingen mit der Mutter zu einem kleinen Fleckchen Land außerhalb der Ortschaft, wo ein Bauer gerade den Leichnam ausgrub.

Mehrere Minuten später griff er hinunter in das Grab und holte ein Taschentuch heraus, das er auf das Gesicht des Jungen gelegt hatte, als er ihn zwei Tagen zuvor begraben hatte. „Das ist mein Sohn", weinte die Mutter, „jetzt kann ich Ruhe finden, weil ich weiß, daß er Frieden mit Gott hat." Ita zitterte und versuchte, diesen Anblick aus ihrem Gedächtnis zu löschen *(The Same Fate as the Poor)*.

In einem der vorausgegangenen Kapitel sprach ich vom Paradoxen des geistlichen Lebens; und diese Schilderungen des Lebens der Missionarinnen in El Salvador illustrieren eine harte Tatsache: daß das Christentum durch Härten und Verfolgung geläutert und gestärkt wird. Wäre Ita Ford in einen geschlossenen Konvent in Brooklyn eingetreten, dann hätte sie sich vielleicht, wie so viele andere Frauen, in den Kleinigkeiten des Gemeinschaftslebens und des Gottesdienstes verloren und in den Fußangeln eines Lebens in Abgeschiedenheit von der Welt verfangen. Vielleicht war es diese Einsicht, die sie bewegte, als sie an einen Freund schrieb: „Wir arbeiten hier weiter, denn das Leben wird durch schlimmere Übel bedroht als den Tod – durch Haß, Manipulation, Gewalt und Selbstsucht."

Im November flogen Ita und Maura nach Nicaragua zu einer Versammlung ihrer Gemeinschaft. Zuerst war Ita sehr deprimiert und schien keinen Sinn für Diskussionen oder Feiern zu haben. Im Lauf der Woche dann schien sie einen Wendepunkt in ihrem Trauerprozeß zu erreichen und konnte sich besser auf die Versammlung einstellen. Am letzten Abend, während der Abschlußliturgie, wurde Ita gebeten, einen Abschnitt vorzulesen, der ihr wichtig sei. Sie wählte einen Auszug aus einer Predigt von Erzbischof Romero:

Christus lädt uns ein, die Verfolgung nicht zu fürchten, denn glaubt mir, Brüder und Schwestern, einer, der sich für die Armen einsetzt, der riskiert das gleiche Schicksal wie die Armen. Und wir in El Salvador wissen, was das Schicksal der Armen ist: zu verschwinden, gefoltert zu werden, gefangengenommen zu werden und tot aufgefunden zu werden (Oscar Romero, Predigt für den 17. Februar 1980).

Oscar Romero, der konservative Priester, der durch seinen bischöflichen Dienst an einem leidenden Volk zum Radikalen wurde, machte sich gewiß keine Illusionen über die Risiken, die er einging, indem er die Unterdrückung öffentlich anprangerte. Diese Predigt sollte sich als prophetisch erweisen, denn nur etwas über einen Monat später, am 24. März 1980, wurde der Erzbischof ermordet, während er die Messe feierte.

Nun, zehn Monate nach seinem Tod, beschloß eine amerikanische Frau aus Brooklyn, seine prophetischen Worte zu ihren eigenen zu machen. Am nächsten Tag, dem 2. Dezember, flogen Ita und Maura zurück nach San Salvador. Ihre Namen standen bereits auf einer Todesliste, die dem Küster in Chaletenango heimlich gezeigt worden war. Um Mitternacht war alles vorbei, denn die beiden Nonnen verschwanden, nachdem sie den Flughafen verlassen hatten. Ungefähr um zehn Uhr an diesem Abend sahen drei Feldarbeiter an der alten, staubigen Straße nach San Pedro Nonualco, eine Stunde vom Flughafen entfernt und in der entgegengesetzten Richtung von La Libertad, von einem Ananasfeld aus einen weißen Lieferwagen vorbeifahren. Er fuhr noch etwa siebenhundert Meter weiter und hielt dann. Die Feldarbeiter hörten Maschinengewehrfeuer, gefolgt von einzelnen Schüssen. Fünfzehn Minuten später kam dasselbe Fahrzeug auf seinem Rückweg an ihnen vorbei. Die Scheinwerfer brannten, das Radio gellte, und die Feldarbeiter zählten fünf Männer, die keine Hüte trugen. Später in dieser Nacht wurde der Lieferwagen brennend am Rand der Straße vom Flughafen nach La Libertad zurückgelassen.

Ungefähr um sieben Uhr dreißig am folgenden Morgen fand ein Feldarbeiter die Leichen von vier nordamerikanischen Frauen, und eine Stunde später, nachdem sie vom Ortsrichter identifiziert worden waren, wurden sie in der trockenen Erde von El Salvador begraben.

Erst am nächsten Tag erfuhren ihre Freunde vom Tod der Missionarinnen. Danach wurden die vier Leichen in Gegenwart des amerikanischen Botschafters Robert White exhumiert. Sie wurden identifiziert als Schwestern Ita Ford und Maura Clarke von den Maryknoll-Schwestern; Schwester Dorothy Kazel, eine Ursulinerin und eine große blonde Laienmissionarin in den Zwanzigern, Jeanie Donovan.

Während der letzten Jahre habe ich mehrmals den Film *Roses in December* über Jean Donovans gesehen, in dem die Ausgrabung dieser Leichen gezeigt wird. Die Aufnahmen sind zum Glück etwas unscharf, aber die erschlafften Gestalten in ihren Jeans sind noch deutlich zu erkennen, als sie mit Seilen aus dem Grab gehoben werden. Immer wieder habe ich Itas Leichnam angestarrt und gedacht: *Darum* geht es im Leben als Nonne; es geht um Lieben bis an die Grenze, um das Weizenkorn, das in die Erde fällt, und um die Torheit derer, die Christus folgen. Es liegt eine schreckliche Reinheit im klösterlichen Leben, wenn es von allen Fallstricken der Religion befreit ist, von der Selbstbespiegelung, dem Elitedenken und dem Gefühl, heiliger zu sein als die draußen in der Welt.

Ich denke an das Mädchen in einem Laieninstitut, das mir erzählte, es wolle kein ärmelloses Kleid tragen, weil sie Jesus als ihren Bräutigam betrachte, und ihm würde das nicht gefallen; und an eine Freundin, die es nach sechs Jahren im Konvent „unschicklich" fand, Hosen zu tragen. Es ist nichts besonders Schickliches daran, bei Hochwaser in einem Fluß tot aufgefunden zu werden, und auch nicht daran, auf der Ladefläche eines Lieferwagens von einer Bande brutaler Sicherheitsbeamter vergewaltigt zu werden – nur eine törichte Identifikation mit dem tiefen Leiden der Welt und mit dem menschgewordenen Sohn Gottes.

Ich finde es sehr traurig, daß so oft viktorianische Prüderie mit religiöser Schicklichkeit verwechselt wird und daß der menschliche Körper mit seinen Trieben und Emotionen nicht als das verstanden wird, was er ist: die Schöpfung unseres alliebenden, allmächtigen Gottes. Nur wenn uns geholfen wird, uns selbst und unseren Körper zu lieben und uns selbst als ursprünglich gut zu erkennen, werden wir anfangen können, einander so zu lieben, wie der Herr uns aufgetragen hat.

Mir scheint, ich habe mich von meinen Erinnerungen hinreißen lassen und bin dabei etwas vom Thema abgeschweift. Aber das macht nichts. Vielleicht hat die sengende Sonne von El Salvador ein Licht auf die tiefsten Wirklichkeiten des Pflegens geworfen und die gebleichten Knochen von Ita Ford und Carla Piette uns an den Staub erinnert, zu dem wir alle zurückkehren müssen. Lassen Sie mich jetzt von der Erfahrung einer Gemeinschaft sprechen, von meinem Leben mit einer Gruppe, die, obwohl sie als christlich bezeichnet wird, sich selbst nicht für religiös hält und die ganz sicher nicht zur Ehelosigkeit berufen ist: die Gemeinschaft des St. Luke's Hospice in Plymouth.

13
Wir sind alle verwundete Menschen

Das Hospiz als Gemeinschaft einzelner

Erbarm dich unser, Herr, erbarm dich.
Du bist der Töpfer, und wir sind der Ton.
Irgendwie haben wir bis heute zusammengehalten.
Wir sind noch getragen von deiner mächtigen Hand,
und wir kleben noch an deinen drei Fingern,
Glaube, Hoffnung und Liebe,
mit denen du das ganze weite Rund der Erde trägst,
Das heißt, das ganze Gewicht deines Volkes.
Reinige unser Zaumzeug und unsere Herzen durch das Feuer
deines Heiligen Geistes und festige das Werk,
das du an uns vollbracht hast, damit wir nicht
zu Ton und Formlosigkeit zurückkehren.

William von St. Thierry, Abt der Zisterzienser-Abtei
Rievaulx, 12. Jh.

Erst ungefähr im Laufe des letzten Jahres habe ich begonnen, das St. Luke's Hospice als eine Gemeinschaft zu betrachten. Vorher war es nur mein Arbeitsplatz, ein wenig wie das Krankenhaus, nur kleiner und weniger formell. Dann hörte ich mir eines Tages beim Autofahren eine Kassette von Jean Vanier mit einem Vortrag an, den er vor einer Gruppe von Leuten gehalten hatte, die in der L'Arche-Gemeinschaft arbeiten. Er sprach davon, daß Menschen zusammengerufen werden durch ihren gemeinsamen Wunsch, einer speziellen Gruppe von Armen oder Benachteiligten zu dienen, und daß das, was sie vereine, nicht die natürlichen Verbindungen durch Familie, Freundschaft oder gemeinsame Interessen seien, sondern ihre Berufung zum Dienst.

Ich hätte es mir nicht *ausgesucht*, mit vielen aus meiner gegenwärtigen „Gemeinschaft" in St Luke's zu leben oder zu arbeiten, und ich bezweifle, daß sehr viele von ihnen mich ausgesucht hätten. Wir sind durch unseren Wunsch, mit Sterbenden zu arbeiten, und durch unsere Begabung, diese Arbeit zu tun, zusammengerufen, um als Team zu arbeiten. Wie beim klösterlichen Leben gibt es viele, die sich durch das Ideal der Hospize angeregt fühlen und gerne auf diesem Gebiet arbeiten möchten, aber dann, wenn sie ihre „Berufung" ausprobieren, feststellen, daß die Wirklichkeit sich sehr von dem, was sie sich vorstellten, unterscheidet. Die Arbeit mit Sterbenden erfordert nicht nur große Einfühlsamkeit und Geduld, sondern auch einen robusten und erdverbundenen Sinn für Humor, denn wenn sie davon leben, Menschen zu pflegen, deren Körper und Geist buchstäblich in Auflösung begriffen ist, dann sind Tragödie und Farce unauflöslich ineinander verschlungen.

Die Arbeit hat auch einen tief kontemplativen Aspekt, denn sie erfordert nicht nur, daß wir Dinge für die Menschen *tun*, sondern daß wir bei ihnen *sind*. In diesem Dienst geht es darum, gegenwärtig zu sein, an der Seite der Leidenden zu stehen, so ohnmächtig wie sie, so stumm wie sie, gemeinsam mit ihnen in der Dunkelheit. Wie ich schon in einem der vorausgegangenen Kapitel schilderte, stellt der Dienst am Fuße des Kreuzes enorme Anforderungen, denn er setzt uns nicht nur den Schmerzen anderer aus, sondern richtet das Schlaglicht auf unsere eigenen Schwächen. Für mich ist das Schwerste an dieser Arbeit nicht der Kontakt mit den Patienten und die Begegnung mit ihren Schmerzen, sondern meine eigene Erkenntnis der Kluft zwischen dem, was ich predige, und dem, was ich praktiziere. Es ist nicht so sehr, daß ich eine Art der Pflege predige, die ich nicht praktiziere, sondern daß ich diese Ebene der Pflege nur für eine begrenzte Zeit durchhalten kann. Es gibt Tage, an denen ich weiß, daß ich wirklich gut arbeite: daß ich einfühlsam auf die Schmerzen und Bedürfnisse der Menschen eingestellt bin und daß ich all meine beruflichen und geistlichen Fähigkeiten einsetze. Es gibt jedoch auch andere Tage, an denen ich feststelle, daß ich mich von den Patienten und ihren Angehörigen distanziere und nur das Mindestmaß an körperlicher Pflege biete, das eine gewöhnliche medizinische Tätigkeit erfordert. Das sind die Tage, an denen ich müde bin oder mir Gedanken mache, oder wenn ich einfach genug habe und aus allem heraus will.

Natürlich kann man sich meistens keine Freizeit nehmen, wenn man sie braucht oder gerne möchte. Um wirtschaftlich tragbar zu sein, muß ein Pflegedienst so organisiert sein, daß es wenige Überschneidungen bei der Belegschaft gibt, und das bedeutet, daß man, solange man nicht wirklich krank ist, weitermachen muß, so gut man kann, ob man nun schlachtenmüde ist oder nicht. Das bedeutet, daß es unvermeidlich Tage gibt, an denen wir reizbar oder sauer sind und dadurch nicht nur weniger einfühlsam für die Bedürfnisse der Patienten, sondern auch weniger verfügbar füreinander. Ich persönlich bin mir sehr schmerzlich bewußt, daß ich zu jungen Schwestern, zum Hauspersonal und zu den freiwilligen Helfern nicht so freundlich bin, wie ich sollte, und daß ich nicht nur unnahbar wirke, sondern manchmal auch ganz unwissentlich Menschen verletze. Das beruht zum Teil auf Gedankenlosigkeit, aber viel mehr noch auf der Tatsache, daß ich nur ein begrenztes Maß an emotionaler Kraft habe, die ich darauf verwenden kann, nett zu Leuten zu sein, und manchmal wenn ich einen großen Teil davon auf die Patienten verwendet habe, ist nur äußerst wenig übrig für irgend jemanden anderes.

Zu den schönen Dingen am Hospiz gehört die Art, wie wir lernen, mit der schlechten Laune der andern fertig zu werden. In der ersten Zeit gab es eine ganze Menge Reibungen zwischen verschiedenen älteren Mitgliedern der Belegschaft, mich selbst eingeschlossen. Es gab Cliquen und Gegencliquen, Eifersüchteleien und Fehden und gelegentlich Machtkämpfe. Die Tür zum Stationsbüro war häufig geschlossen, und man konnte leicht in etwas hineinplatzen, was offensichtlich eine private Diskussion über einen anderen Mitarbeiter war. Ich war so schuldig wie irgendein anderer, denn ich rauschte oft wütend zum Büro, schloß die Tür und ließ meine Wut an der einen oder anderen Schwester aus. Im Rückblick erkenne ich, daß ich teilweise verantwortlich für eine Menge Unruhe in jener Zeit war.

In dem Bewußtsein, daß zwischen uns nicht alles stimmte und daß hohe Spannungen bestanden, versuchten wir ein paar Mal, „Selbsthilfegruppen" auf die Beine zu stellen, in denen Mitglieder der Belegschaft sich mit einem Außenstehenden trafen, um die jüngsten Ereignisse zu besprechen und ihren Ärger loszuwerden. Beide Versuche liefen nach wenigen Wochen auf Grund. In einer Gruppe trafen wir uns mit einem Geistlichen, der Erfahrung in der Arbeit mit jungen Krankenschwestern hatte. Erst saßen wir schweigend da, dann erwähnte jemand einen kürzlich schweren Fall, und wir stimmten alle überein, ja, es sei sehr hart gewesen, und wir fänden es sehr schwierig. Ich brauchte eine Weile, um zu erkennen, daß diese Sitzungen nicht nur nichts brachten, sondern geradezu frustrierend waren. Da saßen wir und gruben verzweifelt Probleme aus, um dem Gruppenleiter gefällig zu sein, der großzügig seine Zeit für uns zur Verfügung stellte, und waren gleichzeitig völlig unfähig, offen über die Ursachen unserer Verärgerung zu sprechen.

Nicht nur er opferte seine Zeit dafür: Diejenigen, die Dienst hatten, wollten so schnell wie möglich an ihre Arbeit zurück, und diejenigen, die während ihrer Freizeit gekommen waren, saßen ebenso auf heißen Kohlen. Ich war besonders frustriert, da ich wußte, daß wir *Mit*arbeiter brauchten und ich unmöglich vor den jüngeren Schwestern von den Fehden sprechen konnte, die ich mit ihren Vorgesetzten ausfocht. Schließlich kam die Gruppe zum Erliegen, weil zu wenige kamen, und wir alle atmeten erleichtert auf und kehrten zu unseren natürlichen Hilfsmitteln zurück: Dampf abzulassen bei den Leuten, die *wir* uns aussuchten, und zwar wann und wo es uns gefiel.

Heute, nach mehreren Jahren, kann ich mir die Situation mit größerer Gelassenheit vor Augen führen und beobachten, wo sich *natürliche* Selbsthilfegruppen gebildet haben. Ein wichtiger Durchbruch für mich persönlich und, glaube ich, für das Hospiz als ganzes, trat ein, als ich anfing, professionelle Hilfe von außerhalb des Hospizes zu bekommen. Indem ich meine Wut-Not rechtmäßig bei einer unparteiischen und fachkundigen Person abladen konnte, wollte oder mußte ich sie nicht mehr unangemessen an den Schwestern oder anderen Mitarbeitern auslassen.

Eine der Schwierigkeiten in kleinen Einheiten ist die Einsamkeit derer, die Verantwortung tragen. In einem Krankenhaus können die Ärzte untereinander über die Schwester und über die Verwaltung meckern und umgekehrt, aber in einer kleinen Einheit stehen die Hausleiterin, der Arzt und der Verwalter ziemlich allein da, besonders wenn sie keine gute Arbeitsbeziehung zueinander haben. Ich nehme an, das ist in anderen Fachgebieten nicht anders. Ich habe in den letzten fünf Jahren auf Hospiz-Konferenzen mit genügend Kollegen gesprochen, um zu wissen, daß zwischenmenschliche Schwierigkeiten beinahe die Regel sind. In manchen Häusern hat es derartige Zusammenstöße gegeben, daß die älteren Mitarbeiter gehen mußten, und in manchen haben die Hausleiterin, der medizinische Leiter und der Verwalter allesamt das Haus verlassen. Hier ist nicht der Ort, um auf die Ursachen des Konflikts zwischen diesen speziellen Aufgabenbereichen in der Hospiz-Bewegung einzugehen, aber es ist wichtig festzustellen, daß er existiert und eine gewaltige Belastung für engagierte, fähige Menschen ist, deren einziges bewußtes Ziel darin besteht, Leiden zu lindern.

In den fünf Jahre, die wir jetzt zusammen arbeiten, haben sich einige natürliche Gruppierungen und Abhilfemaßnahmen in unserem Haus herauskristallisiert. Eine solche Gruppierung besteht aus denjenigen, die im Speisesaal zusammen zu Mittag essen. Dazu ist zu erklären, daß zwar theoretisch jedes Mitglied der Belegschaft ein warmes Mittagessen bestellen und im Speisesaal zu sich nehmen kann, aber nur einige wenige ältere Mitarbeiter davon Gebrauch machen; die anderen, Schwestern und Sekretärinnen, ziehen es vor, ihre Suppe und ihre Sandwiches mit an ihre Schreibtische zu nehmen, oder wo immer sie unter sich sein können. Für die älteren Mitarbeiter jedoch, die Hausleiterin, die Ärzte, den

Sozialarbeiter und den Verwalter, ist dieses Treffen am Mittagstisch eine wichtige tägliche Aussprache. Es ist eine Zeit, in der wir fachsimpeln und Dampf ablassen, frotzeln, streiten und einander als Menschen kennenlernen. Für mich ist es eine reiche Erfahrung gewesen, Liebe und Respekt für Menschen zu gewinnen, zu denen ich anfangs keine natürliche Neigung hatte, und zu erkennen, daß sie ebenso wie ich eine sehr menschliche Verschmelzung aus Stärken und Schwächen sind. Es geht dabei nicht nur darum, die Schwächen anderer zu akzeptieren, sondern auch darum zu erkennen, daß diese Schwächen oft unlösbar mit ihrer Persönlichkeit und darum auch mit ihren Stärken und Gaben verbunden sind. Heilsam demütigend war auch die Erkenntnis, wie geduldig die Schwestern und anderen Mitarbeiter meine eigenen Schwächen annehmen, weil sie ihrerseits mich nicht nur wegen meiner Arbeit respektieren, sondern auch als der Mensch, der ich bin.

Die andere wichtige Gruppierung besteht aus denen von uns, die „vor Ort" arbeiten, die den engsten Kontakt zu den Patienten haben. Für mich war es eine echte Freude, über sechs Jahre hinweg mit derselben Gruppe von Schwestern zusammenzuarbeiten. Ohne irgendwelche Hilfsmittel oder Hilfe von außen sind wir zu einem Team zusammengewachsen, das wie eine einzige Person handelt. Natürlich gibt es Unterschiede und Freundschaften innerhalb der Gruppe, doch jeder hat echten Respekt vor der Fachkenntnis und der Persönlichkeit des anderen, was in der medizinischen Welt etwas ganz Besonderes ist. Es ist diese Teamarbeit, auf der die Hospizpflege beruht, denn kein einzelner Mensch verfügt über die medizinischen oder persönlichen Ressourcen, die nötig wären, um alle Bedürfnisse eines Patienten zu erfüllen. Aus diesem gegenseitigen Respekt ist eine echte Freundschaft unter den Mitgliedern des Teams entstanden, so daß wir auch über die dunklere Seite unserer Empfindungen bezüglich der Arbeit miteinander reden können. Diese Freiheit, miteinander zu reden, ist wesentlich für das Durchhalten, denn wenn ich mich in der Gruppe „sicher" genug fühle, um zuzugeben, daß ich in irgendeiner Hinsicht unzufrieden mit meinem Handeln bin oder daß ich einen bestimmten Patienten nicht mag, dann mache ich für die anderen den Weg frei, darüber zu sprechen, wie *sie* sich fühlen. Dies fördert das hilfreiche und heilsame Wissen zutage, daß auch andere etwas nicht richtig machen, sich über Patienten und ihre Angehörigen ärgern oder sich schuldig fühlen, weil sie nicht soviel geben können, wie sie meinen, tun zu müssen.

Diese Freiheit, in der Arbeitssituation man selbst zu sein, ist eine sehr kostbare Gabe, doch wie alle Freiheiten muß sie respektiert und gepflegt werden. Wo es eine solche Freiheit nicht gibt, da sind die Beziehungen steif und bieten keine Stütze, doch wo die Grenzen nicht respektiert werden, da herrscht Anarchie. Herauszufinden, wo in einer Beziehung die Grenzen liegen, braucht Zeit, und Vertrauen zwischen Menschen ist etwas, das verdient werden muß und nicht als Recht gefordert werden kann.

Es ist überdies eine Gratwanderung, wieviel persönliche Not man in einer Arbeitssituation zeigen sollte. Aus zwei Gründen ist es wichtig zu versuchen, hier das richtige Gleichgewicht zu finden. Der erste Grund ist, daß ein Zuviel-Mitteilen persönlicher Probleme den anderen Pflegern, die ohnehin durch die hohen emotionalen Anforderungen ihres Berufes belastet sind, eine unfaire Last auflegen kann. Es ist *eine* Sache zu offenbaren, daß man eine Schwierigkeit hat; es ist eine *andere*, wiederholt und ausführlich davon zu reden.

Den zweiten Grund habe ich auf meine Kosten kennengelernt: Wenn Leute in Führungspositionen zuviel von ihrer Schwäche offenbaren, dann können diejenigen, die von ihnen abhängig sind, sich bedroht und unsicher fühlen. Das war für mich eine der am schwersten zu ertragenden Einsichten meiner gegenwärtigen Tätigkeit. Gerade zu der Zeit, als ich persönliche Unterstützung am nötigsten hatte – wenn ich übermüdet oder ängstlich oder deprimiert war –, mußte ich darum kämpfen, ein tapferes und gelassenes Gesicht zu bewahren, denn wenn ich das nicht getan hätte, dann hätte es sich herumgesprochen, daß ich „Probleme habe" oder nicht mehr zurechtkomme, und meine Stellung wäre in Gefahr gewesen. Daß ich es nötig gefunden habe, auf diese Weise den Schein zu wahren, ist natürlich ein Zeichen dafür, daß die Beziehungen im Hospiz nicht vollkommen sind. Aber es ist nur natürlich, daß sie nicht vollkommen sind, denn wir sind alle verwundete Leute, und, wie ich schon einmal geschrieben habe, wir seufzen alle in großer Mühe, während wir zu einer Gemeinschaft zusammengeschmiedet werden. Es wirft jedoch ein Schlaglicht auf einen besonders disharmonischen Bereich, den ich in Hospizkreisen oft antreffe, und der liegt zwischen den Pflegern und ihrem Verwaltungsrat.

Vielleicht lohnt es sich, für einen Moment nach den Ursachen dieser Reibung zu fragen, denn dies ist ein Punkt, der älteren Hospiz-Mitarbeitern viel Not bereitet. Der erste und schlichteste Punkt, der zu nennen wäre, ist vielleicht, daß Ärzte und Schwestern sich nicht gern von Laien sagen lassen, was sie zu tun haben. Mir zumindest stellen sich die Nackenhaare, wenn Anwälte oder Geschäftsleute oder Geistliche die offenbar Art und Weise, wie ich meinen Beruf ausübe, in Frage stellen. Die anderen ihrerseits ärgern sich wohl maßlos über die vermeintliche Arroganz der Kliniker, die nicht auf den Rat von Leuten mit kaufmännischen Fähigkeiten hören wollen.

Eine zwar absurde, aber wichtige Ursache für Mißverständnisse in meiner eigenen Situation war die unterschiedliche Sicht, die Mediziner und Laienratgeber davon hatten, was das Hospiz eigentlich tun sollte. Ich zweifle nicht daran, daß es ähnliche Problem in Häusern für Drogenabhängige, Alkoholiker oder Geistigbehinderte gibt. Als die Idee, in Plymouth ein Hospiz zu gründen, aufkam, machte sich ein kleiner Kern von Leuten daran, diesen Traum Wirklichkeit werden zu lassen. Sie opferten großzügig ihre Zeit und Kraft für Treffen und für die Beschaffung der finanziellen Mittel, um einen Ort zu kreieren, an dem sterbende Männer und Frauen mit Liebe und Geschick gepflegt werden könnten. Nach fünf Jahren wurde ihr Traum wahr, und – ihre wirklichen Probleme begannen, denn ihr „Baby" entwickelte ein Eigenleben und einen eigenen Willen und begann, sich auf eine Weise zu entwickeln, wie sie es nicht erwartet hatten. Was sein Leben als gemütliches Zehn-Betten-Hospiz begann, in dem Menschen „in Würde sterben" konnten, wurde zu einem geschäftigen professionellen Zentrum, dessen Mitglieder gerufen wurden, Patienten in städtischen Einrichtungen und im Krankenhaus zu besuchen und Vorträge zu halten. Die Arbeit des Hospizes dehnte sich weit über die vier Wände seines Gebäudes aus, und mit diesem schnell wachsenden Unternehmen kam das, was die Geschäftsleute „Renditefolgen" nennen. Eine Stammbelegschaft, die anfangs völlig ausgereicht hatte, verteilte sich immer dünner auf die Aufgaben, bis die Mitarbeiter schließlich forderten, daß ihre Zahl erhöht werde. Ein weiterer Faktor, mit dem die Gründerväter der wohltätigen Einrichtung nicht gerechnet hatten, war, daß Fachleute, die anfangs in ihrer Hingabe und Begeisterung bereit waren, viele Stunden für wenig Geld zu arbeiten, nicht immer bereit oder in der Lage waren, ein solches Tempo über Monate oder Jahre durchzuhalten. Ich erinnere mich mit Trauer an die Bitterkeit, die ich empfand, als ich nach neun Monaten in meiner gegenwärtigen Stellung feststellen mußte, daß meine beträchtliche Zahl an Überstunden mir nicht nur nicht vergütet, sondern nicht einmal anerkannt wurde.

Wie schwierig ist es für Brüder, in Einheit zu leben! Wenn ich mich in jenen ersten Tagen über meine Kollegen und die Geschäftsführer beschwerte, wurde mir gesagt, ich müsse besser mit ihnen kommunizieren. Das erschien zu einer Zeit, da wir kaum noch miteinander redeten, wie ein unmöglicher Rat zur Vollkommenheit. Und heute, da ich in der Lage bin, mit meinesgleichen wie mit Vorgesetzten in relativem Frieden zu leben, gebe ich genau denselben Rat an Kollegen weiter, die sich schlecht behandelt und mißverstanden fühlen. Doch während ich noch rede, sehe ich den gleichen Blick in ihren Augen, der zu sagen scheint: „Was, ich mit *denen* reden – Sie mache Witze, Sie verstehen einfach nicht!"

Genug von der Uneinigkeit! Kehren wir zurück zu dem Gedanken des Hospizes als Gemeinschaft, und konzentrieren wir uns auf das, was unser seefahrender Verwalter den Maschinenraum nennt: die Leute, ohne die das Schiff nicht fahren kann. Eine der faszinierenden Eigenschaften der Hospiz-Bewegung ist die sogenannte Rollenüberschneidung. Das ist nur ein Jargonausdruck für den Umstand, daß dort, wo hierarchische Barrieren nicht zu starr sind und ein Team gut zusammenarbeitet, die verschiedenen Mitarbeiter sich frei fühlen, flexibel auf Bedürfnisse einzugehen, wo sie auftauchen. Es ist nichts Ungewöhnliches in unserer Situation, daß der Koch trauernde Angehörige tröstet oder der geistliche Koordinator einen Patienten füttert oder bei jemandem sitzt, der keine Ruhe findet. Ebenso bringen die Sekretärin und die Rezeptionistin in unserem Eingangsbüro dem bunten Strom von Besuchern im Hospiz Wärme und ein aufmerksames Ohr entgegen. Sie sind die Front des endlosen Besucherstromes: die alten Damen mit ihren gestrickten Kniedecken, der Marathonläufer mit seinen Sponsorenformularen oder die schüchternen, unsicheren Witwen und Witwer, die sich ein Herz gefaßt haben, um das Hospiz am Todestag ihres Ehepartners zu besuchen.

Ich bin immer fasziniert von dem Dienst dieser Damen in unserem Eingangsbüro, und ich wage gar nicht, an die Arbeitsstunden von Schwestern und Ärzten zu denken, die gebraucht würden, um sie zu ersetzen, wenn eine Anweisung erlassen würde, daß Sekretärinnen sich auf das Tippen und Aufnehmen von Diktaten zu beschränken hätten.

Und schließlich sind da natürlich noch diejenigen, die in einer Hospiz-Gemeinschaft an erster Stelle stehen sollten, die Patienten. Wie in jeder Gemeinschaft, die verwundete Menschen pflegt, sind sie das Herz, der Kern, der Grund unserer Existenz. Um ihretwillen haben wir uns mühsam zusammengerauft, und sie sind der Zement, der uns trotz all unserer Wunden und unserer „Verschiedenheiten" zu einem Leib verbindet.

Wie die Pfleger, so bringen auch sie ihre eigenen Gaben und Wunden mit, ihre ureigensten Bedürfnisse, die wir uns zu befriedigen bemühen müssen. Manche verlangen nicht mehr von uns als nur unsere Freundlichkeit und unsere Kompetenz, einen sicheren Platz in unserem Haus. Sie sind Pilger, Reisende, die für ein paar Nächte ein Bett brauchen, bevor sie ihre Reise fortsetzen. Andere jedoch kommen mit einer Sehnsucht nach Liebe und Annahme und suchen nach einem Gefühl der Zugehörigkeit, das ihnen bisher irgendwie entgangen ist. Dies sind die Menschen, denen wir etwas Besonderes zu geben haben: ein erneuertes Verständnis für ihre Würde als Menschen, für ihren einzigartigen Wert als Persönlichkeiten.

Ich erinnere mich heute an einen Herrn, der kürzlich zwei Wochen bei uns verbrachte. Ich wurde gebeten, ihn auf der hämatologischen Station, auf der er Patient war, zu besuchen. Man war zu dem Schluß gekommen, daß eine weitere Behandlung seiner Blutkrankheit nicht in seinem Interesse liegen könne und daß die Pflege im Hospiz das Beste für ihn sei. Zuerst schien er eine ziemlich traurige und erbarmungswürdige Gestalt zu sein und war durch seine Krankheit demoralisiert und unfähig, seinen bevorstehenden Tod zu akzeptieren. Während unserer Unterhaltung sprach er wehmütig von seinem Zuhause und von seiner elektrischen Orgel, auf der er nun nie wieder spielen würde. Ich setzte auf den guten Willen der Hausleiterin und des Verwalters in St. Luke's und sagte ihm, das sei Unsinn, er müsse natürlich *mit* seiner Orgel kommen und für uns spielen. Ich werde nie vergessen, wie sich das Gesicht des Mannes veränderte. Als er merkte, daß ich es ernst meinte, leuchteten seine Augen auf, und er schien aufrechter und größer zu sitzen. Eben noch nutzlos, wurde er plötzlich wieder gebraucht, und seine Würde wurde wiederhergestellt. Zwei Tage später kam er zu uns, und am Tag darauf fuhr der Verwalter mit ihm im Lieferwagen des Hospizes nach Hause und holte die Orgel. Es ging ihm nur ungefähr eine Woche lang gut genug, daß er für uns spielen konnte, doch diese Tage bedeuteten vielleicht ein ganzes Leben voller Freude für ihn.

174

Es ist ein seltenes Glück und Vorrecht für uns, Menschen wie ihm ein Zuhause und eine Familie geben zu können, und wir sind reich belohnt, wenn wir sie ungläubig murmeln hören: „Ich hatte keine Ahnung, daß es Orte wie diesen gibt!"

14
Eine Zeit der Olivenpresse

Aids als Herausforderung
an die christliche Doppelmoral

Es ist eine Zeit der Angst, der Vorahnung,
eine Angst vor Schmerz und Entstellung,
eine Angst vor haßerfüllten Augen und Taten der Gewalt,
eine Angst vor der Macht jener,
die in Quarantäne, ins Gefängnis stecken,
mit Identitätskennzeichen tätowieren wollen
(Schatten von Auschwitz),
eine Angst vor denen, die den Tod austeilen.
Da ist ein Verengen,
ein Druck auf der Brust,
ein Wunsch nach Luft, nach Raum
jenseits des eng gebauten Tores.
Da ist eine kalte Angst in einer Zeit der Trübsal,
einer Zeit der Olivenpresse, der Weinpresse,
ein Zermalmen der Beeren –
und keine Garantie für eine gute Lese.

Jim Cotter, aus: *Healing More or Less*

Von Zeit zu Zeit fragen mich Leute, ob ich in Plymouth
bleiben oder irgendwo anders hingehen, vielleicht sogar nach
Chile zurückkehren werde. Normalerweise lächle ich dann
und sage, daß ich es wirklich nicht weiß; aber ich habe im
Moment keine Pläne, mich zu verändern. Es ist schwer zu
erklären, daß die tägliche Arbeit mit Sterbenden einem
scharf ins Bewußtsein ruft, daß das Leben ein Geschenk ist
und man nicht darauf rechnen kann, es auch morgen noch
zu bekommen, geschweige denn in einem Jahr. Auf einer per-

sönlicheren Ebene habe ich das starke Empfinden, zu dieser Arbeit berufen zu sein, und ich bleibe immer offen für die Möglichkeit, ich könnte „ausbrennen" oder an einen anderen Platz gestellt werden. Wie so viele Menschen frage auch ich mich, ob die gegenwärtige AIDS-Seuche mein Leben verändern wird, ob wir im Hospiz vor der Notwendigkeit stehen werden, für eine ganz andere Gruppe sterbender Menschen zu sorgen. Dieses Kapitel ist eine Reflexion; ein Blickwinkel von jemandem, der am Rande wartet und nicht weiß, wann oder auch nur ob sein Name aufgerufen wird.

Ich sitze an meinem Schreibtisch und beobachte die Schiffe auf dem Plymouth Sound. Das Versorgungsschiff liegt geduldig an der Mole vor Anker, trüb und grau im Nachmittagslicht, und wartet auf die verwandelnde Dunkelheit, wenn es wie ein Ozeandampfer aufleuchten und zauberhafte Reflexionen auf dem schwarzen Wasser erzeugen wird. Eine weiße Jacht jagt mit dem vollen Wind im blauen Spitzsegel vor dem Bug eines schäbigen, rostfarbenen Tankers vorbei, während das Ausflugsschiff wieder einmal mit einer Ladung Touristen, die einen Blick auf die still vor Anker liegenden Kriegsschiffe erhaschen wollen, die auf ihre Überholung warten, den Hamoaze hinauffährt. Die Werften und die Schiffe sind ein integraler Bestandteil von Plymouth, da sie den Männern der Stadt Arbeit bieten; und uns im Hospiz bieten sie einen stetigen Zulauf von „Mesos" – Mesotheliomen, den tödlichen, durch Asbest hervorgerufenen Lungenkarzinomen, die einen Menschen völlig unerwartet nach zwanzig oder dreißig Jahren, die er den Asbestfasern ausgesetzt war, überfallen. Und irgendwo, unsichtbar in der Stadt verstreut, befinden sich dreißig Männer, deren Bluttests zeigen, daß sie mit dem AIDS-Virus infiziert sind. Womit beschäftigen *sie* sich, frage ich mich, an diesem grauen Samstagnachmittag? Bummeln sie mit den anderen Jungs durch die Innenstadt und genießen ihre Anonymität – oder sitzen sie in ihren möblierten Zimmern, wartend, grübelnd, verängstigt und allein?

Ich erinnere mich an ein Gedicht von Jim Cotter, das er für einen Meditationsabend in San Francisco schrieb, und mein Herz geht auf für die Einsamen und Ängstlichen:

Da ist eine kalte Angst in einer Zeit der Trübsal,
einer Zeit der Olivenpresse, der Weinpresse,
ein Zermalmen der Beeren –
und keine Garantie für eine gute Lese.

Wie all die anderen kann auch dieses Kapitel nur von hier aus geschrieben werden, wo ich heute sitze. Nächste Woche wird es schon ein wenig überholt sein, und wenn dieses Buch erscheint, ist es sicher noch weiter weg. Und doch muß es geschrieben werden und seine eigene Gültigkeit bekommen als ein Stadium auf einer Reise in ein unbekanntes Morgen. Für mich ist die Zukunft mit AIDS eine besonders unbekannte Größe. Nach den Voraussagen werden von den dreißig Männern, die heute HIV-positiv sind, zwei bis drei innerhalb der nächsten zwei Jahre an AIDS sterben. Vielleicht werden es jedoch viel mehr sein, und wir werden ein spezielles Hospiz brauchen und ein Team von Leuten, die diese Männer und Frauen pflegen. Ich weiß noch nicht, ob ich damit zu tun haben werde, aber als Ärztin, die sich auf die Pflege Sterbender spezialisiert hat, erscheint das durchaus wahrscheinlich.

Wie wird das sein, frage ich mich? Wie werden wir damit fertig werden? Wird es uns einer ganz neuen Reihe von Anforderungen gegenüberstellen, denen wir nur zu gerne genügen möchten, es aber nicht schaffen können? Auch ich habe ein wenig Angst, nicht vor einer eventuellen Ansteckung – das ist kein Alptraum mehr –, sondern bei dem Gedanken an eine Flutwelle der Not, die mich durch und durchwirbeln wird, bis ich mich nicht mehr zurechtfinde und nach Atem ringe.

Wieder steigt aus dem Herzen des Leidens
der uralte Schrei auf,
Oh Gott, warum? Oh Gott, wie lange noch?
Und der Schrei stößt auf Schweigen.
Wage ich es, fest auf Christus zu schauen,
auf Gott, der sich in Isolation und
Verzweiflung verwickelt,

bereit, mich kontaminieren, infizieren zu lassen,
treu und in geduldigem Ausharren zu lieben,
bis alles Geschaffene sein endgültiges Ziel erreicht
in Herrlichkeit, Freude und Liebe?
Und dennoch, warum *dieses* Maß an Schmerzen?
Warum diese ewig wiederholten Schlachten
mit einem Sensenschnitt durch eine Generation?
Grauenhaftes Opfer – wozu?
Warum? Warum?

Jim Cotter, aus: *Healing More or Less*

Die Fähre *Brittany* pflügt eine graue Bugwelle durch den
Sound und verscheucht die Segelboote wie Hofhühner. Das
Tor in ihrem breiten Heck ist fest geschlossen und wider-
steht mit grimmigen Lippen den Wellen und der Erinnerung
an die *Herald of Free Enterprise*, in der so viele Menschen
im kalten Wasser vor Zeebrugge umkamen. Warum? Warum?
schrien wir alle, als wir vor den Radios und den Fernsehern
klebten, sprachlos über diese Verschwendung an Menschenleben und den Gedanken daran, daß wir durch die Gnade
Gottes noch lebten.

Das notvolle „Warum?" der Sterbenden ist niemals durch-
dringender als bei den jungen Menschen und denen, die sie
lieben. Wie werden wir damit fertig werden, wenn es durch
die Furcht vor Ansteckung, sozialer Ächtung und Schuld ergänzt wird? Junge Menschen, die an Krebs sterben, werden
oft in ihrer Gemeinschaft zu Helden; Leute umscharen sie,
in Kneipen und Schulen wird Geld für eine Behandlung in
Amerika gesammelt, oder wenigstens für einen Urlaub auf
Mallorca. Aber AIDS? Wer wird kommen und bei *solchen*
Patienten sitzen? Wer wird in der Kirche aufstehen und
namentlich für sie beten? Wer wird ihre ängstlichen Hände
halten oder ihren schwachen, wunden Körper in die Arme
schließen, wenn er von dem Schluchzen unerträglicher
Trauer erschüttert wird? Jim Cotter:

An AIDS zeigt sich klar,
welche Einstellung wir haben.
Es zwingt uns zu wählen,
und wie gesund wir sind,
offenbart sich durch unsere Antwort.

Bestrafen wir die Leidenden, indem wir ihrem Leiden auch noch Verdammung und soziale Ächtung, Entzug des Versicherungsschutzes und Graffitis an den Mauern hinzufügen? Oder gehen wir auf sie zu und begegnen ihnen in ihrer Not und Angst? Zitieren wir Abschnitte aus der Geschichte von Sodom und Gomorra, um unsere unterbewußten Ängste zu untermauern – oder denken wir daran, daß Jesus der Mensch war, der Aussätzige berührte und sich weigerte, die Frau zu verdammen, die beim Ehebruch ertappt worden war? Die Versuchung ist stark, die moralischen Aspekte zu sehr zu vereinfachen, statt offen für eine Kultur zu sein, die anders ist als unsere eigene. Ebenso stark ist die Versuchung, sich auf den Standpunkt zu stellen, Zwangstests und Quarantäne seien die Antwort, und zu vergessen, daß die Kranken von Gott geliebt und unsere Brüder sind.
Mir scheint, daß die AIDS-Seuche die größte und klarste einzelne Herausforderung an die christliche Gemeinde dieser Jahrzehnte, wenn nicht gar dieses Jahrhunderts darstellt. Die Forderungen richten sich an die ganze Gesellschaft, allen ist der Handschuh hingeworfen, aber wir Christen sind es, die *behaupten*, daß sie dem menschgewordenen Gott nachfolgen, der die Unreinen liebte und heilte. Die Evangelien sind in ihrer Lehre eindeutig:

Seid barmherzig, wie auch euer Vater barmherzig ist. Und richtet nicht, so werdet ihr auch nicht gerichtet. Verdammt nicht, so werdet ihr nicht verdammt. Vergebt, so wird euch vergeben. Gebt, so wird euch gegeben. Ein volles, gedrücktes, gerütteltes und überfließendes Maß wird man in euren Schoß geben; denn eben mit dem Maß, mit dem ihr meßt, wird man euch wieder messen.

Lukas 6, 36–38

An vielen Orten sind Christen die ersten, die sich der Not an AIDS leidender Menschen zuwenden, doch an anderen Orten verdammen sie die Opfer unverblümt. Manche Priester und Pfarrer sind schnell dabei, den säkularen „Safer Sex"-Ansatz zur Vorbeugung zu verdammen, doch von ihren Kanzeln hört man keine Ermahnung, die Kranken zu verstehen, sich ihnen zuzuwenden und ihnen zu vergeben.

Wie leicht es doch ist, in unserem Verständnis der Evangelien mit zweierlei Maß zu messen, uns auf die Sexualmoral zu fixieren und die Botschaft der Barmherzigkeit und Vergebung dabei aus den Augen zu verlieren! Noch leichter ist es, im Unterbewußtsein zu beschließen, daß dies ein Problem anderer und nicht unsere Sache sei, so daß wir geschäftig auf der anderen Straßenseite vorbeieilen. Mir und unserem Team im Hospiz steht diese Entscheidung noch bevor. Schon sprechen wir untereinander offen davon, daß wir „AIDS-Fälle" aufnehmen werden – doch im gleichen Atemzug murmeln wir: „Was werden die anderen Patienten sagen?" Wie werden die gewöhnlichen Patienten und ihre Familien mit dem Wissen fertig werden, daß der Patient am Ende des Flures an AIDS leidet? Sie müssen es nicht erfahren, sagen manche: Die Vertraulichkeit müsse gewahrt bleiben. Aber wird das wirklich möglich sein, besonders dann, wenn viele Leute aus der Homosexuellen-Szene bei uns auftauchen? Vielleicht würde es einfacher sein, die Leute zu Hause zu pflegen: Aber wie werden die Damen von „Essen-auf-Rädern"-Dienst damit fertig werden, und was wird die Gemeindeschwester zu hören bekommen, wenn sie von einem AIDS-Patienten zu einer Mutter mit einem neugeborenen Kind kommt? Wir wissen natürlich nicht, wie es sein wird; aber wir sehen viel Not und Schwierigkeiten voraus.

Dann gibt es natürlich noch die unvermeidliche Kluft zwischen Theorie und Wirklichkeit. Manchmal kommt es vor, daß wir emotional nicht in der Lage sind, mit sehr schwierigen, verwundeten Patienten fertig zu werden. Es ist schwierig, jemanden immer weiter zu lieben, der sich manipulierend oder anderen Patienten gegenüber grausam verhält. Oft sind das gerade diejenigen, die besonders arm dran sind, die man so gerne lieben möchte, aber man schafft es nicht ganz. Es gab schon zu viele Verletzungen, als daß man in kurzer Zeit eine gute und vertrauensvolle Beziehung aufbauen könnte, und man kann nur sein Bestes tun und ist sich dabei ständig bewußt, daß man versagt und wie es eigentlich sein sollte. Solche Situationen sind enorm auslaugend – aber gut für die Demut! Wir bekommen soviel Bestätigung, daß wir in Gefahr stehen, tatsächlich zu glauben, wir seien verkleidete Engel.

Inzwischen warten wir wie viele mit einem Auge auf San Francisco, Zaire und die Berichte aus unseren eigenen Hauptstädten. Vielleicht hat man schon eine Therapie gefunden, wenn die Seuche Plymouth erreicht, aber wenn nicht, so beten wir, daß wir nicht gewogen und für zu leicht befunden werden.

15
Wessen Füße willst du waschen?
Die Gratwanderung allein zu leben

Wenn du allein lebst,
wessen Füße willst du waschen?
Basilius der Große, 4. Jh.

In der ersten Zeit meiner christlichen Suche schienen sich
mir zwei grundlegende Möglichkeiten zu bieten: zu heiraten
oder in eine klösterliche Gemeinschaft einzutreten. Niemand erzählte mir von einer dritten Möglichkeit: daß ich
bleiben könne, wer ich bin, nämlich eine alleinstehende
Frau. Selbst heute, da man sich des Wertes des Laientums
stärker bewußt geworden ist, scheint es nur wenige Hilfestel-
lungen für die Spiritualität von Menschen zu geben, die sich
entweder bewußt entscheiden, nicht zu heiraten, oder feststellen, daß das ehelose Leben sich igendwie für sie entschieden hat. Ich rede hier nicht im engeren Sinne von denen, die
sich zu einem zölibatären Leben berufen fühlen, sondern
von dem größeren Kreis der Menschen, die aus welchem
Grunde auch immer allein bleiben.

Es gibt viele Gründe, aus denen Menschen allein leben.
Manche treffen eine bewußte Entscheidung für ein zöliba-
täres Leben und verpflichten sich auch öffentlich oder privat
dazu. Manche sind geschieden, andere verwitwet oder verlassen, wieder andere stellen fest, daß sich eine Heirat einfach
nie ergeben hat oder daß sie keinen besonderen Drang ver-
spürten, ihr Leben mit einem anderen Menschen zu teilen.
Was auch immer der Grund ihres Alleinseins ist, solche
Leute, seien es Männer oder Frauen, müssen einen *modus*

vivendi finden, der ihnen gerecht wird, mit dem sie sich wohl fühlen und glücklich und fruchtbar leben können. In diesem Kapitel möchte ich ein wenig aus meiner eigenen Erfahrung allein gelebter Jüngerschaft berichten, in der Hoffnung, daß es auch anderen dienlich ist.

Ich habe es nicht darauf angelegt, allein zu leben; viele Jahre lang bin ich, wie die meisten jungen Frauen, durchaus davon ausgegangen, daß ich heiraten und glücklich bis an mein Ende leben würde. Als Jugendliche verspürte ich dann eine Berufung zum klösterlichen Leben, und für die nächsten zwanzig Jahre spielte ich eine Art Versteckspiel mit dem, was ich für den Hund des Himmels hielt. Mit Anfang vierzig schließlich sprach ich mein „fiat" und trat mit einem gewaltigen Glaubensschritt in eine klösterliche Gemeinschaft von Frauen ein. Achtzehn Monate später war ich zurück in der Welt, psychisch ziemlich verbeult und in der klaren Gewißheit, daß ich keine Berufung hatte, Nonne zu sein. Nicht, daß ich meine Berufung durch Achtlosigkeit oder Untreue „verloren" hätte, aber das Leben in einer klösterlichen Gemeinschaft war einfach nicht das Richtige für mich. Was nun? Was tun Sie, wenn der Kartäusermönch in Ihnen versucht hat, alles aufzugeben, um Christus nachzufolgen – und dann blutend und tränenüberströmt zurückgekrochen kommt? Was tun Sie dann mit der Geschichte von Jesus und dem reichen Jüngling, die sie Ihr Leben lang inspiriert und gequält hat? Kommen Sie zu dem Schluß, daß der Ruf, alles zu verkaufen, einem anderen gilt – oder versuchen Sie, ihn auszuleben, wo immer Sie sind, indem Sie sich mit grimmiger Entschlossenheit und blutenden, gebrochenen Fingernägeln an den Ruf eines radikalen Evangeliums klammern?

Als ich 1980 auf dem Weg aus dem Konvent war, verbrachte ich einige Nächte in der Abtei Stanbrook, einem großen Benediktinerkloster, wo ich einige der Nonnen kenne. Die damalige Äbtissin, eine hochgewachsene und imposante Dame, trat im Refektorium an mich heran, baute sich in ihrer ganzen Größe vor mir auf und fragte mich in ihrer besten Äbtissinnen-Stimme: „Sheila, was *haben* Sie nur angestellt?" Überrascht murmelte ich, ich hätte versucht, mich wie ein eckiger Bolzen durch ein rundes Loch zu zwängen. Sie schwieg einen Moment nachdenklich und sagte dann mit entwaffnender Schlichtheit: „Warum sind Sie nicht einfach Sheila?"

Ich war in diesem Augenblick zu mitgenommen und trübsinnig, um zu lachen oder die Tiefe ihrer Weisheit zu erkennen, aber in den letzten sieben Jahren habe ich genau das getan, und ich empfehle es als Lebensregel allen, die von ihrem Streben, Gottes Willen zu tun, erschöpft und verwirrt sind. Eine andere Freundin in einem Kloster sagte mir: „Der große Augenblick des Durchstartens kommt, wenn wir aufhören zu versuchen, Gottes Willen zu tun, und es zulassen, daß sein Wille in uns getan wird."

Doch einfach Sheila zu sein lernte ich nicht über Nacht, ebensowenig, wie Sie im Handumdrehen lernen werden, Mary oder Michael oder wer auch immer zu sein. Zu entdecken, wer man ist und wie man leben und sein soll, scheint ein ganzes Leben an Versuch und Irrtum, Lachen und Tränen zu erfordern. In jenen ersten Tagen nach der Zeit im Konvent wollte ich immer noch eine Kreuzung zwischen Johanna von Orléans, Michael Hollings und Helder Camara sein, und ich machte mich daran, mein Leben entsprechend zu führen. Für kurze Zeit versuchte ich, als Einsiedlerin zu leben, indem ich in einem Wohnwagen auf der Farm meines Bruders lebte; doch es dauerte nicht lange, bis mich die schiere Armut zurück zu der einzigen Arbeit trieb, die ich beherrschte: Ärztin zu sein.

Nachdem ich zu meiner Überraschung von neuem entdeckt hatte, daß dies meine wahre Berufung ist, machte ich mich daran, den Forderungen des radikalen Evangeliums entsprechend, als Facharztanwärterin in einem Krankenhaus in Plymouth zu leben. Das erste, was mir mit großer Klarheit bewußt wurde, war, daß ich nie wieder Eigentum besitzen dürfe. Nachdem ich mein Haus in Chile verschenkt und mein Haus in Devon verkauft hatte, um das Geld den Armen zu geben, war ich entschlossen, mich nicht wieder in Besitztümer zu verstricken. Ich würde im Wohnheim des Krankenhauses leben, ein wenig von meinem Gehalt als Taschengeld behalten und den Rest weggeben, um Nahrungsmittel für die Hungernden in der Dritten Welt zu beschaffen.

Das ging so ungefähr drei Wochen lang, bis ich mich mit einer Frau anfreundete und sie übers Wochenende zu mir einladen wollte. Selbst radikale Jünger müssen jemanden haben, mit dem sie spielen können, überlegte ich, aber wo sollte sie schlafen? In meinem Zimmer auf dem Fußboden, könnten Sie vernünftigerweise antworten, aber ich war nicht mehr zwanzig, sondern vierundvierzig und zu den besten Zeiten eine unruhige Schläferin. Dieses Mal konnte ich ein Zimmer vom Krankenhaus ausborgen, aber ich erkannte, daß ich ausziehen und mir eine eigene Wohnung suchen mußte, wenn ich so etwas wie soziale Kontakte pflegen wollte. Die nächsten paar Wochen verbrachte ich damit, nach einer Mietwohnung zu suchen. Keine große Wohnung natürlich, nur ein kleines Zuhause, wo ich ein schlichtes Leben führen und gleichgesinnte Freunde beherbergen könnte. Das Problem mit Wohnungen bestand, wie ich entdecken mußte, darin, daß es nur sehr wenige gab, die man unmöbliert mieten konnte, und die möblierten waren sowohl sehr teuer als auch in einem Stil eingerichtet, der mir nicht besonders gefiel. Ich hatte mich gerade bei einem meiner Kollegen, der zwanzig Jahre jünger war als ich, über diesen Umstand beklagt, als er mich in fassungslosem Ton fragte: „Aber warum *kaufen* Sie denn keine Wohnung wie wir anderen auch? Die Hypothekenabzahlungen sind billiger als die Miete."

Soviel zu meinem Ehrgeiz, kein Eigentum zu besitzen! Ich befolgte seinen Rat und machte mich daran, eine Wohnung zu kaufen. Es sollte eine kleine, billige sein, so daß ich immer noch mit den Armen (na ja, den einigermaßen Armen!) solidarisch wäre. Doch natürlich geht das einfache Leben einer Dame mittleren Alters aus der Mittelschicht nicht allzu leicht von der Hand, und als ich mich mit dem Gedanken trug, eine Wohnung in einer der ärmeren Gegenden der Stadt zu kaufen, lachten mich die Schwestern aus und sagten: „Seien Sie nicht dumm! Sie würden sich ja da unten nachts nicht mehr auf die Straße trauen können." Dann rief eines Tages der Makler an und sagte: „Dr. Cassidy, wir haben Ihre Wohnung gefunden!" Und so war es: Es handelte sich um eine Dachwohnung mit Blick aufs Meer in einer netten, sicheren Gegend der Stadt; also nahm ich eine Hypothek auf und zog ein, um glücklich bis an mein Ende dort zu leben.

Doch der Helder Camara in mir wollte sich der echten Sheila noch nicht so leicht geschlagen geben. Wild entschlossen, meine Armut *sehen* zu lassen, schwor ich, die Wohnung vollständig mit gebrauchten Möbeln einzurichten und die Fußböden spartanisch unbedeckt zu lassen. In jenem Winter verletzte ich mir den Rücken, und ich verbrachte viele schmerzliche Augenblicke auf den Knien in dem Versuch, die kahlen Stufen mit Kehrschaufel und Besen zu reinigen. Schließlich gab ich nach, ließ die Wohnung mit Teppichboden auslegen und kaufte mir einen Staubsauger, so daß ich mich nicht mehr bücken mußte. Aber wenn auch ein Staubsauger eine berechtigte Notwendigkeit war, so galt das für eine Waschmaschine gewiß nicht. Ich wusch meine Wäsche mit der Hand und trampelte im Badezimmer nach rustikaler Art mit den Füßen auf den Laken und Handtüchern herum wie ein paar verrückte Mönche, mit denen ich befreundet bin! Den ganzen Sommer über wurden meine Kleider immer grauer und grauer, bis ich es nicht mehr ertragen konnte und meiner Putzfrau einen Stapel Handtücher und Blusen mitgab, damit sie sie zu Hause wusch. (Ich hätte hinzufügen sollen, daß ich irgendwann in der Zwischenzeit mit einer Putzfrau handelseinig geworden war. Wenn ich schon nicht solidarisch mit den Armen sein konnte, dann konnte ich ihnen zumindest Arbeit geben.) Ich brauchte nur drei Wochen, um mir auszurechnen, daß die zwei Pfund, die ich dafür bezahlte, daß sie mir meine Blusen und meine zwei Handtücher wusch, in wöchentlichen Abzahlungen für eine Waschmaschine intelligenter angelegt wären, und am folgenden Samstagnachmittag kehrte ich dem einfachen Leben den Rücken und kaufte mir eine.

Der endgültige Fall von meinem selbstgebauten Sockel

kam vielleicht zu Beginn des Winters, als *Wiedersehen mit Brideshead* als Serie im Fernsehen kam. Bis dahin hatte ich mich standhaft geweigert, mehr als ein Radio und einen Kassettenrecorder zu besitzen, doch nun konnte ich es nicht länger ertragen, und ich eilte in die Stadt, um mir einen Fernseher zu kaufen.

Welche Lektion soll ich nun aus diesem meinem „Scheitern" am einfachen Leben lernen? Ich zögere, daraus allgemeingültige Schlüsse zu ziehen, da man mir vorwerfen könnte, ich wolle nur meine Schwäche und Selbstverwöhnung rechtfertigen. Ich kann nur bemerken, daß ich mit jedem Schritt in Richtung auf das hin, was bei den Leuten, unter denen ich lebte, üblich war, ein bißchen weniger arrogant und ein bißchen weniger selbstgefällig wurde. Im Lauf der Jahre bin ich mir immer unsicherer statt sicherer geworden, was es bedeutet, inmitten einer materialistischen Gesellschaft den Anforderungen des Evangeliums gerecht zu werden. Worüber ich mir jedoch völlig klar bin: In diesem Augenblick ist mein Platz mitten in dieser Gesellschaft. Und der große Witz: Je besser ich die gewöhnlichen Leute kennenlerne, die diese böse materialistische Welt bewohnen, desto mehr staune ich über ihre Großzügigkeit und Güte. Sie haben vielleicht Waschmaschinen, Stereoanlagen, Videogeräte und Farbfernseher, aber sie sind oft liebevoller und barmherziger und vergebungsbereiter als diejenigen, deren ganze Kraft im einfachen Leben aufgeht. Je älter ich werde, desto weniger weiß ich, außer daß das einzige, was wirklich zählt, die Liebe ist. Wirklich beunruhigend für Christen ist es, wenn sie Nichtgläubige kennenlernen, die ehrlicher, großzügiger und liebevoller sind als sie selbst. Mir geschah das im Gefängnis in Chile, und es geschieht mir heute jeden Tag in Plymouth. Wie ich schon zuvor gesagt habe: Der Geist Gottes weht, wo er will, und wir Christen haben kein Monopol für Güte.

Im Lauf der Jahre werde ich immer überzeugter davon, daß der Rat der Äbtissin von Stanbrook wahr ist, und ich habe gelernt, mehr Nachsicht mit mir selbst zu haben. An der

Pinnwand in meinem Schlafzimmer habe ich eine Postkarte, auf der ein dickes, gelbes, löwenähnliches Tier zu sehen ist, das sich geduldig überall Leopardenflecken an sein Fell stecken läßt; Flecken, die beim nächsten Regen mit Sicherheit abgehen. Jahrelang habe ich versucht, etwas zu sein, das ich nicht bin, und es funktioniert einfach nicht. Ich, die ich gerne groß und schlank, von Natur aus asketisch und intellektuell wäre, bin klein, ein wenig rundlich, sehe gern fern und lese gern Krimis. Ich würde gern zu den Leuten gehören, die sich bei klassischer Musik von des Tages Mühen entspannen - aber ich gehöre nicht dazu. Ich entspanne mich durch ein Schwätzchen am Telefon oder durch Fernsehen. Ich wäre gern ordentlich und mit wenig Besitz zufrieden – doch ich bin furchtbar unordentlich und häufe ungebührliche Mengen von Plunder an! Doch Stück für Stück werde ich fähig, die Sheila, die Gott geschaffen hat, zu schätzen und mit meinen Gaben und meiner Persönlichkeit zufrieden zu sein. Das heißt nicht, daß ich mich nicht bemühe, meine Schwächen zu überwinden, sondern daß ich mich durch mein Scheitern weniger entmutigen lasse als früher.

Dieses Lernen, uns selbst zu verstehen und mit unseren Bedürfnissen und Schwächen geduldig zu sein, ist besonders wichtig für Menschen, die allein leben. Wenn ich keinen Mann habe, der mich verwöhnt und darauf achtet, daß ich nicht zuviel tue, dann muß ich lernen, auf mich selbst zu achten. Dabei geht es nicht nur darum, vernünftig zu essen und um Mitternacht ins Bett zu gehen, sondern darum zu lernen, wo meine Grenzen liegen und was mich wieder aufrichten kann, wenn ich am Ende bin. Ich mußte mir selbst die Erlaubnis geben, zu Bitten, die ich nicht erfüllen kann, nein zu sagen, und mir Freizeit zu nehmen, wenn ich sie brauche. Um es ganz deutlich zu sagen: Wenn Sie allein leben, dann haben Sie die Verantwortung, für sich selbst zu sorgen, denn niemand anderes wird das tun, und Sie nützen niemandem, wenn Sie vor Ihrer Zeit ausgebrannt sind! Es ist nicht nur unlogisch, sondern auch arrogant, uns einzubilden, wir seien von dem allgemeinen menschlichen Bedürfnis nach Ruhe, Vergnügen und Freizeit ausgenommen.

Wie Sie Ihre eigenen Bedürfnisse mit der Armut und Not in der Dritten Welt in Einklang bringen, ist eine Frage des Experimentierens und des Gleichgewichts. Ich glaube, es gibt zwei grundlegende Gedanken, die uns unser Nachdenken darüber und unsere Entscheidungen erleichtern. Der erste ist der Gedanke einer globalen Familie. Er besagt, daß wir alle Kinder desselben Gottes sind und das gleiche Recht auf Nahrung, Obdach, Arbeit und Freiheit haben. Das bedeutet, daß wir uns Ungerechtigkeit, Armut und die Drohung eines Atomkrieges zum Anliegen machen müssen. Wie wir diesem Anliegen Ausdruck geben, hängt von Augenblick zu Augenblick von unseren Gaben und Möglichkeiten ab.

Der zweite Gedanke ist der der Haushälterschaft über die mir anvertrauten Güter. Er bedeutet, daß ich der Haushälter, nicht der Eigentümer meiner Gesundheit, meiner Intelligenz, meiner Gaben und meines Besitzes bin. Wenn meine Gaben mich in die Lage versetzen, mehr zu verdienen, als ich brauche, dann muß ich das, was ich habe, mit denen teilen, die weniger begabt sind. Wie ich diese Philosophie auslebe, hängt immer von meiner augenblicklichen Kraft und meinem Mut ab. Wie in anderen Bereichen, über die ich predige, besteht auch hier eine tiefe Kluft zwischen Theorie und Praxis, aber im Grunde bedeutet dies, daß ich versuche zu bekommen, was ich brauche, um gesund und glücklich zu sein, und es dabei belasse. Es bedeutet, daß ich nicht stets nach einem größeren oder besseren Haus oder Auto oder Plattenspieler strebe, sondern daß ich zufrieden bin mit dem, was ich habe, und daß ich meinen Besitz gern mit den Menschen um mich her teile. Ich gebe nicht vor, dies sei der Lebensstil des radikalen Evangeliums, aber es ist das, was ich hier und jetzt meistern kann. Zweifellos habe ich heute mehr Besitz als an dem Tag, an dem ich den Konvent verließ, aber ich hoffe auch, daß ich mehr Verständnis für die Schwächen gewöhnlicher Menschen habe.

Ein weiterer Bereich, in dem wir uns selbst gut kennen müssen, ist der unserer *emotionalen* Bedürfnisse. Ich habe viele Jahre und eine Menge fachkundige Hilfe gebraucht, um die Konditionierung durch eine puritanisch-religiöse Erziehung zu beseitigen, die mich lehrte, mich für meinen Körper und meine Sehnsucht nach Wärme und Zuneigung zu schämen. Heute ist es eine große Freude für mich zu wissen, daß der Gott, der mich gemacht hat, mich kennt und liebt, und zu verstehen, daß alles, was ich fühle und bin, sein Werk ist. Ich habe nicht die Absicht, eine Antwort auf die unvermeidliche Frage „Wie weit darf man gehen?" niederzuschreiben, sondern einfach zu sagen, daß ich denen dankbar bin, die mich gelehrt haben, meine Sexualität als gottgegeben und als an und für sich gut zu akzeptieren.

Natürlich bleibt eine Kluft zwischen dem *Akzeptieren* seiner selbst als normales menschliches Wesen, das sich nach Liebe und Zuneigung sehnt, und der Erfüllung dieser Bedürfnisse. In diesem Bereich bin ich weit davon entfernt, alle Antworten zu wissen, aber ich kann Ihnen zumindest eine, wie ich glaube, sehr wichtige Einsicht weitergeben: Wenn Sie jeden Tag, jeden Abend und jedes Wochenende mit Arbeit anfüllen, dann verdrängen Sie den Freiraum, den Sie brauchen, um mit Freunden zusammen zu sein oder eine ruhige Zeit allein zu verbringen. Wenn man alleinstehend ist, fällt man leicht der Versuchung zum Opfer, tagsüber zu arbeiten und sich an den Abenden und Wochenenden in Sitzungen, Konferenzen und gute Werke zu verwickeln, so daß man, wenn man plötzlich doch einmal einen Abend frei hat, auf eine trostlose Leere und Einsamkeit stößt, die einem das Gefühl gibt, wertlos, dumm und ungeliebt zu sein.

Vor einigen Jahren, als ich vollzeitlich als Ärztin tätig war und an den meisten Wochenenden Vorträge über Menschenrechte oder Predigten zu halten hatte, wandte ich mich an einen Psychologen in dem Glauben, er würde mir helfen, besser zu planen, um produktiver zu werden. Mit ein paar guten Ratschlägen vom Fachmann, dachte ich, könnte ich noch mehr Aktivitäten in mein Leben zwängen. Ich schickte ihm einen enormen und komplizierten Zeitplan meines Lebens und meiner Aktivitäten in den letzten drei Jahren, alles farbig markiert, je nach dem, ob es sich um auswärtige oder örtliche, auf die Menschenrechte bezogene oder religiöse Termine handelte. Ich weiß nicht, ob ich erwartete, er würde mir zu meiner Tatkraft oder meinen guten Werken gratulieren; jedenfalls schaute er mir gerade in die Augen und sagte mit einem liebenswürdigen schottischen Akzent: „Danke, daß Sie mir Ihr Material übersandt haben; ich habe es aufmerksam gelesen, und ich bin entsetzt." Die Bemerkung traf mich, und ich hörte ihm mit ungewohnter Aufmerksamkeit und Demut zu, als er mir erklärte, ich sei dabei, mich selbst durch Überarbeitung und einen Lebensstil, der mir meine normalen menschlichen Bedürfnisse nach Ruhe, Freundschaft und Erholung größtenteils verweigerte, zugrunde zu richten. Es dauerte sehr lange, bis ich dieses Chaos, auf das ich so stolz war, wieder entwirrt hatte, und ich bin immer noch sehr anfällig dafür, mir zuviel zuzumuten, aber ich lebe heute viel gesünder und weniger einsam als vor ein paar Jahren. Langsam lerne ich, daß das Gegenmittel gegen die Einsamkeit nicht darin besteht, jedes Wochenende von zu Hause zu fliehen, sondern gerade darauf zu achten, daß ich nicht zu oft von zu Hause fort bin. Man muß lernen, sein Zuhause zu lieben und in Ruhe darin zu leben, denn sonst hat man keinen Ankerplatz und wird von jeder Welle und jeder Tiefenströmung fortgerissen.

Ich bin mir immer noch nicht völlig über das psychologische Verhältnis von Frauen zu ihrem Zuhause im klaren, aber ich glaube, es gibt einen tiefen Zusammenhang zwischen der Umgebung, in der man lebt, und der Person, die man ist. Wie die Kleidung wird das Zuhause zu einer Erweiterung der eigenen Persönlichkeit, zu einem Mittel, um auszudrücken, wer man ist. Mittlerweile liebe ich mein Zuhause so sehr, daß mir beim Gedanken daran wie dem Maulwurf in *Der Wind in den Weiden* die Schnurrhaare zittern, wenn ich zu lange weggewesen bin. Der billige purpurrote Teppich, den ich im Schlafzimmer vorfand, als ich die Wohnung kaufte, ist schon lange verschwunden, und ich habe mehr Geld, als ich einst für richtig gehalten hätte, für Veränderungen, Dekorationen und Möbel ausgegeben. Vielleicht bin ich so tief aus der Gnade gefallen, daß ich meine ursprünglichen christlichen Ideale aus den Augen verloren habe. Ich weiß es nicht. Was ich weiß, ist, daß ich seit einigen Jahren einen anstrengenden Dienst der Krankenheilung und der Verkündigung des Evangeliums versehe und daß ich jetzt endlich einen Lebensstil gefunden habe, mit dem ich zurechtkomme, einen *modus vivendi*, in dem ich mich wohlfühlen und glücklich sein kann und in dem meine verschiedenen Gaben kreativ für andere eingesetzt werden können.

Ich möchte gern glauben, daß ich mich, wenn ich auch jetzt wieder eine Frau mit vielen Besitztümern bin, nicht mehr so stark an sie klammere und daß ich sie gemäß der Daumenregel des Ignatius von Loyola gebrauche:

Der Mensch ist geschaffen, um Gott, unseren Herr, zu loben, zu ehren und ihm zu dienen und auf diese Weise seine Seele zu retten.

Alle anderen Dinge auf dem Angesicht der Erde sind für den Menschen geschaffen, um ihm zu helfen, dieses Ziel zu erreichen, für das er geschaffen ist.

Daher soll der Mensch sie gebrauchen, soweit sie ihm helfen, sein Ziel zu erreichen, und er muß sich von ihnen trennen, soweit sie sich für ihn als Hindernis erweisen.

Deshalb müssen wir uns gegenüber allen geschaffenen Dingen gleichgültig machen, insoweit uns eine freie Wahl gestattet ist und wir unter keinem Verbot stehen.

Infolgedessen sollten wir, soweit es uns betrifft, die Gesundheit nicht der Krankheit vorziehen, den Reichtum nicht der Armut, die Ehre nicht der Unehre, ein langes Leben nicht einem kurzen Leben. Dasselbe gilt für alle Dinge.

Unser einziges Sehnen und Trachten sollte sein, was uns zu dem Ziel, für das wir geschaffen sind, am nützlichsten ist.

Aus: *Geistliche Übungen*

16

Dein Gebet ist ein Echo deines Lebens

Die Kunst der Vereinigung
von Arbeiten und Beten

Gebet und Arbeit
sind ohne einander nicht vollständig.

Regel für einen neuen Bruder,
Brackkenstein-Gemeinschaft, Holland

Wenn es etwas gibt, was allen christlichen Pflegern gemeinsam ist, dann ist es die Überzeugung, nicht genug zu
beten! Die Mehrzahl der Männer und Frauen, die sich, mit
oder ohne Gelöbnis, bemühen, ihr Leben gemäß den Forderungen des Evangeliums zu führen, sind von der Notwendigkeit des Gebets überzeugt – aber es fällt ihnen schwer, diese
Überzeugung in die Tat umzusetzen. Ich muß von vornherein zugeben, daß auch ich glaube, nicht genug zu beten,
aber das gibt mir zumindest eine gewisse Einsicht in die
Probleme.

Wo liegen also die Schwierigkeiten, einen Pflegedienst
mit einem Gebetsleben zu verbinden – ist das überhaupt
möglich? Sollten diejenigen unter uns, die sich zu einer tiefen Beziehung zu Gott im Gebet berufen fühlen, die Werkzeuge niederlegen und sich zum nächsten Karmeliten- oder
Benediktinerkloster aufmachen? Viele von uns tun das
natürlich und gehen ein, fünf oder gar zwanzig Jahre später
geschlagen und verwirrt wieder daraus hervor. Manche sind
klug genug, um – auch ohne es auszuprobieren – zu wissen,
daß sie eingesperrt in einen Konvent nicht überleben können, aber vielleicht kommen sie dann zu dem Schluß, weil

sie keine Berufung zum klösterlichen Leben hätten, könnten sie auch keine Berufung zum Gebet haben.

Ich glaube, eines der Probleme, auf die man stößt, wenn man Leuten helfen will, ein Leben des Gebets mit einer aktiven Sendung zu verbinden, ist rein semantischer Natur: Es liegt in der Bedeutung des Wortes „kontemplativ". Im modernen religiösen Sprachgebrauch gibt es zwei Kategorien des religiösen Lebens: das *aktive* und das *kontemplative*. Männer und Frauen, die zum aktiven Leben berufen sind, engagieren sich in Aktivitäten wie Krankenpflege, Lehre oder anderen pastoralen Tätigkeiten. Man erwartet von ihnen, daß sie abends und morgens ihre Gebete sprechen und in der Zwischenzeit ihre Arbeit tun. Niemand erwartet von ihnen, daß sie zu Mystikern oder besonders kontemplativen Menschen werden: Sie sind die Marthas, die Vielbeschäftigten, deren Aufgabe es ist, Füße zu waschen, zu dienen. Das kontemplative Leben, so wird uns weisgemacht, ist für diejenigen, die eine besondere Berufung zum Gebet haben, eine höhere Berufung. Dies sind die Marias, die „den besseren Teil erwählt" haben. Sie müssen „die Welt" sich selbst überlassen, sich von ihren Vergnügungen, Ablenkungen und Anforderungen zurückziehen, so daß sie ihr Leben ganz Gott widmen können. Dies sind die klösterlichen Männer und Frauen, die Karmeliten, Zisterzienser und Benediktiner: diejenigen, die das trockene Martyrium der Entsagung wählen wollen und wahrhaft Narren für Christus sind.

Ich meine, diese Einteilung in „aktives" und „kontemplatives" Leben ist nicht nur allzu vereinfachend, sondern unzutreffend. Außerdem halte ich sie für sehr gefährlich, denn sie führt dazu, daß Menschen mit einer Sehnsucht nach Gebet, die aber für das *klösterliche* Leben ungeeignet sind, in Konventen sitzen, wo sie sich nicht wohlfühlen und unglücklich sind. Solche Männer oder Frauen, die wissen, daß sie zu einem Leben des Gebets berufen sind, ziehen vielleicht von Kloster zu Kloster, nur um jedes emotional verletzt und mit einem immer stärker werdenden Gefühl des Versagens wieder zu verlassen. Andere, die es gar nicht erst bis ins Kloster bringen, schauen wehmütig von der falschen Seite durch die

Gitter und wünschen sich, auch sie hätten eine „Berufung"
zum kontemplativen Leben.

Die Wahrheit ist natürlich, daß zwar einige wenige Menschen tatsächlich das klösterliche Leben attraktiv finden
und dafür geeignet sind, die weitaus meisten von uns aber
ihre Jüngerschaft in anderen Gemeinschaften leben, glücklich oder unglücklich heiraten, ihre Kinder aufziehen und
ihren Lebensunterhalt verdienen müssen, so gut sie können.
Doch obwohl nur eine Minderheit der Menschen zum
klösterlichen Leben eines Mönches oder einer Nonne berufen ist, fühlen sich sehr viele zu einem Leben des kontemplativen Gebets hingezogen. Darum ist es so wichtig, daß
wir die Wörter *klösterlich* und *kontemplativ* nicht mit
austauschbarer Bedeutung verwenden, denn während es zu-
trifft, daß manche Männer und Frauen empfinden, daß ihr
kontemplatives Gebet in der Wüste des Klosters aufblüht,
wachsen andere *nur* inmitten der Gesellschaft, auf dem
Marktplatz. Wenn ein Mann oder eine Frau diesen undefi-
nierbaren Hunger nach Gott und nach dem Gebet verspürt,
der das Kennzeichen einer kontemplativen Berufung ist,
dann müssen sie nicht mehr herausfinden, ob sie eine Berufung zum Gebet haben oder nicht, sondern *wo* sie diese Berufung leben sollten, in der Wüste oder auf dem Marktplatz.

Für manche Menschen liegt ein großes Geheimnis und
großer Segen auf dem Klosterleben: ein Geheimnis, das
durch die Schönheit der Liturgie und die mittelalterlichen
Gewänder der Mönche und Nonnen noch erhöht wird.
Selbst heute, nachdem ich achtzehn Monate hinter Kloster-
mauern zugebracht habe, klopft mein Herz beim Klang
gregorianischer Gesänge und beim Anblick von Gestalten in
schwarzen Kutten oder Schleiern, die durch kahle Kreuz-
gänge wandeln. Mit tiefer Sehnsucht erinnere ich mich an
die Stille nach der abendlichen Komplet in Stanbrook oder
an das Läuten der Glocke in Ampleforth, die das Große
Schweigen ankündigte. Meine Erinnerungen an die achtzehn
Monate, die ich als echte und nicht als eingebildete Nonne
verbrachte, sind aber weitaus weniger romantisch; doch ich
erinnere mich gern an den Frieden, den ein solches Leben

mit sich bringen kann, das tief in den Rhythmus der Liturgie verwoben ist und in dem die Stille ein entscheidender Bestandteil ist. Warum bin ich dann nicht dort geblieben? Die Antwort ist einfach: Ich bin von meinem Temperament her nicht für das klösterliche Leben geeignet. Ich brauche den Kontakt zu anderen Menschen, um gesund und offen zu bleiben; ich muß dienen. Was ist also mit uns gescheiterten Mönchen, uns verhinderten Kontemplativen, die es nach den Chorälen, dem Großen Schweigen und der Lectio Divina in einer sonnenbeschienenen Ecke des Kreuzganges gelüstet: Sollten wir uns mit unserem zweitbesten Status als Marthas zufriedengeben oder einen Weg suchen, wie wir das Beste aus beiden Welten bekommen können? Meinen Bedürfnissen kommt die „apostolische" Spiritualität des Ignatius von Loyola am besten entgegen, denn sie ist eine Lebensweise, in der Gebet und Handeln nicht voneinander getrennt, sondern unlöslich miteinander verwoben sind und in der im Idealfall das Handeln aus der Kontemplation hervorgeht. Dies ist ein Weg, das Evangelium so zu leben, daß man Gott in allen Dingen sieht: in der Küche, auf dem Marktplatz, in der Not und im Frieden. Gott wirkt in seinem Universum und in seinen Geschöpfen; er arbeitet und liebt, formt und modelliert wie der große Töpfer des Mönches William: „Du bist der Töpfer, wir sind der Ton."

Spiritualität hat mit dem Leben mit, in und für Gott zu tun, und die großen Spiritualitäten der Kirche sind die Wege, auf denen verschiedene Persönlichkeiten ihren ureigensten Weg zu Gott gefunden haben. Vielleicht haben wir festgestellt, daß ein bestimmter dieser Wege wie für uns gemacht erscheint, oder vielleicht treffen wir eine Auswahl und schaffen für uns selbst einen Mischweg, der dann für uns der Weg des Herrn ist. Ignatius war ein Soldat, und er bringt einen Weg der inneren Disziplin in die Kirche ein. Wenn man ihn mißversteht, kann sein Weg starr und stupide wirken; richtig gelesen, verschafft er eine große Freiheit aus dem Herzen. Den besten Eindruck von Ignatius bekommen Sie in seinen *Geistlichen Übungen* (oben zitiert, S. 193). Er stellt ganz schlicht fest, was der Grund für unser Dasein ist: Wir sollen den Herrn, unseren Gott, loben, ihn ehren und ihm dienen. Alles andere soll uns dabei helfen, genau das zu tun. So sollen Zeit und Geld, Nahrung und Kleidung, Arbeit und Freizeit allesamt gebraucht oder abgelegt werden, je nachdem, ob sie uns helfen, das Ziel zu erreichen, für das wir geschaffen wurden. Das ist eine wunderbar flexible, anpassungsfähige Philosophie, verblüffend in ihrer Schlichtheit und rücksichtslos in ihrer Zielstrebigkeit. Vor allem ist es ein Weg, der nicht auf Rituale, einen bestimmten Lebensstil oder eine bestimmte Art, sich zu kleiden, festgelegt ist. Wenn es Ihnen hilft, Gott zu dienen, daß Sie sich in die Tracht einer Witwe des 15. Jahrhunderts kleiden, sagt Ignatius, dann tun Sie es. Wenn Sie feststellen, daß es Ihnen im Weg ist, dann versuchen Sie, wie Sie in Jeans weiterkommen; aber bilden Sie sich nicht ein, die eine Tracht sei heiliger als die andere. Natürlich hat er das nicht tatsächlich gesagt, aber ich möchte meinen, er hätte es vielleicht gesagt, wenn er heute lebte. „Ich werde in die Meditation eintreten, mal kniend, mal auf dem Boden ausgestreckt, mal mit dem Gesicht nach oben liegend, mal sitzend, mal stehend, doch stets darauf ausgerichtet, zu suchen, was ich ersehne" (*Geistliche Übungen*, Nr. 76).

Wenn meine Paraphrasierung von Nr. 76 der Übungen ein wenig frei mit den Worten des Ignatius umgeht, so gibt uns das zumindest die Gelegenheit, uns mit dem Geist und der Weisheit dessen zu befassen, was er über das persönliche Gebet sagt. Ein anderer Weg, das gleiche auszudrücken, wären die Worte des Benediktiner-Abtes John Chapman, der in wunderbarer britischer Schlichtheit schreibt: „Bete, wie du kannst, und nicht, wie du nicht kannst." Wenn der Rosenkranz Ihre Sache ist, dann beten Sie ihn und lieben Sie ihn; aber wenn er Sie nur dazu antreibt, das Ave Maria fünfzigmal in zehn Minuten zu wiederholen, dann fühlen Sie sich nicht schuldig: Finden Sie heraus, *was Ihnen* entgegenkommt, und halten Sie sich daran. Wenn Sie sich dabei wohlfühlen, im Schneidersitz auf dem Fußboden mit einer Kerze und einer Ikone zu beten, wunderbar; aber seien Sie nicht überrascht, wenn Ihre charismatischen Freunde lieber im Kreis sitzen und in Zungen singen, oder wenn ihre Tante aus Irland in die Kirche gehen muß, um die Stationen des Kreuzweges durchzubeten. Im Haus unseres Vaters gibt es viele Wohnungen – wäre es nicht so, so hätte er es uns gesagt. In der menschlichen Rasse gibt es viele Kulturen und viele Vorlieben, und wir müssen die Leute so beten lassen, wie es für sie richtig ist, und hoffen, daß sie uns das gleiche tun lassen.

Diese Achtung vor unserem Nächsten müssen wir auch als Achtung vor unserem eigenen Herzen nach innen tragen, denn was an einem Tag richtig für uns ist, muß noch lange nicht an allen Tagen richtig für uns sein. Es liegt eine große Kunst darin, zu lernen, mit unseren Neigungen zu beten und nicht stur gegen sie:

Dein Gebet wird zahllose Formen annehmen,
denn es ist ein Echo deines Lebens
und eine Spiegelung des unerschöpflichen Lichtes,
in dem Gott wohnt.

Regel für einen neuen Bruder, a.a.O.

Vielleicht lohnt es sich also, uns ein paar der verschiedenen Arten, wie wir beten, näher anzuschauen. Ich wage zu sagen, daß keine von ihnen den anderen überlegen oder vorzuziehen ist: Die Frage ist, was *Ihnen* gegeben ist, wozu *Sie* in der Lage sind. Die erste Art zu beten, die wir lernen, ist die mit Worten: mit Worten, die wir von unseren Eltern oder Erziehern lernen – Gott segne Mama und Papa, oder das Vaterunser. Diese ersten Gebete können uns begleiten, bis wir graue Haare haben, so daß wir immer noch erwachen mit einem gemurmelten:

Herr, dir leg ich hin an diesem Tage
Alles, was ich denke, tue oder sage ...

Die meisten Leute benutzen manchmal die Worte anderer Menschen zum Beten. Welche Worte wir benutzen, scheint mir nicht allzu wichtig zu sein (außer insofern, als sich daran zeigen kann, daß unsere Theologie ein wenig holperig ist!). Für manche von uns sind die Psalmen Speise und Trank, für andere das Gebetbuch oder andere vorgegebene Gebete. Manchmal denken wir über die Worte lange nach, zu anderen Zeiten bemerken wir sie kaum, sondern benutzen sie fast wie ein Mantra, um unsere rastlosen Herzen zu beruhigen, oder wie einen fliegenden Teppich, der unsere unausgesprochene Sehnsucht zu Gott trägt.

Zu anderen Zeiten werden uns die vorgegebenen Worte anöden, und unsere eigenen Worte strömen uns aus dem Herzen. „Herr, hilf mir. Ich bin so entsetzlich unglücklich. Was soll ich nur tun?" Wir sollten uns immer frei fühlen zu beten, welche Worte auch immer uns aus dem Herzen strömen, denn was wäre das für ein Gott, der die Schreie seines Kindes zurückwiese?

Manchmal freilich brauchen wir keine Worte. Unsere Herzen schwellen an von einem unaussprechlichen Sehnen oder sind irgendwie zum Schweigen gebracht, so daß keine Worte notwendig sind. Dann sollten wir einfach still dasitzen mit unserer Sehnsucht, unserem Schmerz, unserer Liebe oder unserer Langeweile, und einfach in der Gegenwart dessen sein, der uns gemacht hat.

Dies alles sind gute, bekannte Arten zu beten, aber nichts hält uns davon ab, auch unsere eigenen zu erfinden. Ich bete gerne am frühen Morgen am Strand und gehe dann ganz am Rand des Meeres entlang und singe irgendeinen Psalm, der mir durch den Kopf geht, ohne eine bestimmte Melodie oder eine bekannte Harmonie. Dann wieder nehme ich manchmal einen Stock oder meine Zehen und schreibe in riesigen Lettern ICH LIEBE DICH in den Sand – und überlasse es den Gezeiten, es wieder wegzuspülen, oder dem nächsten verwirrten Spaziergänger, sich zu fragen, was für ein verrücktes Liebespaar hier wohl in den Wellen herumgetollt ist.

Ein Punkt, der meiner Meinung nach viele Menschen vom Beten abhält, ist das mangelnde Verständnis dessen, was Ignatius *Konsolation* und *Desolation* nennt. „Konsolation" („mit der Sonne") ist der Ausdruck, mit dem die positiven

Gefühle des Glaubens, der Hoffnung und der Liebe beschrieben werden. Sie ist ein Überfließen der Sehnsucht nach Gott in die Gefühle. Das ist eine angenehme Erfahrung, aber eine, auf die wir uns nicht verlassen dürfen; denn jeder, der regelmäßig betet, wird auch Langeweile und Trockenheit verspüren, nicht weil es ihm an Liebe mangelt, sondern aus vielen verschiedenen, manchmal ganz alltäglichen Gründen. Es ist wichtig, sich vor Augen zu halten, daß das Gebet auch ein Willensakt ist, und wenn wir uns Zeit nehmen, um Gemeinschaft mit Gott zu pflegen, dann beten wir, selbst wenn wir nichts dabei empfinden als unsere Müdigkeit, unser knurrender Magen oder die Myriaden von Ablenkungen, die unser Bewußtsein durchströmen. „Desolation" („ohne Sonne") bezeichnet in der Sprache des Ignatius negative Gefühle gegenüber Gott und seinem Willen. Sie kann die Folge von Depressionen oder Müdigkeit oder vielleicht eines Konfliktes zwischen unseren verschiedenen Bedürfnissen und Wünschen sein. Doch ob unser Gebet nun von Konsolation geprägt ist oder von Trockenheit und Aufruhr, entscheidend ist, *daß* wir beten und am Beten bleiben.

An dieser Stelle lohnt es sich, von der Disziplin im geistlichen Leben zu sprechen. Diejenigen, die sich für ein Leben im Kloster entscheiden und sich darin einfinden können, haben einen großen Vorteil: Ihr ganzes Leben ist durch die Liturgie strukturiert und eingespannt. Die Glocke weckt sie aus dem Schlaf, sie gehen in die Kirche und so weiter, den ganzen Tag hindurch. Wir jedoch, die wir in der Welt leben, müssen uns unseren eigenen Rahmen schaffen, oder das Gebet wird durch Arbeit oder andere Anforderungen schnell aus unserem Leben verdrängt werden. Jeder von uns muß eine gewisse Routine finden, die zu seinem Temperament und seinem Lebensstil paßt: Und das muß eine Routine sein, die funktioniert, nicht ein unerreichbares Vollkommenheitsideal. Es spielt kaum eine Rolle, *wie* wir uns organisieren, nur *daß* wir es tun. Manchen Leuten fällt es leichter, sich am Morgen Zeit zu nehmen, andere schaffen es besser am Abend oder mitten am Tag. Für mich ist der Morgen die beste Zeit, und jeden Morgen, wenn ich aufwache, bete ich eine halbe Stunde lang. Es gibt Tage, an denen ich auch abends beten kann, aber oft bin ich zu müde und rastlos, um mich dazu aufzuraffen.

Zwei Punkte sind hier zu beachten. Der erste ist: Je mehr Sie beten, desto mehr werden Sie merken, daß Sie beten *wollen*. Wenn Sie sich eine feste tägliche Gebetszeit einrichten, wird es Ihnen beinahe unmöglich werden, sie zu durchbrechen, denn Sie werden einen Hunger danach verspüren, ein Gefühl, daß Ihnen etwas fehlt. Umgekehrt, je weniger Sie beten, desto weniger werden Sie beten wollen und desto unmöglicher wird es Ihnen erscheinen, sich Zeit dafür zu nehmen. Die andere Sache ist, daß es einen großen nützlichen Nebeneffekt für Sie haben wird, wenn Sie sich regelmäßig und diszipliniert Zeit zum Beten nehmen, denn das Gebet wird anfangen, in den Rest Ihres Lebens überzufließen, so daß Sie plötzlich an der Bushaltestelle, beim Autofahren oder gar beim Fernsehen beten. Genauso wie sich Gedanken an den geliebten Menschen in das Bewußtsein eines Liebenden drängen, werden auch Gedanken an Gott im Geist eines Menschen, der im Gebet treu ist, leicht ein- und ausgehen.

Disziplin beim Beten und im Lebensstil führt mit der Zeit zu einer echten Freiheit des Geistes, so daß man lernt, ganz unbewußt auf die eigenen Bedürfnisse und die anderer Menschen einzugehen. Ignatius sagt seinen Jüngern ganz klar, daß sie für Gott nicht weniger annehmbar sind, wenn die Anforderungen der Liebe sie von ihrer Gebetszeit abhalten. Das apostolische Leben ist wie eine Reise durch die Wüste – es kann sein, daß man eine ganze Weile reisen muß mit nichts als dem, was sich im Höcker des Kamels befindet; doch wenn die Zeit der Rast in der Oase kommt, trinkt man lange und tief aus der Quelle, um die Batterien aufzuladen und sich auf den nächsten Reiseabschnitt vorzubereiten. Wie viele apostolische Menschen habe auch ich festgestellt, daß nach einer Zeit apostolischer Aktivität dem Gebet eine besondere Süße anhaftet, denn man geht aus dem Predigen oder aus irgendeiner anderen Tätigkeit in eine tiefe Ruhe und Konsolation ein. Es geht nicht um Arbeit *oder* Gebet, sondern um ein Leben, in dem beides unlösbar zusammengeschmiedet ist, so daß das Gebet einem die Kraft zum Dienen gibt und das großzügige Füßewaschen zu einem besonderen Genuß der Ruhe in der Gegenwart Gottes führt. Auf diese Weise können wir der erstaunlichen Ermahnung des Paulus, allezeit zu beten, buchstäblich gehorsam sein, und es kommt schließlich so weit, daß man mit ihm zu sagen wagt: „Ich lebe, doch nun nicht ich, sondern Christus lebt in mir" (Galater 2,20).

17

In Seilen der Liebe gehen

Von der Kunst und Praxis des Hörens

Da merkte Eli, daß der Herr den Knaben rief, und sprach zu ihm: Geh wieder hin, und lege dich schlafen, und wenn du gerufen wirst, so sprich: Rede Herr, denn dein Knecht hört. Samuel ging hin und legte sich an seinen Ort.

1 Samuel 3, 8–9

Der Schlüssel zur Jüngerschaft ist Hören, und wenn wir den Ruf, Christus nachzufolgen, ernst nehmen wollen, müssen wir auf das hören, was er von uns will. Männer und Frauen im klösterlichen Leben legen im allgemeinen Gelöbnisse der Armut, der Keuschheit und des Gehorsams ab, und diejenigen unter uns, denen solche Verpflichtungen nicht aufgelegt sind, stehen in Versuchung, erleichtert aufzuatmen und unseren glücklichen Gestirnen zu danken, daß wir nicht angebunden sind. Wenn wir jedoch darüber nachdenken, sind in gewissem Sinne alle Christen mit Hoseas Seilen der Liebe gebunden:

Ich ließ sie ein menschliches Joch ziehen
und in Seilen der Liebe gehen.

Hosea 11, 4

Christus erwartet ganz klar von uns allen, daß wir unseren Wohlstand mit unseren Brüdern teilen, daß wir von Herzen treu sind und auf seine Stimme hören. Immer wieder ruft er uns in den Evangelien zum Hören auf: „Ich bin der Weg, die

Wahrheit und das Leben" – „Ich bin das Brot des Lebens" – „Wer mich hört, der hört den Vater" – „Kommt zu mir, alle, die ihr mühselig und beladen seid, ich will euch erquicken." Wie können wir also so dumm sein zu glauben, es seien nur die Klosterleute, die durch Gehorsamsgelübde gebunden seien – denn das Wort „Gehorsam" kommt von *Hören*, und Gehorsam *ist* im Kern nichts anderes als Hören. Wie sollten also Laienchristen auf das Wort Gottes hören, und insbesondere, wie sollten wir, die wir in der Pflege tätig sind, unseren „Gehorsam" in die Tat umsetzen? Ich möchte auf sechs Lebensbereiche hinweisen, in den wir besonders aufmerksam und empfänglich sein müssen zu hören, was Gott von uns fordert.

Zuerst (die Reihenfolge richtet sich nicht nach der Wichtigkeit) ist da die *Bibel*. Es gibt viele Menschen, für die das tägliche Lesen in der Bibel genauso natürlich ist wie das Frühstück oder das Zähneputzen, doch für andere, die nicht so diszipliniert sind, ist es ein Kampf, an dieser Stelle treu zu bleiben. Einer der großen Vorzüge, die das klösterliche Leben für mich hatte, war die tägliche Begegnung mit dem „wilden Wort Gottes", jenem Wort, das das Herz sowohl erwärmt als auch durchdringt und, wie Paulus sagt, in die geheimsten Stellen des Herzens gleitet, zwischen Mark und Bein.

Es gibt viele verschiedene Wege, die Bibel zu lesen. Sie können ein ganzes Evangelium auf einen Sitz durchlesen oder voll Staunen an einem Abschnitt oder einem einzigen Satz hängenbleiben. Die alten Mönche lasen in ihrer Lectio Divina langsam, nachdenklich, kauten an kurzen Abschnitten und meditierten über sie, so daß sie die ganze darin enthaltene Kraft herausziehen konnten. Mir persönlich fällt es geradezu lächerlich schwer, in bezug auf das tägliche Bibellesen Disziplin zu üben, doch ich stelle fest, daß es mir zumindest ein wenig Begegnung mit dem Wort Gottes verschafft, wenn ich jeden Tag wenigstens einen Teil des Stundengebetes spreche.

Der zweite meiner Kanäle für das Wort Gottes ist das, was ich ganz allgemein die *Kirche* nennen würde – womit ich nicht nur die katholische Kirche meine, sondern all jene Gemeindemitglieder verschiedener Denominationen und Glaubensrichtungen, deren Urteil ich respektiere. Die Menschen, auf die ich am stärksten achte, sind diejenigen, die sichtlich Männer und Frauen sowohl des Gebetes als auch der Gerechtigkeit sind. Ich würde einen weiten Weg zurücklegen und sehr sorgfältig zuhören, wenn ich prophetische Gestalten wie Helder Camara oder den südafrikanischen Bischof Desmond Tutu hören könnte. Diese und viele andere in unserem Land sind die Jünger, die Gott auf die Probe gestellt und im Ofen des Leidens und der Demütigung geprüft hat. Ich glaube, wenn wir sie ignorieren, tun wir es zu unserem eigenen Schaden.

Aber die Kirchenmänner haben keineswegs ein Monopol auf das Wort Gottes. Es gibt auch andere Frauen und Männer, oft auch Nichtchristen, die *mit Vollmacht* von Wahrheit und Gerechtigkeit sprechen. Wir müssen wachsam sein und wie Elia am Höhleneingang lauern, um das Wort aufzufangen, und dürfen uns nicht dazu verleiten lassen, es zu mißachten, weil es aus dem Munde eines Menschen kommt, dessen Religion, politischer Standpunkt oder kultureller Hintergrund uns fremd ist.

Wir müssen auch auf die *Zeichen der Zeit* hören, auf die Stimme der Armen, auf Revolutionen, auf die Maßnahmen der Regierung, auf soziale Veränderungen in unserer Gesellschaft. Wir sind in und von dieser Welt, und wir werden ihren wahren Kern und ihr verletzliches Herz nur erkennen, wenn wir ihr mit Offenheit und Liebe gegenübertreten.

Die Pfleger unter uns müssen besonders auf die „*Kleinen*" hören, die uns zur Pflege anvertraut sind. Kinder, Behinderte, Kranke und Sterbende haben oft etwas Direktes und Schlichtes an sich, das ihnen Zugang zu einer Wahrheit verschafft, die den Komplizierteren unter uns verschlossen bleibt. Wir tun gut daran, auf unsere „Klienten" zu achten, denn aus dem Munde von Kindern und Säuglingen kommen manchmal die erschütterndsten Wahrheiten.

Und schließlich müssen wir natürlich auf das Wort Gottes in unseren *Herzen* hören. Gebet ist ein zweiseitiger Vorgang, eine Kommunikation mit dem unsichtbaren Gott, bei der wir nicht nur sprechen, sondern auch zu uns gesprochen wird, und zwar auf Wegen, die zugleich einfach und sehr geheimnisvoll sind.

Ich möchte gern auf eine besondere Art des Hörens zu sprechen kommen, nämlich die, die als „in Klausur gehen" bezeichnet wird. Das Wort Klausur ruft in denen, die so etwas noch nie getan haben, oft einen beträchtlichen Respekt hervor: Sie sind überrascht und ziemlich bewegt, daß jemand sich tatsächlich in die Einsamkeit zurückzieht, um zu beten. Zudem stellen sie sich vor, das müsse ein gemütliches Erlebnis sein, eine wohltuende Pause in der Hektik der „wirklichen Welt", ein Ruhepunkt, von dem man erneuert und gestärkt zurückkehrt. Nach meiner Erfahrung jedoch sind geistliche Klausuren ganz anders, als meine Freunde und Kollegen es sich vorstellen. Ich sehe eine Klausur als eine Pilgerreise auf einen Berg, eine Wanderung in die Wüste, eine ziemlich kühne und darum beängstigende Herausforderung an den lebendigen Gott, mir auf halbem Wege entgegenzukommen. Für mich ist es, als ob ich nackt auf einem Berggipfel stünde und mich bewußt dem Wort Gottes aussetzte, um zu hören, was er mir zu sagen hat. Auf diese Weise setze ich persönlich mein Bedürfnis und meine Sehnsucht um, „gehorsam" zu sein, am Willen des Vaters zu kleben.

In unserem Land gibt es eine Reihe verschiedener Möglichkeiten, „in Klausur" zu gehen. Ich möchte nicht sagen, die eine sei besser als die andere: Die Frage ist, was gerade zur Verfügung steht, wenn Sie Zeit haben, und was Ihnen am meisten liegt. Viele Menschen finden, daß eine „Predigt-Klausur", Exerzitien, ihren Bedürfnissen am meisten entgegenkommt. Sie gehen in ein Kloster oder in ein Freizeitheim und hören mit einer Gruppe von Gleichgesinnten zwei oder drei Predigten am Tag zu einem bestimmten Thema. Zwischen den Predigten gehen sie spazieren, lesen, diskutieren oder beten, je nach Neigung und Bedürfnissen. Solche Freizeiten können drei Tage oder bis zu einer Woche dauern und eine Quelle großer geistlicher Stärkung sein.

Eine andere Möglichkeit besteht darin, für eine Zeitlang in ein Kloster zu gehen und sich so vollständig wie möglich in die Liturgie und die Lebensweise der Gemeinschaft einzufügen. Viele Klöster haben Gästehäuser, und manche von ihnen heißen Klausurgäste zusammen mit den Mönchen oder Nonnen im Chor willkommen. Andere Gemeinschaften ziehen es vor, ihren „Raum" zu schützen und halten die Klausurgäste auf Abstand, indem sie ihnen zwar gestatten, bei der Liturgie anwesend zu sein, nicht aber, daran aktiv teilzunehmen. Durch solche Besuche in Klöstern kann man viel Freude und Kraft gewinnen, denn die meisten Außenstehenden finden das gesungene Offizium sowohl schön als auch erbaulich, und es verteilt sich so über den Tag, daß ein langer Tag glücklich ausgefüllt wird. Natürlich gibt es normalerweise auch Gelegenheit zu einigen Gesprächen mit einem der Mönche oder einer der Schwestern, so daß der Klausurgast sich Rat in geistlichen Fragen holen kann. Ich verspüre eine tiefe Liebe zu der klösterlichen Liturgie, und die Begegnung mit dem Geheimnis des klösterlichen Lebens hinterläßt bei mir immer wieder eine erhöhte Ehrfurcht vor dem Gott, der junge Männer und Frauen dazu beruft, ihr Leben scheinbar zunichte zu machen.

Ein anderer, schwererer Weg, Gott zu suchen, ist der der Ignatianischen Exerzitien bei den Jesuiten. Ich sage schwerer, denn diese Klausuren dort werden normalerweise in völligem Schweigen durchgeführt, mit ausgedehnten täglichen Gebetszeiten und „geistlicher Anleitung" unter vier Augen. Als ich das erste Mal an einer jesuitischen Klausur teilnahm, war ich gerade in Chile und versuchte, mir darüber klar zu werden, ob Gott mich dazu berief, Nonne zu werden. Ich verließ mein Zuhause für eine Woche und ging in ein beinahe verlassenes Klausurheim am Rande der Stadt. Der Priester, der mich anleitete, kam jeden Tag, und wir unterhielten uns etwa eine Stunde lang. Während der restlichen Zeit sprach ich mit niemandem. Ich betete ungefähr fünf Stunden am Tag, ging im Garten spazieren und las in der Bibel. Das ist alles. Ich fand die Erfahrung umwerfend. Nie zuvor hatte jemand meine Beziehung zu Gott so ernstgenommen, und die Art des Priesters ließ mich ebenso entschlossen sein zu hören.

In den letzten Jahren habe ich viele ähnliche Klausuren erlebt, wenn auch selten für mehr als ein paar Tage. Ich finde die Erfahrung immer wieder sehr schwer, denn nach einem sehr aktiven Lebensstil können einen drei Tage völligen Rückzugs von allen Reizen ziemlich aus der Bahn werfen. Ich schlafe nicht immer sehr gut, und manchmal werde ich sehr niedergeschlagen. Warum tue ich es dann? Manchmal frage ich mich selbst, warum?! Die Antwort ist, daß ich auf irgendeine Weise, die ich selbst nicht genau bezeichnen kann, während dieser Klausuren eine Begegnung mit Gott erlebe. Manchmal waren diese Begegnungen sehr schmerzhaft, denn ich fühlte mich gezwungen, ganze Bereiche meines Lebens neu zu überdenken, von denen ich gedacht hatte, sie wären erledigt. Heute jedoch erlebe ich meistens lange Zeitspannen der Erschöpfung und Trockenheit, die aber dennoch befriedigend sind. Der Herr ist irgendwie anwesend, selbst in der Schlaflosigkeit und in der Depression. Dann gibt es da auch die Momente kostbarer Freude, wenn das Herz anschwillt, und in der tiefen Stille danach ist man völlig sicher, daß der Herr an diesem Ort gewesen ist:

„Er trägt die ungepflückte Blüte der Stille;
stiller als ein tiefer Brunnen am Mittag oder Liebende,
die sich treffen;
als Schlaf oder das Herz nach dem Zorn.
Er ist das Schweigen nach großen Worten des Friedens"

Rupert Brooke

Diese Zeiten der Klausur sind zu einem regelmäßigen Bestandteil meines Lebens geworden, und ich sehe sie als ein integrales Element in meinem persönlichen Jüngerschaftsstil. Damit stehe ich natürlich nicht allein, denn eine wachsende Zahl von Männern und Frauen, die in einer apostolischen Arbeit stehen, nehmen sich Zeit für bewußtes „Hören" und Urteilen. Dieser Rückzug vom „Marktplatz" in die Wüste ist für vielbeschäftigte Menschen ein Akt des Glaubens und der Demut. Er ist eine Geste, die besagt: Ich glaube an Gott. Ich glaube so tief, daß ich die Arbeit, der ich mein Leben gewidmet habe, verlasse, an einen abgeschiedenen Ort gehe und nichts tue. Ich werde keine Briefe schreiben, keine Bücher lesen, keine Anrufe entgegennehmen. Ich werde eine Zeitlang, die Schnüre loslassen, mit denen ich mein Leben manipuliere, und vor Gott still sein. Das ist kein Urlaub und keine Ruhepause von ein paar Tagen, sondern eine todernste Maßnahme. Ich werde meine Last niederlegen, meinen Geist befreien und sagen: „Sprich, Herr, dein Diener hört."

Und dann spricht er. Vorausgesetzt, daß wir wirklich in unserem Leben und unserem Herzen Raum freimachen, wird der Herr sprechen. Natürlich nicht in Worten, aber durch Intuition, Ideen und Bewegungen im Herzen, ausgedrückt in unseren Gefühlen, in unserer Erfahrung von Liebe oder Abscheu, Not oder Konflikten. Der Herr macht sich uns verständlich, wie er es mit Elia tat (1 Könige 19).

Elia war auf der Flucht vor Isebel, die hinter ihm her war, und er ging weit in die Wüste hinaus, um sich zu verstecken. Erschöpft setzte er sich unter einen Wacholder und wünschte, er wäre tot, und sagte: „Es ist genug, so nimm nun, Herr, meine Seele; ich bin nicht besser als meine Väter." Der Herr reagierte mit dem wunderbaren Pragmatismus der Gottheit und schickte ihm weder eine Predigt noch eine Absolution, sondern ein Tablett mit frischen Brötchen und eine Kanne Kaffee (na schön, eigentlich Wasser).

„Steh auf und iß", wurde ihm gesagt, „sonst wird die Reise zu lang für dich sein." Also stand er auf und aß und trank, und er ging vierzig Tage und vierzig Nächte lang weiter, bis er Horeb erreichte, den Berg des Herrn. Als er an seinem Ziel angekommen war, setzte sich Elia in der Höhle nieder, um auf das Wort des Herrn zu warten. Dann wurde ihm gesagt: „Geh heraus und tritt hin auf den Berg vor den Herrn!" Dann kam das Feuerwerk, die Stürme, das Erdbeben und dann ein Feuer. Doch welche Überraschung: In all diesen Erscheinungen war der Herr nicht. Dann schließlich kam ein sanftes Säuseln, und Elia verhüllte sein Antlitz, denn er erkannte die Stimme Gottes.

Die Geschichte von Elia macht deutlich, daß die Stimme des Herrn oft so leise ist, daß wir ganz stillstehen müssen, um sie zu hören. Sicher, es gibt auch die Erlebnisse mit dem brennenden Busch und auf der Straße nach Damaskus, aber das sind normalerweise Begegnungen, wie man sie nur einmal im Leben hat: Erfahrungen der Berufung oder der Zurechtweisung, die uns keinerlei Zweifel lassen, daß wir von Gott angerührt worden sind. Die übrige Zeit müssen wir, wenn wir ernst hören wollen, eine kleine Strecke in die Wüste hinausgehen, unser Radio ausschalten und horchen.

Und wie sollen wir diese Bewegungen des Geistes auslegen? Kann es nicht sein, daß wir die Botschaft falsch verstehen, uns von religiösem Eifer oder unseren Gefühlen davontragen lassen und eine verrückte Entscheidung treffen, die wir später bereuen? Es ist tatsächlich möglich, den richtigen Blick für die Dinge zu verlieren und unkluge Entscheidungen zu treffen, wenn das Herz betrübt ist, und aus diesem Grund tun die meisten Menschen, die zu einem Leben der radikalen Jüngerschaft berufen sind, gut daran, den Rat von Menschen zu suchen, die zur geistlichen Anleitung geschickt sind. Ebenso wie die Behinderten, die Betrübten oder die Sterbenden jemanden brauchen, der sie auf ihrer Reise begleitet, so brauchen auch wir einen geschickten Freund auf unserem Weg auf Gott zu.

Die Praxis der geistlichen Anleitung hat in der Kirche und ebenso in vielen östlichen Religionen eine lange Tradition. Der Jünger sucht sich einen Meister oder einen weisen Vater, öffnet ihm sein Herz und bittet ihn um Zurechtweisung, Hilfe und Leitung. Manche Leute brauchen nichts anderes als ein wenig guten Rat von jemandem, der erfahrener ist als sie selbst. Andere jedoch, deren Leben komplizierter und deren Entscheidungsprozesse schwieriger sind, brauchen einen Leiter mit besonderen Fähigkeiten, um zu erkennen, was der Herr von ihnen will. Besonders die Jesuiten und die Schwestern, deren Spiritualität auf den Lehren des Ignatius beruht, haben die Kunst der geistlichen Anleitung intensiv studiert. Diese Männer und Frauen werden (jedenfalls hierzulande) in Psychologie und Beratung ebenso geschult wie in rein geistlichen Angelegenheiten, denn die Wirkungsweisen von Seele und Geist sind unauflöslich miteinander verwoben. Wenn wir die Ursachen von Konflikten bei erwachsenen Männern und Frauen verstehen wollen, müssen wir nicht nur Kenntnis von der Art und Weise haben, wie die Reaktion auf einen bestimmten Reiz durch Kindheitserlebnisse beeinflußt oder durch Stimmungsschwankungen verändert werden kann. Die moderne jesuitische geistliche Anleitung beruht nicht nur auf einem Leben des Gebetes und der Kenntnis der Heiligen Schrift, sondern auch auf einem Verständnis dafür, wie Männer und Frauen „funktionieren". Mit einem solchen Führer können wir in einen Prozeß der *Erkenntnis* eintreten, in dem wir daran arbeiten, uns klar zu werden, was der Geist in unseren Herzen sagt.

Dieses Wort „Erkenntnis" ist ein Schlüsselbegriff in der Spiritualität des Ignatius. In seinen *Geistlichen Übungen* schreibt Ignatius:

> Der Mensch ist geschaffen, um Gott, unseren Herrn, zu loben, zu ehren und ihm zu dienen und auf diese Weise seine Seele zu retten. Alle anderen Dinge auf dem Angesicht der Erde sind für den Menschen geschaffen, um ihm zu helfen, dieses Ziel zu erreichen, für das er geschaffen ist. Daher soll der Mensch sie gebrauchen, soweit sie ihm helfen, sein Ziel zu erreichen, und er muß sich von ihnen trennen, soweit sie sich für ihn als Hindernis erweisen.

Wenn wir glauben, daß jeder von uns namentlich berufen ist, Gott auf eine besondere Weise zu dienen und daß jede Berufung individuell ist, dann folgt daraus, daß wir entdecken, *erkennen* müssen, was der Wille Gottes ist, nicht nur für die Christen im allgemeinen, sondern für *uns* im besonderen. Das scheint mir von fundamentaler Bedeutung für das geistliche Leben zu sein: Wir müssen wissen, was Gott fordert, nicht vom Papst oder von der Karmeliten-Schwester am

Ende der Straße, sondern von *uns*, ob wir nun Hausfrau, Filmstar, Krankenschwester oder medizinische Leiterin eines Hospizes für Sterbende sind.

Hilda von Whitby, eine Nonne des 7. Jahrhunderts, die ein doppeltes Kloster (für Männer und Frauen) leitete und Königen und Bischöfen als geistliche Ratgeberin diente, hat eine wunderbare Art, diese Berufung in den Dienst des einzelnen zu stellen:

Handelt mit den Gaben, die Gott euch gegeben hat. Beugt euren Geist unter eine heilige Gelehrsamkeit, damit ihr der jammernden Motte der Kleingeistigkeit entkommt, die eure Seelen auslaugen würde. Schürt eure Willenskraft zum Handeln, damit sie nicht zur Beute schwacher Gelüste wird. Erhebt eure Herzen und Lippen zum Gesang, der der Seele Mut gibt. Seid ihr mit Prüfungen geschlagen, so lernt zu lachen; seid ihr getadelt worden, so seid dankbar, und seid ihr gescheitert, so nehmt euch vor, Erfolg zu haben.

Wenn wir die Aussagen des Ignatius nehmen, daß wir geschaffen sind, um Gott zu dienen, und Hildas Rat, mit den Gaben zu handeln, die Gott uns gegeben hat, dann haben wir die zwei Elemente, die für die Erkenntnis entscheidend sind: Denn wie in dem Gleichnis Jesu von den Talenten ist jedem von uns eine individuelle Gabe gegeben, mit der wir dienen sollen, und wir müssen diese Gabe arbeiten lassen und sie nicht im Boden vergraben. Erkenntnis hat mit der *Interaktion* zwischen dem Geist Gottes, der in unseren Herzen arbeitet, und unserer Reaktion auf diesen Geist zu tun, der Art, wie wir unser Leben führen. Sie hat damit zu tun, mit ständig für den Geist offenen Ohren zu leben, die Augen – wie die der Dienerin im Psalm – ständig auf die Hände ihrer Herrin gerichtet. Erkenntnis hat mit Gehorsam zu tun, damit, sein Leben Gott zu überlassen: Kurz, sie hat mit Freiheit zu tun.

Das Leben der Erkenntnis hat zwei wesentliche Aspekte. Der erste liegt in den wichtigen *Entscheidungs*prozessen, den lebensverändernden Ereignissen, bei denen man seinen Lebensstand oder einen Beruf wählt. Der zweite ist eine subtilere, *dauerhafte* Angelegenheit, eine Art, Tag für Tag, Minute für Minute in einer ständig wachsenden Empfänglichkeit und Offenheit für den Geist Gottes zu leben.

Betrachten wir zuerst eine wichtige Erkenntniserfahrung, denn hier kann uns am deutlichsten werden, worum es geht. Sagen wir zum Beispiel, jemand bekommt eine neue Stellung angeboten. Er findet das Angebot aufregend und interessant und muß sich nun entscheiden, ob er es annehmen will oder nicht. Es geht dabei nicht nur um Beförderung, Ansehen oder Geld. Der neue Posten bringt vielleicht höhere Verantwortung größere Wichtigkeit und bessere Bezahlung mit sich, aber das allein ist nicht genug. Der Betreffende muß entscheiden: Ist dies der beste Weg *für mich*, meine Gaben einzusetzen? Ist dies die beste Art, wie ich Gott dienen kann? Was wird aus den Leuten, denen ich jetzt diene, wenn ich sie verlasse? Kann ich ersetzt werden? Wird die neue Stellung mir neue Wege des Dienens eröffnen, meine Zuwendung zu den Menschen erweitern, mich Gott und seinem Volk näherbringen? Oder wird sie mich vielleicht von den Leuten wegbringen, für die ich am meisten begabt bin? Dann sind da auch noch die eher menschlichen Elemente: Wird diese Arbeit mich über meine Kräfte belasten, so daß ich Gefahr laufe, die freundlichere, kreative Seite meines Wesens zu verlieren? Wird er mich zu weit von den Menschen entfernen, die mich unterstützen, von denen, die ich brauche und die mich brauchen? Und was ist mit meinen Freunden und meiner Familie, mit denen, die meiner Fürsorge anvertraut sind? Wenn ich verheiratet bin: Werden mein Ehepartner und meine Kinder an dem neuen Ort glücklich und zufrieden sein, oder wird mein Gewinn ihr Verlust sein?

Es gibt so vieles, was bei einer wichtigen Entscheidung bedacht werden muß, und wenn wir sie weise treffen wollen. Dann tun wir gut daran, zu beten, nachzudenken und mit einem unbeteiligten Ratgeber darüber zu sprechen. Es ist eine Frage der Ausgewogenheit, des Nachdenkens und des logischen Denkens im Licht des Gebetes. Es ist auch eine Frage des Hörens auf das eigene Herz. Was *empfinde* ich, wenn ich an die mögliche Veränderung denke? Empfinde ich Ruhe, Frieden und Bestätigung darüber, oder fühle ich mich auf irgendeiner Ebene beunruhigt und von Zweifeln geplagt? Erkenntnis hat im wesentlichen nicht nur mit Gebet und der Bitte an Gott um Führung zu tun, sondern auch mit dem Hören auf die innere Stimme des Gewissens, der Gefühle und des Herzens.

Dieses Hören, das man in der abgeschiedeneren Situation einer Klausur gelernt hat, läßt sich ins tägliche Leben übertragen. Sobald ich einmal mit meinen inneren Stimmen vertraut geworden bin, fällt es mir leichter, sie zu erkennen. Beim Autofahren oder wenn ich abends zu Hause sitze, kann ich behutsam über die Ereignisse des Tages nachdenken. Manches von dem, was ich gesagt oder getan habe, hinterläßt dann bei mir vielleicht jenes tiefe Gefühl des Friedens, aus meiner wahren Mitte heraus gehandelt zu haben. Anderes dagegen hinterläßt ein Gefühl des Mißklanges. Das, was in dem Augenblick, wo ich es sagte, so witzig oder clever erschien, erkenne ich vielleicht jetzt als verletzend und komme zu dem Schluß, daß es besser ungesagt geblieben wäre. Stück für Stück können wir auf diese Weise aus der Erfahrung lernen und vielleicht zu freundlicheren, barmherzigeren Menschen werden.

Es geht um ein Gleichgewicht zwischen dem Lernprozeß, unsere eigenen temperamentsbedingten Schwächen zu akzeptieren, und dem Bemühen, mehr zu dem zu werden, was wir sein sollen. Die Benediktiner nennen das *Conversio morem*: eine Veränderung des Gebarens. Dies ist ihr einziges Gelübde: auf die Stimme des Geistes zu reagieren, der sie beruft, in der Ebenbildlichkeit Christi zu wachsen. Ich sehe keinen Grund, warum das nicht auch unser Ziel sein sollte.

18
Leert euren Teetassen-Gott aus!

Von der spirituellen Verantwortung der Heiler

Das Tao, das ausgesprochen werden kann,
ist nicht das ewige Tao.
Der Name, der genannt werden kann,
ist nicht der ewige Name.

Laotse, aus: *Taoteking*

Dieses letzte Kapitel ist eine Art persönliches „Credo". Es ist eine Schilderung des Gottes, dem ich in meinem Leben in der Dunkelheit anderer Menschen begegne, und davon, wie ich persönlich mir einen Reim auf die Welt gemacht habe, in der ich lebe.

Der indische jesuitische Psychologe Tony de Mello soll einmal gesagt haben: „Leert euren Teetassen-Gott aus" – eine wunderbare, beschämende und dem 20. Jahrhundert gemäße Art, uns zu sagen, daß unser Gott zu klein ist. Noch vor ein paar Jahren hätte ich gedacht, die Gottesvorstellung eines professionellen Pflegers sei eine Privatsache; doch je länger ich auf dem Gebiet der Pflege arbeite, desto wichtiger erscheint es mir, daß wir uns nicht an falsche Götter hängen, so tröstlich sie auch sein mögen. Es spielt aus drei Gründen eine Rolle.

Erstens, wie ich schon zu zeigen versucht habe, fügen wir denen, die wir pflegen, Schaden zu, wenn wir eine Theologie vertreten, die Krankheit als Strafe für Sünden betrachtet oder körperliche Heilung für frei verfügbar hält, wenn man nur genug Glauben hat. Zweitens werden wir selbst scheitern, wenn wir nach allzu leichten Erklärungen für das Geheimnis des Leidens suchen, anstatt uns in verblüffter Ehrfurcht vor dem einen, heiligen, unbegreiflichen Gott zu beugen. Drittens steht es uns als erwachsenen Menschen nicht an, uns an kindliche Glaubensvorstellungen zu klammern, wenn wir im Glauben loslassen und der Wahrheit folgen sollten. Unsere Herzen sind für Füllen gedacht, unser Geist zum Wehen, unsere Götzen dazu, in tausend Stücke zerschlagen zu werden. In ihrem Buch *Holy the Firm* versucht Annie Dillard dem tragischen Unfall eines jungen Mädchens, das bei einem Flugzeugabsturz schwere Verbrennungen erlitt, einen Sinn zu entringen:

Heute ist Freitag, der 20. November. Julie Norwich ist im Krankenhaus; wir können nichts über ihren Zustand in Erfahrung bringen. Unter Menschen, die nach schweren Verbrennungen aus dem Krankenhaus entlassen werden, so habe ich einmal gelesen, gibt es eine sehr hohe Selbstmordrate. Bevor sie die Verbrennungen erlitten, war ihnen nicht klar, daß das Leben Leid enthalten könnte oder daß ihnen selbst solcher Schmerz zugemutet werden könnte …

Im neunten Kapitel zitierte ich Annie Dillards Reaktion auf die Geschichte von Jesu Begegnung mit dem blindgeborenen Mann. Die Jünger, stets neugierig, fragten Jesus, warum der Mann so leiden müsse. War es, fragten sie, sein Fehler oder der seiner Eltern? Jesu Antwort, „mager, verblüffend und empörend", lautete: „Es sollen die Werke Gottes offenbar werden an ihm." Annie Dillard reagiert wutentbrannt:

Die Werke Gottes sollen offenbar werden? Brauchen wir wirklich noch mehr Opfer, um uns daran zu erinnern, daß wir alle Opfer sind? Ist das hier eine Art Parade, für die eine Eroberungsarmee ihre schrecklichen Kanonen poliert und sie die Straße hinauf- und hinabrollt, damit die Leute sie sehen? Brauchen wir blinde Männer, die herumstolpern, und kleine Kinder mit verbrannten Gesichtern, um uns daran zu erinnern, was Gott tun kann – und tut?

Ich finde dieses zornige Fragen bewundernswert, weil es alle Frömmigkeit und Leisetreterei in den Wind schlägt und die Fragen stellt, die wir uns alle zu stellen sehnen. Warum ließ Gott die Erdbeben in Guatemala oder Mexiko zu? Warum muß Derek an Krebs sterben, wo er doch so jung, so gut, so geliebt von seiner Frau und seinen Kindern ist? Und was ist mit der zweiunddreißigjährigen Frau, deren Leichnam ich sah, als ich das letzte Mal beim Bestattungsunternehmen war – aus Deutschland eingeflogen, wo sie sich in einem Anfall von Depressionen das Leben genommen hatte: Warum, warum? Oh Gott, warum? Was zur Hölle geht hier vor?

Wieder steigt aus dem Herzen des Leidens
der uralte Schrei auf,
Oh Gott, warum? Oh Gott, wie lange noch?
Und der Schrei stößt auf Schweigen.

Jim Cotter: *Healing More or Less*

Mir gefallen auch Annie Dillards Antworten, obwohl ich nicht behaupte, daß sie wahr sind. Wie könnte ich das wissen, wie könnte sie es wissen? Ich weiß nur, daß sie einen Teil der Sehnsucht meines Verstandes nach Antworten auf unmögliche Fragen befriedigt.

Brauchen wir [...] kleine Kinder mit verbrannten Gesichtern, um uns daran zu erinnern, was Gott tun kann – und tut?
Ja, wir brauchen sie tatsächlich. Wir brauchen Gedächtnisstützen, nicht für das, was Gott tun kann, sondern was er nicht tun kann oder will, nämlich die Zeit in ihrem freien Fall aufzufangen und für einen Groschen Sinn in unserer Tage zu stecken. Und wir müssen daran erinnert werden, was die Zeit tun kann, tun muß; die unendliche Bosheit willkürlich durchzuzwirbeln und es mit Gottes Segen in unsere Köpfe zu hämmern: daß wir *geschaffen* sind, auf der Durchreise durch ein Land, das wir nicht gemacht haben, ein Land ohne Sinn in sich selbst und ohne

einen Sinn, den wir ihm allein geben könnten. Wer sind wir, daß wir von Gott Erklärungen verlangen? (Und was für Monster der Vollkommenheit wären wir, wenn wir es nicht täten?) Wir vergessen uns selbst, während wir picknicken; wir vergessen, wer wir sind. So etwas wie einen verrückten Zufall gibt es nicht. „Gott ist zu Hause", sagt Meister Eckhart. „Wir sind im fernen Lande." *(Holy the Firm)*.

Ich finde diesen Gedanken, daß wir uns selbst vergessen, während wir picknicken, sehr eindrücklich. Wenn es uns gut geht und wir Erfolg haben, verlieren wir tatsächlich aus dem Blick, wer und wo wir sind. Wir bauen unsere Krankenhäuser, spielen mit unseren Computern, fliegen in Raumschiffen zum Mond und bilden uns ein, wir seien die Herren der Erde. Und dann zieht uns, wenn wir Glück haben, ein Erdbeben, ein Tornado oder eine Krankheit den Boden unter den Füßen weg, und wir entdecken von neuem, daß wir Geschöpfe sind.

Annie Dillards Sprache ist nicht leicht zu verstehen, aber das ist kaum überraschend, denn sie bemüht sich, von dem unbegreiflichen Gott zu sprechen, von dem Gott, den wir immer zu zähmen, anzubinden und nach unserem Willen zu manipulieren versuchen. Manchmal ist es schwierig, sich klarzumachen, daß wir von demselben Gott reden. Ist dieser Gott der „blendenden Finsternis" der Mystiker derselbe Jesus, den wir bitten, unsere Wunden zu heilen, derselbe Gott, den ich anrufe, um an einem kalten Morgen mein störrisches Auto in Gang zu setzen? Natürlich ist er es, denn es gibt nur einen Gott. *Wir* sind es, die ihn auf diese oder jene Weise verstehen müssen, die ihn Jesus, Herr, Abba, Vater, El Shaddai, Jahwe nennen. Christen, Hindus, Juden, Moslems, Sikhs und so weiter: Wir alle haben unsere verschiedenen Bedürfnisse – Kerzen anzuzünden, Blumen zu streuen, Fleisch zu opfern. Und das ist in Ordnung, denn so hat uns Gott gemacht. Alles, was er von uns fordert, ist, daß wir ihm treu sind, ihm trauen, so gut wir können, und daß wir uns nicht der Täuschung hingeben, wir könnten ihn fassen oder manipulieren. Haben wir erst einmal unseren Teetassen-Gott ausgeleert, finden wir Gott überall und begegnen ihm von Angesicht zu Angesicht in den Schriften derer, die wir für Heiden hielten:

Es gibt keinen Gott außer Ihm,
dem Lebendigen, dem Ewigen.
Schlummer erfaßt Ihn nicht, noch Schlaf;
Ihm gehört alles, was im Himmel und auf Erden ist.
Wer könnte mit Ihm unterhandeln,
es sei denn mit Seiner Erlaubnis?
Er weiß, was vor ihnen liegt
und was nach ihnen kommt,
und sie verstehen nichts
von Seiner Weisheit, außer wenn Er es will.
Sein Thron umfaßt Himmel und Erde;
ihre Erhaltung ermüdet Ihn nicht.
Er ist der All-hohe, der All-herrliche.

Der Koran, Sure 2. 255

Doch obwohl wir „nichts von Seiner Weisheit" verstehen, sind wir dazu geboren, es zu versuchen. Es liegt in unserer Natur, daß wir uns bemühen, die Wege Gottes zu verstehen, mit ihm zu streiten wie Hiob, bis wir wieder ins Schweigen gebracht sind. Jeder von uns muß darum seinem eigenen roten Faden des Fragens, Suchens, Zusammensetzens der Hinweise folgen und sich bemühen, das Geheimnis zu durchdringen.

Es trifft sich, daß ich mich am meisten den Schriften der Mystiker nahe fühle. Andere finden sie vielleicht nicht so hilfreich. Wie Annie Dillard fühle ich mich zu Meister Eckharts Vision eines Gottes hingezogen, der uns unsere Stützen nimmt, damit wir für ihn frei werden. Für andere ist diese Art der Rede von Gott unannehmbar. Doch bevor wir uns gegenseitig unsere Theologie abstreiten, müssen wir uns daran erinnern, daß wir alle suchen, mit Gedanken spielen, mit dem unsichtbaren Gott kämpfen. Der folgende Abschnitt von Eckhart ergibt für mich mehr Sinn als alles andere, was ich über das Leiden gelesen habe:

Der treue Gott läßt seine Freunde oft krank werden und jede Stütze, auf die sie sich lehnen, unter ihnen wegschlagen. Es ist eine große Freude für liebende Menschen, wenn sie in der Lage sind, wichtige Dinge zu tun, wie Wachen, Fasten und dergleichen, dazu allerlei schwierigere Unterfangen. In solchen Dingen finden sie ihre Freude, ihren Halt und ihre Hoffnung. So sind ihre frommen Werke Stütze, Halt und Tritt für sie. Unser Herr möchte diese Dinge alle wegnehmen, denn er möchte ihr einziger Halt sein. Er tut das wegen seiner schlichten Güte und Gnade. Er möchte nichts mehr als seine eigene Güte. Er wird sich nicht im geringsten durch irgendeine unserer Taten zu Geben oder Tun beeinflussen lassen. Unser Herr will, daß seine Freunde solche Vorstellungen ablegen. Darum nimmt er ihnen jede Stütze, so daß *er allein* sie stützt. Es ist sein Wille, reichlich zu geben, doch nur aus seiner eigenen freiwilligen Güte, so daß er ihre Stütze ist und sie, wenn sie feststellen, daß sie selbst gar nichts sind, wissen, wie groß die Großzügigkeit Gottes ist. Denn je hilfloser und verlassener der Geist sein kann, der sich an Gott um Hilfe wendet, desto tiefer durchdringt der Mensch Gott und desto empfänglicher ist er für Gottes wertvollste Gaben. Der Mensch muß allein auf Gott bauen (*Predigten*, Nr. 10).

Eckhart glaubt offensichtlich an einen Gott, der Leiden *zuläßt* – so ziemlich nach dem Vorbild des Hiob. Auf den ersten Blick scheint das ein empörender Gedanke zu sein. Wie können wir an einen liebenden Gott glauben, der es zuläßt, daß gute Menschen Krebs oder andere schreckliche Krankheiten bekommen? Und doch, wenn wir es durchdenken, wie könnten wir es *nicht* glauben? Es ist nicht zu übersehen, daß gute Menschen Verfolgung, Unfälle und Krankheiten erleiden. Was also geht vor? Mir scheint, es gibt vier Möglichkeiten. Die erste ist, daß wir uns alle nur etwas einbilden und daß es in Wirklichkeit gar keinen Gott gibt: Die Dinge passieren einfach *zufällig*. Die zweite Möglichkeit ist, daß Gott nicht in der Lage ist, die Kräfte der Natur und des Bösen zu beherrschen, und nicht die Macht hat, etwas zu verhindern. Auf diese Weise wäre er wie wir: gut und liebevoll, aber *machtlos*, die Lawine oder den Tornado zu stoppen. Die dritte Möglichkeit wäre, daß er durchaus in der Lage ist, ein Ereignis zu verhindern, aber es vorzieht, nicht einzugreifen. Er sieht, wie der Diktator die Macht ergreift und wie die politischen Gefangenen verhaftet und gefoltert werden, aber er *greift nicht ein*, um die Hand des Henkers aufzuhalten. Der amerikanische jesuitische Dichter Dan Berrigan fängt den verzweifelten Schrei derer ein, die das Böse triumphieren sehen, deren Gebete um Erlösung offenbar ignoriert werden:

Ich sehe die Bösen vorbeigleiten
glatt in ihren samtenen Kutschen
reich über die Maßen, die Egos
aufgeblasen wie Puffottern.

Keine Söhne des Unglücks sind sie:
keine Sorgen überschatten die parfümierten Stirnen;
einen wütenden Wirbel
wühlt ihre Achse auf;
die Unschuldigen sterben.

Ich schwitze wie ein Tier
um das Geschick meines Volkes.
Ist Gott
unwissend, augenleer,
taub, weit weg,
losgekauft, fortgewachsen? ...

Warum dann ausharren,
warum nach Gerechtigkeit dürsten?
Dein Reich-komme
ein Traum, kommt nie.

Ich schwitze wie ein Tier,
mein Alptraum ist lebenslang.
Und wo in der Welt
bist du?

Daniel Berrigan
Psalm 73, Uncommon Prayer

Die vierte Möglichkeit ist, daß Gott irgendwie am Leben
jedes Menschen *teilhat* und es tatsächlich so *fügt*, daß manche Menschen mehr leiden als andere, weil das ein Teil seines großen, kosmischen Planes ist.

Ich kann nicht behaupten, daß ich irgendeine dieser vier
Möglichkeiten leicht zu akzeptieren finde, aber ich neige am
meisten zu der vierten: zu einem Glauben an einen Gott, der
sowohl Leiden zuläßt als auch irgendwie tief in seine Schöpfung und seine Geschöpfe verwickelt ist, obwohl wir keine
Möglichkeit haben, seine Wege zu begreifen. Meine eigene
Erfahrung in persönlichen Leiden und in vielen Jahren Arbeit
für die Unterdrückten und die Sterbenden hat dazu geführt,
daß ich weniger weiß, aber mehr glaube. Dies ist mein
„Credo":

Ich glaube, daß Gott
die ganze Welt
in seiner Hand hat.

Er ist kein Zuschauer
beim Schmerz der Welt.
Er steht nicht
wie Petrus
händeringend
im Schatten,
sondern ist da,
auf der Anklagebank,
auf der Folterbank,
hoch am Galgenbaum.

Er ist *in* dem Schmerz
des Wahnsinnigen,

des Gefolterten,
derer, die von Trauer zerschlagen sind.
Sein ist das Blut,
das in der Gosse fließt,
Sein sind die Venen, von Heroin verbrannt,
sein die Lungen, erstickt von AIDS.
Sein ist das Herz,
gebrochen vom Leiden,
sein die Verzweiflung
des Stummen,
des Unterdrückten,
des Mannes mit dem Lauf an der Schläfe.

Er ist der Gott des Paradoxen.

In diesem letzten Stück angeordneter Prosa (ich will nicht so tun, als sei es ein Gedicht!) habe ich versucht, zwei der geheimnisvollsten Elemente unseres christlichen Glaubens einzufangen: daß Gott der allmächtige Schöpfer dieser Welt ist und zugleich mitten in ihr ohnmächtig leidet. Als ob das noch nicht schwer genug zu schlucken wäre, glauben wir, daß dieser selbe Gott, der Leiden zuläßt/erlaubt/ignoriert/verursacht, all-liebend und allgütig ist. Er ist der Gott, der uns sagte, daß wir nicht sorgen sollen, weil wir „wertvoller als viele Sperlinge" seien, und der dennoch schweigend dabei sitzt, während Kinder verhungern und schwangere Frauen vergewaltigt und zu Tode bajonettiert werden. Kein Wunder, daß da der Dichter schreit: „Und wo in der Welt bist du?" (Berrigan).
Die Frage „warum ich?" würde ich gerne stehenlassen, denn ich habe keine Antwort darauf. Lassen Sie sie in der Ecke ihres Schreizimmers hängen wie einen freundlichen Punchingball, an dem wir unsere Wut und Trauer, unsere Fragen und unsere Ohnmacht austoben können. Wir wollen uns nun einem ebenso geheimnisvollen und faszinierenden Aspekt des christlichen Glaubens zuwenden, nämlich dem Gedanken des erlösenden Leidens.

Dieser Aspekt ist mir persönlich sehr wichtig – ich glaube leidenschaftlich daran, und sie trägt mich durch meinen täglichen Kontakt mit den Sterbenden und in meinem Bewußtsein der Hungernden und Unterdrückten. Doch auch sie stürzt mich wieder einmal in das Geheimnis des Gottes des Paradoxen, denn ich muß zwei scheinbar einander widersprechende Überzeugungen in einer Art kreativer Spannung halten: daß ich dazu berufen bin, den Heilungsdienst Christi fortzusetzen, mich ganz und gar für die Hungrigen und die Verzweifelten, die Kranken und die Unterdrückten einzusetzen, *und* daß all dieses unverdiente Leiden, das ich zu verhindern und zu erleichtern versuche, die Welt erlöst.

Glücklicherweise habe ich persönlich *keine* Probleme damit, diese beiden Überzeugungen zu verbinden, denn ich habe schon vor langer Zeit gelernt, mich mit Geheimnissen wohl zu fühlen. Vielleicht liegt das einfach daran, was für ein Mensch ich bin, oder vielleicht auch daran, daß ich diese beiden Gedanken so unendlich einleuchtend finde, daß es mir nicht nötig erscheint, mir Sorgen darum zu machen. Es ist jedoch ein Quantensprung von der Idee, daß *Jesus* durch sein Leiden die Welt erlöste, zu dem Gedanken, daß *alles* unerwünschte Leiden erlösende Wirkung habe; deshalb will ich versuchen zu erklären, wie ich zu dieser Überzeugung gekommen bin.

Als Christen sind wir vertraut mit dem Gedanken, daß Christus für unsere Sünden gestorben ist, und für manche Leute sind die Einzelheiten des Todes des historischen Jesus ein integraler Bestandteil ihrer Verehrung. Als katholisches Kind wurde ich dazu erzogen, über die Stationen des Kreuzweges zu meditieren – die Meilensteine des Weges Jesu vom Gerichtshof des Pilatus nach Golgota –, aber heute finde ich diese Form der Anbetung nicht mehr hilfreich. Vielleicht läßt mir meine erzwungene Vertrautheit mit dem Leiden von Männern und Frauen unserer eigenen Zeit die Beschäftigung mit dem Nachvollzug der Kreuzigung stilisiert und sentimental erscheinen. Mir fällt es schwer, über die Dornenkrone zu weinen, wenn ich an die modernen Folterzentren in Lateinamerika denke. Offen gesagt, ich fühle mich bei beidem völlig unfähig, darüber zu meditieren – es macht mich krank. Viel interessanter als die Einzelheiten der Martern und des Todes Jesu finde ich die Theologie *dahinter*. Um sie zu entdecken, müssen wir uns dem sogenannten „Lied vom Gottesknecht" im Buch Jesaja zuwenden. Der „leidende Gottesknecht" ist eine geheimnisvolle Gestalt bei Jesaja, ein Mann „voller Schmerzen und Krankheit", der auf irgendeine Weise *durch sein Leiden* die Sünden der Menschheit auf sich nimmt. Zudem ist der Gottesknecht ein Mann, der für diese Aufgabe ausersehen ist. Nicht böses Geschick hat ihn durch Zufall eingeholt, sondern er ist von Mutterleib an für diese Aufgabe auserwählt. In Jesaja 42, dem ersten der vier Lieder, erklärt der Prophet, Jahwe habe ihn erwählt, bevor er geboren wurde, und ihn ausersehen, der Sache des Rechts zu dienen. Er wurde für seine Aufgabe modelliert und geformt und dann als Führer eingesetzt, der den Auftrag hatte, die Augen der Blinden zu öffnen, die Gefangenen aus dem Gefängnis zu befreien und die, die in der Finsternis sitzen, aus dem Kerker.

Daß Jesus sich mit dem Propheten identifizierte, ist eindeutig, denn er gebrauchte einen parallelen Text aus Jesaja, als er seinen Verkündigungsdienst in der Synagoge begann und sich den Auftrag, den Armen gute Nachricht, den Gefangenen Freiheit und den Blinden das Augenlicht zu bringen, zueigen machte.

Es ist jedoch geradezu unheimlich, wie die Ereignisse, die der Kreuzigung vorausgingen, im Lied vom Gottesknecht widergespiegelt werden:

Und ich bin nicht ungehorsam
und weiche nicht zurück.
Ich bot meinen Rücken dar denen, die mich schlugen,
und meine Wangen denen, die mich rauften.
Mein Angesicht verbarg ich nicht
vor Schmach und Speichel.

Jesaja 50,5–6

Das vierte Lied ist dann dasjenige, in dem der Gedanke des erlösenden Leidens dargelegt wird:

Wie sich viele über ihn entsetzten,
weil seine Gestalt häßlicher war als die anderer Leute
und sein Aussehen als das der Menschenkinder,
so wird er viele Heiden besprengen,
daß auch Könige werden ihren Mund vor ihm zuhalten.
Denn denen nichts davon verkündet ist,
die werden es nun sehen,
und die nichts davon gehört haben, die werden es merken.
Aber wer glaubt dem, was uns verkündet wurde,
und wem ist der Arm des Herrn offenbart?
Er schoß auf vor ihm wie ein Reis
und wie eine Wurzel aus dürrem Erdreich.
Er hatte keine Gestalt und Hoheit. Wir sahen ihn,
aber da war keine Gestalt, die uns gefallen hätte.
Er war der Allerverachtetste und Unwerteste,
voller Schmerzen und Krankheit. Er war so verachtet,
daß man das Angesicht vor ihm verbarg;
darum haben wir ihn für nichts geachtet.

Fürwahr, er trug unsre Krankheit
und lud auf sich unsre Schmerzen.
Wir aber hielten ihn für den, der geplagt
und von Gott geschlagen und gemartert wäre.
Aber er ist um unsrer Missetat willen verwundet
und um unsrer Sünde willen zerschlagen.
Die Strafe liegt auf ihm, auf daß wir Frieden hätten,
und durch seine Wunden sind wir geheilt.

Jesaja 52,14–53,5

Diese Passage wurde vor einigen Wochen auf einzigartige bewegende Weise lebendig für mich, als ich daraus vorlas, um einen Mann zu trösten, der verzweifelt über die Nutzlosigkeit seines Leidens weinte. Er hatte eine Krebsgeschwulst im Mund, die seine Zunge zerstört hatte, so daß er kaum sprechen konnte, und nun begann sie, in sein Gesicht vorzudringen. In jenem Moment war er für mich der Mann, dessen Gestalt häßlicher war als die anderer Leute; der Mann, vor dem man das Angesicht verbarg.

Mein Interesse für das Lied vom Gottesknecht und seine Botschaft wurde geweckt, als ich in der Abtei Ampleforth war, wo ich als eine Art verhinderter Mönch lebte, am Stundengebet teilnahm und mich ein wenig mit der Bibel und mit Theologie befaßte. Ich war besonders getroffen von der schrecklichen Beschreibung des Mannes der Schmerzen, einer entstellten Kreatur ohne Schönheit, einem Mann, vor dem man das Angesicht verbarg. Dieses so vertraute Bild ließ mich nicht an Jesus und seine Kreuzigung denken, sondern an die Menschen in Südamerika und besonders an die Leute, die ich in den Folterzentren und Konzentrationslager in Chile zurückgelassen hatte. Nicht, daß ich persönlich verstümmelte Menschen gesehen hätte – dazu waren die Behörden zu wachsam. Wer schwer verletzt war, wurde isoliert, bis seine Wunden geheilt waren, oder manchmal verschwand er einfach. Aber ich wußte aus meinem eigenen Erleben der Folter und aus den Schilderungen meiner Gefährten, daß die Mißhandelten kein schöner Anblick sind. Könnte es sein, so fragte ich mich, daß auch diese Menschen, die Männer, die nackt und mit den Köpfen nach unten am „Pau de Arara" hingen, oder die Frauen, die von Hunden vergewaltigt und mißhandelt wurden, irgendwie für die Sünden ihrer Peiniger sühnten?

Zuerst erscheint die Vorstellung empörend, daß chilenische Marxisten die Sünden der CIA auf ihren geschundenen und blutigen Schultern tragen sollten. Aber warum nicht? Ist nicht die „Parilla" das heutige Äquivalent des Kreuzes, und entspricht es nicht der Kreuzigung, wenn ein mit Stacheldraht gefesselter Mann aus einem Hubschrauber in den Tod gestürzt wird? Je länger ich darüber nachdachte, desto überzeugter wurde ich davon, daß, wenn das Leiden Jesu eine erlösende Wirkung hatte, dies auch für das Leiden derer galt, die ihr Leben hingaben für ihre Freunde.

Wenn das als ein absurdes Verbiegen der Schrift zu politischen Zwecken erscheint, lassen Sie mich eilends Paulus zu meiner Verteidigung zitieren: „Nun freue ich mich in den Leiden, die ich für euch leide, und erstatte an meinem Fleisch, was an den Leiden Christi noch fehlt, für seinen Leib, das ist die Gemeinde" (Kolosser 1,24). Vielleicht können wir dann die Erlösungstat Christi als ein fortgesetztes Drama ansehen, in dem wir alle Mitspieler sind.

Die Frage, die ich mir stelle, während ich dies schreibe, ist folgende: Können wir *alles* unverdiente Leiden als erlösend betrachten? Oder ist die erlösende Wirkung an die geistige Haltung des Leidenden gebunden? Die heroische Stärke einer Thérèse von Lisieux kommt einem in den Sinn, die ihr Leiden an tödlicher Tuberkulose Gott darbrachte. Viel näher erinnere ich mich an eine junge katholische Frau, die an Krebs starb und mich eines Tages fragte: „Wie kann ich mein Leiden für andere *nutzen*?" Man kann sich schwer vorstellen, daß ein solches Opfer zurückgewiesen würde; der Schmerz dieser Frauen muß irgendwie aufsteigen wie ein Brandopfer und benutzt werden; wie, wissen wir nicht.

Nur einen Schritt seitwärts von diesen Leuten, die ihren Schmerz für andere *opfern*, denke ich an all die guten christlichen Leute, deren Theologie diese Art von Gebet oder Sprache nicht einschließt. Sie leiden tapfer, voller Liebe und Geben bis zum Ende. Was wird aus *ihrer* Gabe? Sie kommt doch sicherlich, wenn auch ohne Etikett, im gleichen himmlischen Sortierbüro an? Aber was ist mit den Atheisten? Ich denke da besonders an Margaret, eine Frau, die ich schon früher erwähnt habe. Als Nichtchristin strahlte sie die Ruhe und Großzügigkeit aus, die man normalerweise von Heiligen erwartet, und starb einen großartigen, selbstlosen Tod, nachdem sie ihr Leben täglich ausgegossen hatte – für was?

Von hier aus ist es natürlich nur noch ein kleiner Schritt zu jenen Männern und Frauen, die irgendwie niemals die Gnade empfangen, ihr Leiden zu akzeptieren, und die einen traurigen, nach innen schauenden und unverhohlen selbstsüchtigen Tod sterben. Solche Menschen erleben wir im Hospiz von Zeit zu Zeit: Männer und Frauen, deren Horizont durch das Leiden schrumpft und die rufen, damit man ihnen ihr Kissen glättet, während sie doch sehen, daß die

Schwestern sich um jemandem gleich im nächsten Bett kümmern, der Schmerzen erleidet. Dies sind die Ärmsten meiner Leute, und es fällt schwer, sie zu lieben. Ist ihr Leiden wertlos in der göttlichen Strategie? Ich bezweifle es. Wie könnte das sein, da doch das psychische und emotionale Wohlergehen der Menschen keine Schwarz-Weiß-Frage von Heldentum oder Sünde ist. Wir alle haben unterschiedliche Gaben und unterschiedliche Schwächen. Manche sind durch eine Kindheit ohne Liebe dazu bestimmt, um ihre eigene Nische zu kämpfen, und haben keinen Raum übrig für die Bedürfnisse anderer.

Schließlich sind da natürlich noch diejenigen, die nach rein menschlichen Begriffen das bekommen, was ihnen zusteht. Was ist die Agonie eines Mörders wert, der auf die Hinrichtung wartet, oder der Schmerz eines Kinderschänders, der von anderen Häftlingen zu einem unförmigen Haufen zusammengeschlagen wird? Oder der des Terroristen, der den Kugeln der Polizei oder einer rivalisierenden Gruppe zum Opfer fällt? Diese Leiden müssen doch sicherlich unbemerkt in den Abgrund fallen, aus dem sie kamen. Aber tun sie das? Ich bezweifle es.

Wenn ich meinen Folterern vergeben kann, wenn Gordon Wilson den Terroristen vergeben kann, die seine Tochter umbrachten, um wieviel größer müssen wir uns den Raum der Liebe im Herzen unseres alles sehenden, all-liebenden Gottes vorstellen. Die folgenden Zeilen sind eine Fortsetzung meines eigenen persönlichen „Credos"; es sind Überzeugungen, die sich in den letzten Jahren herauskristallisiert haben, in denen die Begegnung mit dem Leiden zu einer alltäglichen Erfahrung, zu einem Teil meines Lebens geworden ist:

Ich glaube,
daß kein Schmerz verloren ist.
Keine Träne unbemerkt,
kein Schrei der Not
verhallt ungehört,
untergegangen im Hagel des Gewehrfeuers
oder ausgelöscht durch die Wände der Gummizelle.

Ich glaube, daß Schmerz
und Gebet
irgendwie bewahrt werden,
verarbeitet,
gelagert,
genutzt in der göttlichen Ökonomie.
Das Blut,
das in Salvador vergossen wird,
bewässert das Herz
eines Finanziers
Millionen Meilen weit weg.
Das Entsetzen,
der Schmerz,
die Verzweiflung,
überflutet
von Lava, Überschwemmung oder Erdbeben,
wird aufsteigen
wie Nebel und wieder fallen,
als sanfter Regen
auf trockene Herzen
oder verzweifelnde Seelen
in den Seitenstraßen
von Brooklyn.

Zweifellos ist, wenn ich so rede, *mein* Gott zu klein. Natürlich ist er das. Wie können wir wissen, wie Gott ist – oder ob
es überhaupt einen Gott gibt? Wir können nur mit den Tatsachen kämpfen, wie wir sie sehen, sie tief in unseren Herzen bedenken und Schlüsse aus unserer eigenen Erfahrung
ziehen. Und wenn wir das getan haben, können wir nur sagen: „So ergibt es einen Sinn für mich. So stelle ich es mir
vor." Der große Witz ist natürlich, daß wir umso weniger
wissen, je mehr wir glauben. Ich kann es nicht besser ausdrücken als Fynns Anna:

Wenn du ein Kind bist, dann verstehst du alles. Mister
Gott sitzt auf einem goldenen Thron; er hat einen langen
weißen Bart und einen Schnurrbart, und eine Krone hat er

auf dem Kopf. Und alle um ihn rum singen die ganze Zeit wie die Verrückten. Immerzu Hymnen und so Zeug. Kein Mensch kann das aushalten. Und Mister Gott macht einfach alles, wenn man bloß nett genug darum bittet. Er kann Willy nebenan eine Warze auf die Nase machen zur Strafe, weil er Millie verhaut, wenn sie nicht genug Geld abliefert. All so was macht er ganz fabelhaft, und darum ist er so wichtig, und man benützt ihn die ganze Zeit. Und 'n bißchen später, dann denkt man ganz was anderes, und Mister Gott ist immer schwieriger zu verstehen. Aber es geht noch gerade. Dann kommt es einem plötzlich vor, als wenn er uns nicht mehr verstehen will. Jetzt hört er einfach nicht mehr zu. Er sieht es plötzlich nicht ein, daß man unbedingt ein neues Fahrrad braucht. Und dann kriegt man auch keins. Und dann versteht man ihn schon viel weniger. Und wenn man noch älter wird, so wie ich oder so wie du, Fynn, dann ist es schon wieder schwieriger. Und dabei wird er irgendwie kleiner. Und man versteht ihn nur noch so viel wie viele andere Sachen, die auch schwierig sind. Die ganze Zeit in deinem Leben bröckeln die Stücke von ihm ab. Und dann kommt der Punkt, da sagst du, du verstehst ihn überhaupt nicht mehr. Siehst du, und dann ist er wieder ganz ganz *ganz* groß. So groß wie er in Wirklichkeit ist. Und wumm, da lacht er dich aus, weil du so blöd warst.

Aus: *Hallo, Mister Gott, hier spricht Anna*

Vielleicht ist Anna, das erdverbundene Kind, das mit Mister Gott spazierenging und sich mit ihm unterhielt und das, aufgespießt auf einen Zaunpfahl, einen schlimmen Tod starb, ein Vorbild für uns alle. Auch wir müssen Osterleute sein, tief verwurzelt in der Welt und ihrem Schmerz, doch stets im gleichen Blickwinkel den Gott, der uns gemacht hat und der allein unserem Leben und unserem Sterben einen Sinn geben kann.

Zuerst scheint das eine gewaltige Forderung zu sein, aber wir vergessen: Osterleute wachsen zu Pfingstkindern heran.

Mitten im Herzen des Geheimnisses des Leidens ist die Gnade, die uns alle erhält, Pfleger und Gepflegte gleichermaßen. Sie kommt so reichlich und so sicher wie der Sonnenaufgang, durchdringt die Schwärze der Trauer und Verzweiflung und gibt uns neue Hoffnung auf die unsichtbaren Dinge.

Danksagung

Ich bin den vielen Menschen, die mir geholfen haben, dieses Werk zum Leben zu erwecken, zutiefst dankbar; allen, die mich angeregt, ermutigt oder zum Nachdenken herausgefordert haben. Besonders verpflichtet bin ich den Männern und Frauen im St. Luke's Hospice in Plymouth und in der L'Arche-Gemeinschaft in Trosly Breuil in Frankreich, die mir mehr als irgend jemand sonst die prophetische Botschaft der bedingungslosen Liebe offenbart haben. Mein besonderer Dank gilt Angela Tilby, deren kenntnisreiche Hilfsbereitschaft entscheidend für die endgültige Formung des Materials war, und Christine Sumner und Stephen James, die viele Stunden mit der Arbeit am Manuskript zubrachten. Schließlich denke ich voller Dankbarkeit an meine Patienten aus Vergangenheit, Gegenwart und Zukunft, denn sie sind der „Stoff", aus dem jeder meiner Tage und darum auch dieses Buch gemacht ist.

S. C.

Zu danken ist auch den folgenden Verlagen für die Erlaubnis, urheberrechtlich geschütztes Material zu zitieren: Cairns Publications für *Healing More oder Less* und *Prayer at Night* von dem Reverend James E. Cotter; Harper & Row Inc. für *Holy the Firm* von Annie Dillard; David Hogham Associates Ltd. für *Christian Neurosis* von Pierre Solignac; Stainer & Bell Ltd. für „Mother Teresa" in *The Two-Way Clock* von Sidney Carter. Autorin und Verlag würden sich freuen, von etwaigen Inhabern von Rechten, die sie nicht ausfindig machen konnten, zu hören, damit diese in zukünftigen Auflagen dieses Buches Erwähnung finden können.

Benutzte Fremdübersetzungen

Gerard Manley Hopkins, *Gedichte – Schriften – Briefe.* Kösel, Verlag, München 1954

T. S. Eliot, *Gesammelte Gedichte 1909–1962.* Suhrkamp Verlag, Frankfurt am Main 1972

Fynn, *Hallo, Mister Gott, hier spricht Anna.* Scherz Verlag, Bern/München o. J.

Hilfen für Helfer und Angehörige

Heinrich Pera
Sterbende verstehen
Ein praktischer Leitfaden zur Sterbebegleitung

Aus seiner Erfahrung als Krankenpfleger und Priester weiß Heinrich Pera, daß nicht nur die Angehörigen und Allernächsten häufig ratlos sind, wie sie dem Sterbenden begegnen sollen, sondern auch Schwestern, Pfleger und Ärzte, die in Krankenhäusern und Alteneinrichtungen Menschen in ihrer letzten Not begleiten. Selten fühlt sich jemand der Situation gewachsen.
In seinem Buch „Sterbende verstehen" erzählt und reflektiert Heinrich Pera einfach, einfühlsam und bewegend seine Erfahrungen mit Schwerkranken und Sterbenden. Worauf es ankommt, um die eigene Angst, Sprach- oder Hilflosigkeit zu überwinden, wird dem Leser genauso informativ und sachlich wie feinfühlig und praktisch vermittelt.

224 Seiten, Paperback
ISBN 3-451-22769-X

Verlag Herder
Freiburg · Basel · Wien

Das Standardwerk

Robert M. Buckingham
Hospiz
Sterbende menschlich begleiten

Der Autor dieses Buches, Dr. Robert W. Buckingham gehört
zu den „Grundvätern" der Hospizbewegung. In seinem Buch
„Hospiz", wird die Idee des Hospizes und Erfahrungen aus
der Praxis vorgestellt. Mit dem Begriff Hospiz verbindet sich
eine besondere Haltung und Lebensphilosophie gegenüber
unheilbar Kranken und Sterbenden. Hier geht es in erster
Linie um eine menschliche Einstellung und nicht um eine
besonders intensive medizinische Betreuung. Die Unaus-
weichlichkeit des Todes wird nicht als ein lebensfremder Bestandteil erachtet, sondern vielmehr als dem Leben zu-
gehöriger, letzter Lebensabschnitt. Daher steht nicht Lebens-
erhaltung um jeden Preis, sondern eine humane, respekt-
volle Gestaltung und Erfüllung der verbleibenden Zeit im
Vordergrund. Die Menschen aus der nächsten Umgebung der
Todkranken haben ihren festen Platz als Begleitende und
Begleitete. Das Hospiz leistet selbstverständlich alle notwen-
dige medizinische und pflegerische Versorgung. Daneben
wird aber auf geistliche und psychologische Betreuung besonderes Gewicht gelegt. Der Patient und seine mit-leiden-
den Angehörigen sollen auch im Angesicht des Todes noch
als Menschen leben können.

223 Seiten, Paperback
ISBN 3-451-23116-6

Verlag Herder
Freiburg · Basel · Wien